# Design
# instrucional
## na prática

Andrea Filatro

# Design
# instrucional
## na prática

Pearson

abdr
Respeite o direito autoral

2008 by Andrea Filatro

Todos os direitos reservados. Nenhuma parte desta publicação poderá ser reproduzida ou transmitida de qualquer modo ou por qualquer outro meio, eletrônico ou mecânico, incluindo fotocópia, gravação ou qualquer outro tipo de sistema de armazenamento e transmissão de informação, sem prévia autorização, por escrito, da Pearson Education do Brasil.

*Diretor editorial:* Roger Trimer
*Gerente editorial:* Sabrina Cairo
*Supervisor de produção editorial:* Marcelo Françozo
*Editor:* Henrique Zanardi de Sá
*Revisão:* Maria Alice Costa
*Capa:* Alexandre Mieda
*Ilustrações:* Eduardo Borges (capa), Rafael Mazzo (p. 79) e
Régis Tractenberg e Tiburcio Illustrator (p. 80)
*Editoração eletrônica e diagramação:* Globaltec Artes Gráficas

**Dados Internacionais de Catalogação na Publicação (CIP)**
**(Câmara Brasileira do Livro, SP, Brasil)**

Filatro, Andrea
Design instrucional na prática / Andrea Filatro. -- São Paulo : Pearson Education do Brasil, 2008.

ISBN 978-85-7605-188-6

1. Design instrucional I. Título.

08-03195                                                        CDD-371.33

**Índice para catálogo sistemático:**
1. Design instrucional : Educação 371.33

Direitos exclusivos cedidos à
Pearson Education do Brasil Ltda.,
uma empresa do grupo Pearson Education
Av. Francisco Matarazzo, 1400,
7º andar, Edifício Milano
CEP 05033-070 - São Paulo - SP - Brasil
Fone: 19 3743-2155
pearsonuniversidades@pearson.com

Distribuição
Grupo A Educação
www.grupoa.com.br
Fone: 0800 703 3444

# Sumário

**Parte 1**    Visão geral do design instrucional ..................................................... 1

**Capítulo 1**    Conceitos e fundamentos do design instrucional ...................... 3
     O que é design instrucional? ................................................................ 3
     Fundamentos do design instrucional .................................................. 4
         Ciências humanas ............................................................................... 5
         Ciências da informação ....................................................................... 5
         Ciências da administração .................................................................. 6
         Uma visão integrada dos fundamentos ............................................... 6
     Breve histórico do design instrucional ................................................ 7
     O designer instrucional ........................................................................ 9
     Campos de atuação do designer instrucional .................................... 9

**Capítulo 2**    Design instrucional para o aprendizado eletrônico ................. 13
     Abordagens pedagógicas/andragógicas ............................................. 13
     Tecnologias ......................................................................................... 16
     Modelos de aprendizado eletrônico .................................................. 17
     Modelos de design instrucional ......................................................... 19
         Design instrucional fixo ..................................................................... 19
         Design instrucional aberto ................................................................ 20
         Design instrucional contextualizado ................................................. 20

**Parte 2**    Processos de design instrucional ...................................................... 23

**Capítulo 3**    O modelo Addie e o design instrucional fixo, aberto e contextualizado ................................................................................ 25
     O processo de design instrucional ..................................................... 25
     Análise ................................................................................................. 28
     Design .................................................................................................. 28
     Desenvolvimento ................................................................................ 30
     Implementação ................................................................................... 30
     Avaliação ............................................................................................. 31

**Parte 3  Práticas de design instrucional** .................................................... **33**

**Capítulo 4  Análise contextual** ......................................................................... **35**
O que é contexto ................................................................................ 35
Análise contextual............................................................................... 36
Planejamento da análise contextual ................................................................ 36
Coleta e análise de dados ............................................................................. 37
Relatório de análise ..................................................................................... 38

**Capítulo 5  Design de unidades de aprendizagem** ........................................ **43**
Unidades de aprendizagem................................................................. 43
Matriz de design instrucional ............................................................. 44
Objetivos de aprendizagem .......................................................................... 44
Papéis ........................................................................................................ 46
Atividades de aprendizagem ......................................................................... 48
Duração e período ...................................................................................... 53
Conteúdos e objetos de aprendizagem........................................................... 53
Ferramentas ............................................................................................... 54
Avaliação ................................................................................................... 55
Desdobramentos da matriz de design instrucional ................................. 55

**Capítulo 6  Especificação em design instrucional: roteiros e *storyboards*** ........ **57**
Processo de criação no aprendizado eletrônico...................................... 57
Especificação no aprendizado eletrônico .............................................. 58
Documentos de especificação em design instrucional........................... 58
Uso de roteiros para especificação do aprendizado eletrônico ........................... 59
Uso de *storyboards* para especificação do aprendizado eletrônico...................... 60
Construindo *storyboards* tela a tela ............................................................... 62
Estrutura e fluxo da informação no aprendizado eletrônico ................... 65
Estrutura linear ou seqüencial....................................................................... 66
Estrutura hierárquica ................................................................................... 66
Estrutura em mapa ou rede .......................................................................... 67
Estrutura rizomática..................................................................................... 67
Estrutura da informação e natureza do design instrucional.................... 68
Quem é o responsável pela especificação do aprendizado eletrônico? .. 69

**Capítulo 7  Design de conteúdos multimídia** .................................................. **71**
Como as pessoas percebem o mundo?................................................ 71
Como as pessoas aprendem?............................................................. 72
O design instrucional e a teoria da carga cognitiva................................ 72
Princípios para o uso de multimídia no aprendizado eletrônico............ 74
Princípio da multimídia ................................................................................ 74
Princípio da proximidade espacial ................................................................. 74
Princípio da coerência ................................................................................. 76
Princípio da modalidade .............................................................................. 76
Princípio da redundância ............................................................................. 76

Princípio da personalização ........................................................................... 77
Princípio da prática ......................................................................................... 77
Uso de gráficos no aprendizado eletrônico ............................................. 77
Superfície dos gráficos .............................................................................. 78
Funções comunicacionais dos gráficos ................................................ 79
Funções psicológicas dos gráficos ........................................................ 82
Quem é o responsável pelo design de conteúdos multimídia? ........... 83

**Capítulo 8 Design da interface humano–computador ........................................ 85**
O que é interface? .......................................................................................... 85
Evolução da interface .................................................................................... 85
Princípios de Gestalt aplicados à interface humano–computador ....... 86
Princípio da proximidade ........................................................................... 87
Princípio do fechamento ............................................................................ 87
Princípio da segregação figura–fundo .................................................... 87
Princípio da similaridade ........................................................................... 88
Princípio da simplicidade .......................................................................... 88
Princípio das representações ................................................................... 89
Interfaces ......................................................................................................... 89
Interface textual .......................................................................................... 89
Interface gráfica ......................................................................................... 93
Interface social ........................................................................................... 96
Interface semântica ................................................................................... 98
Interface inteligente ................................................................................... 99
Usabilidade ................................................................................................... 101
Diretrizes para o design de interface no aprendizado eletrônico ......... 103
Quem é o responsável pelo design de interface? .................................... 105

**Capítulo 9 Design da interação ........................................................................... 107**
Interação e interatividade .......................................................................... 107
Interação com conteúdos .......................................................................... 108
Agentes pedagógicos .............................................................................. 108
Interação com ferramentas ....................................................................... 110
*Mindtools*: as ferramentas cognitivas ................................................... 111
Interação com o educador ......................................................................... 113
Diálogo didático ........................................................................................ 114
Interação com outros alunos ..................................................................... 115
Confluência e formação de turmas ........................................................ 115
Atividades colaborativas e cooperativas ............................................... 116
Quem é o responsável pelo design da interação? ................................... 117

**Capítulo 10 Design de ambientes virtuais ......................................................... 119**
Sistemas de gerenciamento da aprendizagem ........................................ 119
Ferramentas pedagógicas/andragógicas ............................................. 121
Ferramentas administrativas .................................................................. 121

Ferramentas comunicacionais ................................................................. 121
Sistemas de gerenciamento de conteúdos de aprendizagem .............. 122
    Objetos de aprendizagem .................................................................. 123
    Padrão Scorm ..................................................................................... 124
Sistemas de gerenciamento de atividades de aprendizagem ............. 124
    Atividades de aprendizagem ............................................................. 125
    Especificação IMS Learning Design .................................................. 126
Web 2.0 e VLEs 2.0 ................................................................................ 126
Quem é o responsável pelo design dos ambientes virtuais? .............. 128

## Capítulo 11 Design de *feedback* e avaliação .................................................... 129

*Feedback* ............................................................................................... 129
Avaliação ............................................................................................... 130
    Avaliação da aprendizagem ............................................................... 131
    Avaliação nos domínios da aprendizagem ....................................... 132
    Instrumentos de avaliação ................................................................. 134
    Avaliação do design instrucional ...................................................... 145
Quem é o responsável pelo design de *feedback* e avaliação? ........... 148

## Parte 4    Visão econômica ................................................................. 149

## Capítulo 12 Questões econômicas relacionadas ao design instrucional .......... 151

Resultados econômicos do aprendizado eletrônico ............................ 152
O fator custos ........................................................................................ 152
Gastos .................................................................................................... 154
Quem paga a conta no aprendizado eletrônico? ................................. 155
Ponto de equilíbrio e economia de escala ............................................ 155
A importância do custo médio por aluno ............................................ 156
Orçamento como ferramenta de planejamento e controle de
custos no design instrucional .............................................................. 157
Gestão de projetos em design instrucional ......................................... 159
    Escopo ................................................................................................ 161
    Tempo ................................................................................................. 161
    Custos ................................................................................................. 163
Quem é responsável pelas decisões econômicas e pela gestão de
projetos? ................................................................................................ 164

Bibliografia ............................................................................................ 167

Índice remissivo .................................................................................... 171

Sobre a autora ....................................................................................... 174

# Prefácio

É uma pena que, nos tempos modernos, o termo retórica tenha sido reduzido, na mente do cidadão comum, a um conceito que se refere apenas a discursos insípidos. Limitar o termo apenas a isso rouba-nos as possibilidades de criar e de entender atos de comunicação humana que, em variados graus de importância, empolgaram gregos e romanos na Antigüidade. Nessa época, enquanto a *poética* tratava do ato de comunicação imaginativa, a *retórica* tratava do ato de comunicação cotidiana. O estudo da retórica era considerado emblemático do cidadão educado e participativo, porque a capacidade de diferenciar bons argumentos de apelos emocionais, promessas vãs e falácias (mascarados como evidência) em discursos políticos garantia um eleitorado esclarecido e um estado justo.

Aristóteles e Cícero dedicaram obras extensas à análise da retórica, mas deve-se ao romano Quintiliano o aprofundamento na compreensão do sucesso de um discurso (oral ou escrito) por meio de planejamento sério e detalhado. Ele usou o termo *dispositio* para se referir à ordem na qual os argumentos ou exemplos de evidência devem ser colocados para persuadir, convencer ou esclarecer o ouvinte ou o espectador da comunicação. Em essência, propôs 'estratégias' para conduzir a elaboração de discursos ou, como ele mesmo disse, "a distribuição das coisas e seus elementos em lugares vantajosos", produzindo o efeito desejado. Quintiliano não forneceu fórmulas ou receitas, pois tentar estabelecer regras *imutáveis* para o arranjo dos elementos de um discurso seria "tão absurdo quanto exigir de um general que distribua suas tropas segundo regras fixas, em vez de organizá-las segundo o terreno, o perfil do exército inimigo e sua própria força". Cada discurso, ensinou ele, deve ser elaborado levando em conta a natureza do conteúdo, do receptor e do momento geral.

Nas décadas de 1970 e 1980, a área de estudos denominada *estruturalismo* ensinou-nos que era possível analisar, conforme os princípios de *dispositio*, o discurso de obras literárias, musicais, teatrais, cinematográficas, históricas, científicas e educativas. E a obra agora em mãos, de Andrea Filatro, é um exemplo disso, ao levar o leitor a conhecer os elementos do discurso educativo, especificamente no âmbito da criação de cursos on-line. Como se fosse um *manual*, ela identifica, individualmente, os elementos que compõem uma elaboração discursiva em educação, focalizando o objetivo de levar o aprendiz, destinatário do discurso, à compreensão da matéria a ser aprendida. Para tanto, a autora ilustra as várias formas de *organizar* esses elementos e seus correspondentes resultados.

Àqueles que desejam criar um curso a distância, os conhecimentos apresentados neste livro permitem a execução de um trabalho com mais segurança, com mais controle sobre os conteúdos e seus possíveis impactos no processo de aprendizagem individual e grupal. Afinal, não há, na aprendizagem a distância, o espaço que existe na educação presencial para *improvisação pontual*. Antes de o curso começar, todos os aspectos devem ser observados: a composição do ambiente virtual, os conteúdos textual, visual e sonoro, as atividades de aprendizagem, o apoio dado ao aluno e a avaliação dos conhecimentos obtidos por ele *têm* de ser organizados com inteligência, criatividade e alta improbabilidade de sofrer 'conseqüências não pretendidas'.

Assim, podemos dizer que este segundo estudo de Andrea Filatro, escrito em linguagem clara, econômica e comunicativa, é uma contribuição valiosa à literatura nacional sobre aprendizagem a distância. Como na obra anterior, ela concentra seus esforços nos aspectos práticos e úteis do trabalho com cursos on-line. Depois de um rápido, mas essencial, resumo das principais teorias que governam a relação entre ensino e comunicação, desde o comportamentalista B. F. Skinner na década de 1950 até os construtivistas e os ambientes eletrônicos de hoje, a autora demonstra que a tecnologia não é responsável pela eficácia da aprendizagem. Apresentando modelos diferentes para situações e propósitos variados, Andrea consegue explicar, com habilidade didática notável, o manuseio de textos, imagens e sons, abordando desde fontes tipográficas até questões cognitivas da interface humano–computador. Suas discussões sobre os LMSs de fonte aberta e comercial, os aspectos econômicos da instrução on-line e as diferentes formas de avaliar o aprendiz marcam pela objetividade e completude.

Alguns anos atrás, Linda Harasim, celebre especialista canadense, fez observações concludentes sobre o assunto em uma conferência em São Paulo: "O problema com o avanço do e-learning no mundo é que ele está nas mãos de engenheiros e profissionais de ciências da computação, os quais, sem o necessário cabedal, presumem entender de pedagogia e andragogia!" Acreditando que a análise de sistemas permite decompor e recompor qualquer objeto ou fenômeno, eles fazem pouco caso das sutilezas da curiosidade humana e dos estilos altamente individuais de adquirir, assimilar e aplicar conhecimentos. O presente estudo, indo além de tudo o que existe até agora em língua portuguesa sobre os aspectos práticos da criação de cursos on-line, demonstra que o lado humanístico da comunidade acadêmica tem, com toda justiça, muito a ensinar sobre aprendizagem.

*Fredric M. Litto*
*Presidente da Associação Brasileira de Educação a Distância (Abed)*

# Agradecimentos

Este trabalho é resultado de um conjunto de ações pessoais e colaborativas empreendidas, nos últimos anos, no campo de design instrucional. Sem elas, este livro não teria lastro na prática, a qual nos desafia cotidianamente a oferecer novas soluções para necessidades educacionais diferenciadas.

Assim, os agradecimentos só podem ser muitos. Afinal, cada seção deste livro busca responder a um questionamento, a uma indagação, a uma discussão propiciada pela interação com estes admiráveis colegas: César Nunes, Claudio André, Cristiane Alperstedt, Fernanda Furuno, Fredric Michael Litto, José Carlos Filatro, Liliana Vasconcellos, Luciana Santos, Luiz Álvares, Marcos Guimarães, Paula Carolei, Rogério Boaretto, Stela Piconez, Vani Kenski e todos os alunos do curso de pós-graduação *lato sensu* em design instrucional para cursos on-line da Universidade Federal de Juiz de Fora.

Aos que graciosamente cederam as imagens aqui mostradas, que ilustram as práticas de design instrucional, um agradecimento especial por abrilhantarem esta obra: Alessandra Sirigni (IBM), Fátima Silva (X-Orion), Liane Tarouco (Cinted/UFRGS), Ligia Rubim (Senac São Paulo), Lisiam Lamar (Universia), Marcos Lima (Panteon), Patricia Behar (Nuted/UFRGS), Regis Tractenberg (Livre Docência) e Vani Kenski (Site Educacional).

A Roger Trimer, Sabrina Cairo e Henrique Zanardi, profissionais da Pearson, minha reverência pelo trabalho incansável e competente.

# Apresentação

A expansão da educação a distância e a incorporação de tecnologias de informação e comunicação nos mais diferentes níveis e modalidades de educação tornam cada vez mais clara a necessidade de profissionalizar aqueles que trabalham diretamente na criação de soluções para o aprendizado eletrônico.

Sendo esta uma forma de aprender e ensinar distinta do modelo presencial, no qual a maioria de nós foi educada, implica o desenvolvimento e a aplicação de competências igualmente distintas, distribuídas em campos diferenciados como educação, tecnologia, comunicação e gestão.

Nos últimos anos, cursos de especialização em design instrucional surgiram para suprir a lacuna nessa formação, mas, comparativamente ao que se pratica em nível internacional, ainda há muito o que fazer em terras brasileiras. Faltam-nos materiais de referência, bibliografia especializada e, principalmente, produção nacional.

Esta obra, que reflete a evolução da pesquisa acadêmica no campo de design instrucional, tem por objetivo compartilhar conhecimentos, experiências e exemplos relacionados à atuação prática em projetos acadêmicos e corporativos. Para tanto, ela está organizada em quatro partes — Visão geral, Processos, Práticas e Visão econômica —, como mostra a Figura A1.

**Figura A.1** Organização desta obra — panorama geral

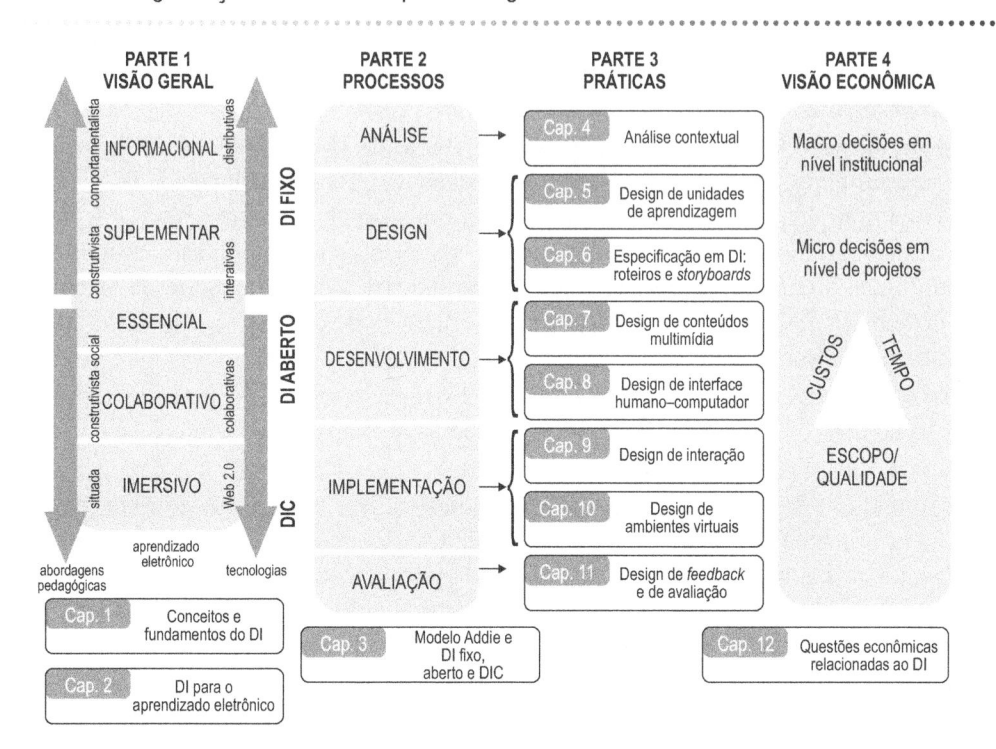

Na Parte 1, o Capítulo 1 apresenta um panorama do design instrucional, visto que ainda existe certa incompreensão com relação a esse conceito e à sua origem. Nele, é também defendida uma visão integrada dos campos de conhecimento que fundamentam o design instrucional, bem como são apresentadas as competências, os campos de atuação para o designer instrucional — o profissional que o realiza o design instrucional.

Ainda na Parte 1, o Capítulo 2 traz os seguintes elementos: (1) as abordagens pedagógicas/andragógicas, que podem ser comportamentalistas, construtivistas individuais, construtivistas sociais e situadas; (2) as tecnologias, as quais podem ser distributivas, interativas e colaborativas (aqui falamos também de Web 2.0); (3) os modelos de aprendizado eletrônico, que se dividem em informacionais, suplementares, essenciais, colaborativos e imersivos; e (4) os modelos de design instrucional, que podem ser fixos, abertos e contextualizados. Esses elementos formam a base para a leitura dos capítulos seguintes.

Já a Parte 2, composta exclusivamente pelo Capítulo 3, apresenta o clássico modelo Addie, que divide o processo de design instrucional nas seguintes fases: análise (identificação e compreensão do problema educacional), design (especificação), desenvolvimento (produção), implementação (ação) e avaliação (reflexão). Neste capítulo, também são discutidas as características de cada uma dessas fases assim como o papel do designer instrucional ao atuar nos modelos fixo, aberto e contextualizado.

A Parte 3 é totalmente dedicada às práticas de design instrucional e ao papel do designer instrucional na equipe multidisciplinar que trabalha em conjunto no aprendizado eletrônico. Dessa forma, o Capítulo 4 trata da análise contextual, que aprofunda o entendimento do problema educacional e do contexto no qual ele está inserido. Este capítulo mostra que, por meio de planejamento, coleta de dados, avaliação desses dados e elaboração de um relatório de análise, aclaram-se as necessidades de aprendizagem, caracteriza-se o público-alvo e levantam-se as restrições de natureza técnica e orçamentária — elementos fundamentais para o delineamento de uma solução geral para o problema em questão.

Seguindo uma linha lógica, o Capítulo 5 trata do design de unidades de aprendizagem e, para tanto, organiza os elementos básicos do processo educacional — objetivos, papéis, atividades, conteúdos, ferramentas e avaliação — em uma matriz de design instrucional. Aqui, também, são considerados os eventos instrucionais clássicos e um conjunto de estratégias de aprendizagem, dos quais derivam uma série de atividades que devem ser realizadas para o alcance dos objetivos de aprendizagem nos domínios cognitivo, psicomotor e afetivo.

No Capítulo 6 são explorados os roteiros e os *storyboards* — documentos utilizados para especificar o fluxo de informação, a seqüência de conteúdos e a interface humano–computador para as unidades de aprendizagem.

E, como um dos benefícios do aprendizado eletrônico é fazer uso de múltiplas mídias para tratar de conteúdos e propor atividades aos alunos, o Capítulo 7 aborda a percepção visual, o processamento cognitivo da informação, a teoria da carga cognitiva e as funções comunicacionais e psicológicas dos gráficos, compondo os princípios para o design de conteúdos multimídia. Ele é complementado pelo Capítulo 8, no qual são relacionadas as diretrizes para o design da interface humano–computador, a partir da compreensão dos princípios da Gestalt e da evolução da interface em termos textuais, gráficos, sociais, semânticos e inteligentes.

O Capítulo 9 diz respeito ao planejamento da interação. Para isso, são abordados tópicos como: (1) a conversa instrucional estabelecida com o aluno no design instrucional fixo; (2) os agentes pedagógicos que, por vezes, personalizam a conversa instrucional; (3) as ferramentas cognitivas com as quais o aluno interage ao desempenhar ele mesmo o papel de designer; (4) o diálogo didático estabelecido entre educador e alunos; (5) a questão da confluência e formação de turmas; e (6) o design de atividades colaborativas e cooperativas.

O Capítulo 10 trata do design de ambientes virtuais de aprendizagem, que incluem: (1) os sistemas de gerenciamento da aprendizagem (LMSs) e suas funções administrativas, tecnológicas e pedagógicas/andragógicas; (2) os sistemas de gerenciamento de conteúdos de aprendizagem (LCMSs), baseados em objetos de aprendizagem e padrões de interoperabilidade, como o Scorm; e (3) os sistemas de gerenciamento de atividades de aprendizagem, baseados na especificação IMS Learning Design. São abordados também os ambientes virtuais de aprendizagem de segunda geração (VLEs 2.0), caracterizados por uma arquitetura aberta e pelo compartilhamento e reutilização de experiências, conteúdos e recursos de aprendizagem.

Como as práticas de design instrucional não estarão completas se não incluírem processos de avaliação — que visam verificar se os objetivos estabelecidos para determinada solução educacional foram alcançados —, no Capítulo 11 são abordadas questões relativas ao *feedback* e às avaliações formativa e somativa no que diz respeito tanto à aprendizagem quanto ao design instrucional propriamente dito.

Na Parte 4 — última parte do livro, composta pelo Capítulo 12 —, é destacada a importância de desenvolver uma visão econômica em relação ao design instrucional. Também são abordadas algumas questões-chave, como custos, tempo e escopo/qualidade, destacando o papel do designer instrucional na escolha de opções inteligentes para melhor uso dos recursos disponíveis.

## Material de apoio do livro

No site www.grupoa.com.br professores e alunos podem acessar os seguintes materiais adicionais:

### Para estudantes e profissionais

- Links complementares sobre o histórico do design instrucional
- Materiais complementares sobre as competências do designer instrucional
- Artigos sobre design instrucional publicados pela autora
- Exemplos de aprendizado eletrônico e *storyboards*

- *Templates* para análise contextual, design de unidades de aprendizagem e *storyboards*
- Gabaritos de cronograma e orçamentos para projetos de DI
- Glossário dos principais termos utilizados no livro
- Banco de recursos com informações sobre:
  - Programas de formação em design instrucional (pós-graduação e cursos livres)
  - Órgãos do governo
  - Instituições representativas
  - Portais
  - Estatísticas
  - Revistas eletrônicas
  - Repositórios de objetos e recursos educacionais
  - Bancos de teses e dissertações
  - LMSs (*Learning Management Systems*)
  - LAMSs (*Learning Activity Management Systems*)
  - Ferramentas para planejamento, design e construção de cursos
  - Aplicativos, *players* e exemplos de Web 2.0

## Para professores

Para ter o acesso a este material, os professores que adotam o livro devem entrar em contato com seu representante Grupo A ou enviar um e-mail para *distribuicao@grupoa.com.br*.

- Slides com os conceitos-chave capítulo a capítulo
- Principais gráficos e figuras

Ótima leitura!

*Andrea Filatro*

# PARTE 1

# Visão geral do design instrucional

Nesta parte, exploramos os conceitos e os fundamentos do design instrucional, bem como seus usos e suas implicações para o aprendizado eletrônico.

Para isso, no Capítulo 1, discutimos o que é design instrucional, as áreas do conhecimento que fornecem as bases para sua teorização e prática, a evolução histórica desse campo, assim como as competências que o designer instrucional precisa ter e os campos de atuação nos quais esse profissional pode trabalhar.

Já no Capítulo 2, examinamos um sumário de abordagens pedagógicas/andragógicas, tipos de tecnologia, modelos de aprendizado eletrônico e de design instrucional que traduzem as possibilidades de ação profissional.

# 1 Conceitos e fundamentos do design instrucional

> Neste capítulo, apresentamos a conceituação e a fundamentação necessárias para entender, em linhas gerais, o que é design instrucional e em que áreas do conhecimento ele está inserido.
>
> Em âmbito internacional, o design instrucional abriga um corpo de conhecimentos teóricos e práticos que vão muito além da onda mais recente do aprendizado eletrônico. No Brasil, no entanto, ele é um campo do conhecimento relativamente novo, e é por isso mesmo que é importante conhecer sua evolução histórica, inclusive para compreender que as tecnologias são apenas um dos elementos que compõem a resposta do design instrucional para necessidades educacionais diversas.

## O que é design instrucional

A discussão em torno da nomenclatura *design instrucional* é recorrente quando se aborda o tema, seja pela resistência ao emprego dos termos 'design' e 'instrução' para referir-se a atividades ligadas à educação, seja pela dificuldade em distinguir design instrucional de outras áreas, como design gráfico ou webdesign.

Como ponto de partida para compreender o que é design instrucional, consideramos que *design* é o resultado de um processo ou atividade (um produto), em termos de forma e funcionalidade, com propósitos e intenções claramente definidos, enquanto *instrução* é a atividade de ensino que se utiliza da comunicação para facilitar a aprendizagem.

Assim, definimos design instrucional como a ação intencional e sistemática de ensino que envolve o planejamento, o desenvolvimento e a aplicação de métodos, técnicas, atividades, materiais, eventos e produtos educacionais em situações didáticas específicas, a fim de promover, a partir dos princípios de aprendizagem e instrução conhecidos, a aprendizagem humana. Em outras palavras, definimos design instrucional como o processo (conjunto de atividades) de identificar um problema (uma necessidade) de aprendizagem e desenhar, implementar e avaliar uma solução para esse problema.

A prática de conceber e implementar soluções educacionais ocorre em diferentes níveis. No nível *macro*, define-se uma direção comum a todas as experiências de aprendizagem de uma instituição, departamento ou programa (expresso, por exemplo, no projeto pedagógico) ou, ainda, se pensarmos nas ações governamentais, definem-se as diretrizes gerais que serão adotadas em âmbito nacional, estadual ou municipal. No nível *meso*, o design instrucional se ocupa da estruturação de programas, cursos ou disciplinas. Por fim, no nível *micro*, ele trabalha com o design fino das unidades de estudo.

O processo de design instrucional mais largamente aceito é o ISD (*Instructional System Design* — design de sistemas instrucionais). E, embora a maioria das instituições envolvidas com design instrucional tenha sua própria versão desse processo, esta em geral se baseia na idéia central do ISD de dividir o desenvolvimento das ações educacionais em pequenas fases e na seguinte seqüência: (1) analisar a necessidade; (2) projetar a solução; (3) desenvolver a solução; (4) implementar a solução; e (5) avaliar a solução. Estudamos essas fases mais detalhadamente no Capítulo 3 e nas práticas apresentadas ao longo de todo o livro.

## Fundamentos do design instrucional

Além de um processo, o design instrucional é uma teoria, um corpo de conhecimento voltado à pesquisa e à teorização das estratégias instrucionais. Ele se dedica a produzir conhecimento sobre os princípios e os métodos de instrução mais adequados a diferentes tipos de aprendizagem. Para tanto, o design instrucional fundamenta-se em diferentes campos do conhecimento, a saber (veja a Figura 1.1):

- *Ciências humanas*, em especial, a psicologia do comportamento, a psicologia do desenvolvimento humano, a psicologia social e a psicologia cognitiva.
- *Ciências da informação*, englobam as comunicações, as mídias audiovisuais, a gestão da informação e a ciência da computação.
- *Ciências da administração*, incluindo a abordagem sistêmica, a gestão de projetos e a engenharia de produção.

As influências de cada uma dessas grandes áreas acompanham, de certa maneira, a evolução histórica do design instrucional. E essas influências permanecem mesmo depois de seu primeiro impacto, como veremos a seguir.

**Figura 1.1** Fundamentos do design instrucional

Psicologia do comportamento
Psicologia do desenvolvimento humano
Psicologia social
Psicologia cognitiva

Ciências humanas

Ciências da informação

Comunicações
Mídias audiovisuais
Gestão da informação
Ciência da computação

Design Instrucional

Ciências da administração

Abordagem sistêmica
Gestão de projetos
Engenharia de produção

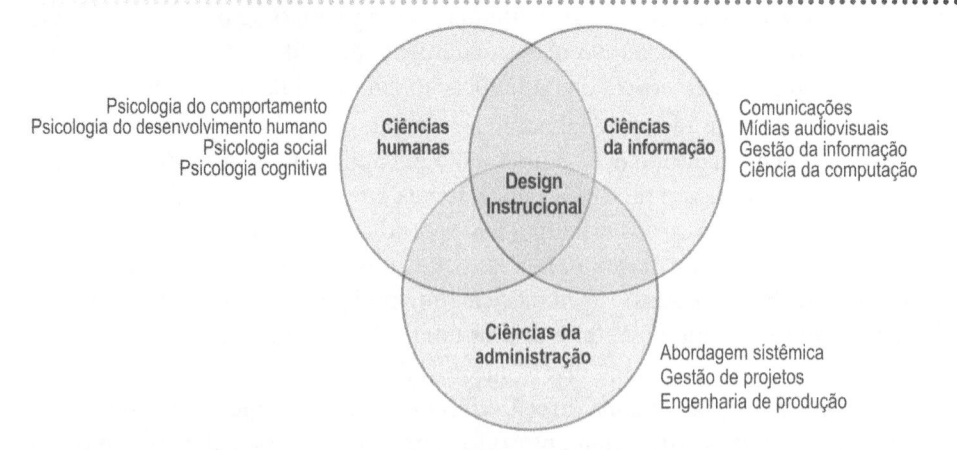

Fonte: Adaptado de JOHNSON, K.; FOA Lin J., *Instructional design: new alternatives for effective education and training*. Nova York: Collier Macmillan Publishers, 1989, p.5.

## Ciências humanas

No campo das *ciências humanas*, a psicologia do comportamento prevaleceu durante as décadas de 1940 e de 1960 e influenciou diretamente as teorias do design instrucional por tornar central a idéia de que a aprendizagem pode não apenas ser compreendida, mas também controlada. Uma conseqüência dessa prevalência foi o amplo uso da instrução programada, caracterizada pela decomposição do material a ser aprendido em pequenos *chunks* (pedaços) e pela condução do aluno por meio de um caminho cuidadosamente construído.

Entretanto, a baixa orientação com relação a tarefas mentais mais complexas, como análise, síntese e avaliação, e a premissa de que a aprendizagem era uma atividade passiva — duas sérias limitações da psicologia do comportamento — levaram os profissionais de design instrucional a buscar auxílio teórico em outros ramos da psicologia.

Assim, as idéias da psicologia cognitiva e da aprendizagem ativa (em que a criança constantemente organiza, põe à prova e reorganiza suas observações sobre o ambiente) e os estágios de desenvolvimento previsíveis e universais (por meio dos quais a criança, à medida que amadurece, desenvolve estruturas mais complexas e abstratas para compreender suas observações sobre seu ambiente), defendidos por Jean Piaget e outros psicólogos europeus do desenvolvimento humano, foram estendidas à aprendizagem de adultos e contribuíram diretamente para a formação de uma perspectiva construtivista do design instrucional.

Da mesma forma, John Dewey e Jerome Bruner, ao considerarem a aprendizagem uma manifestação ativa e os alunos verdadeiros exploradores, trouxeram à tona os aspectos da psicologia social para o processo de aprendizagem, reconhecendo a importância da aprendizagem experimental e da aprendizagem em grupos. Eles abriram caminho para que a interação pessoal e a cooperação social se tornassem objetos de atuação instrucional, antevendo a posterior incorporação dos princípios socioconstrutivistas e da aprendizagem situada à teoria e à prática do design instrucional.

## Ciências da informação

O design instrucional também tem suas raízes nas *ciências da informação*, mais especificamente nas comunicações, nas mídias audiovisuais, na gestão da informação e na ciência da computação. Das ciências da informação, o design instrucional obtém *insights* sobre a estrutura, a organização e o processamento da informação — pontos cada vez mais necessários em um ambiente altamente tecnológico e informacional como o que vivemos hoje.

O campo das comunicações traz a consciência de que as características de determinada mídia — um sistema simbólico único de representação — afetam tanto a percepção de conteúdos quanto o armazenamento e a recuperação das informações pelo aprendiz. Diferentes mídias estimulam o desenvolvimento de diferentes habilidades de processamento da informação. Como resultado, cada mídia requer diferentes considerações de design instrucional. (Abordamos alguns desses aspectos no Capítulo 8.)

Da mesma forma, os avanços na ciência da computação são significativos para o design instrucional na medida em que podem oferecer ferramentas de aprendizagem mais variadas, flexíveis, baseadas em modelos complexos e simulações. Os estudos de inteligência artificial, por exemplo, que tentam fazer com que máquinas 'pensem', inauguram uma nova visão sobre a complexidade do pensamento e da aprendizagem humana. Já a noção de redes digitais de aprendizagem nos permite vislumbrar um repositório dinâmico e massivo de informações e produtos educacionais (objetos e atividades de aprendizagem) que instituições de ensino, educadores, alunos e usuários em geral possam acessar para atualização, consulta e estudo.

## Ciências da administração

O design instrucional também se apóia nas *ciências da administração* e nas seguintes subáreas: abordagem sistêmica, gestão de projetos e engenharia de produção.

A abordagem sistêmica defende, entre outras coisas, que dividir projetos altamente complexos em componentes menores e mais administráveis permite identificar estratégias, abordagens, atividades e métodos com maior probabilidade de êxito. No design instrucional, isso significa maior probabilidade de enriquecer a experiência de aprendizagem dos alunos.

Da abordagem sistêmica também decorre a idéia de que, na educação, problemas instrucionais complexos podem ser mais bem resolvidos pela combinação das competências de uma equipe de especialistas, em vez de por um indivíduo isolado (por exemplo, um instrutor, um educador ou um designer instrucional), que trabalha, muitas vezes, de forma idiossincrática.

É certo, no entanto, que coordenar uma equipe de especialistas, em geral com múltiplas formações e experiências, requer um conjunto completo de ferramentas de gestão de projetos que possibilitem manter o foco na tarefa, cumprir os prazos e assegurar a integridade, a qualidade e a consistência das estratégias e dos materiais didáticos. (No Capítulo 12, tratamos especificamente da gestão de projetos de aprendizado eletrônico.)

Na mesma linha, os princípios e procedimentos da engenharia de produção podem ser aplicados à concepção, melhoria, implementação e desenvolvimento de produtos e sistemas instrucionais.

## Uma visão integrada dos fundamentos

Diante do exposto nas seções anteriores, fica claro que ver o design instrucional apenas como uma ciência comportamental o torna uma ciência bastante simplista, que confia exclusivamente em resultados de aprendizagem observáveis e deixa de lado aprendizagens mais complexas. Da mesma forma, restringir o design instrucional ao debate das abordagens pedagógicas/andragógicas não é suficiente para o oferecimento de soluções que equilibrem custos, prazos e qualidade.

Além disso, pensar no design instrucional como resultante apenas de escolhas de recursos audiovisuais e formas de comunicação implica acreditar que qualquer problema educacional e de treinamento se resolve com uma boa gestão da informação e soluções acertadas baseadas simplesmente em mídias.

Por fim, priorizar a abordagem sistêmica e a gestão de projetos para os processos de design pode revelar-se uma tentativa de aplicar abordagens extremamente rígidas à aprendizagem, uma atividade humana dinâmica e complexa.

Assim, reconhecer a integração dos vários campos que fundamentam o design instrucional em um novo campo, o qual considera a prática educacional para recomendar ações de ensino e resultados de aprendizagem, equivale a integrar uma gama de perspectivas relacionada à aprendizagem e ao comportamento humano e a compreender de que maneira a informação pode ser combinada, processada e apresentada de forma criativa e precisa, em um contexto histórico, social e organizacional mais amplo.

## Breve histórico do design instrucional

Embora o campo do design instrucional não seja marcado por datas e eventos históricos bem-definidos, há uma evolução que nos dá uma idéia de sua maturidade, como mostra a Figura 1.2.

Em geral, costuma-se situar as origens do design instrucional à época da Segunda Guerra Mundial, que representou um enorme desafio instrucional. Afinal, era necessário treinar rapidamente milhares de recrutas para manejar sofisticadas armas de guerra que exigiam um nível de controle e perícia sem precedentes. Para tanto, psicólogos e educadores norte-americanos que tinham experiência na condução de pesquisa experimental foram convocados a desenvolver materiais de treinamento para o serviço militar.

Assim, armados com as idéias de Edward Thorndike — segundo as quais a aprendizagem ocorre quando um tema é cuidadosamente controlado e seqüenciado e quando os alunos recebem reforço apropriado — e abastecidos com a experiência de criar métodos

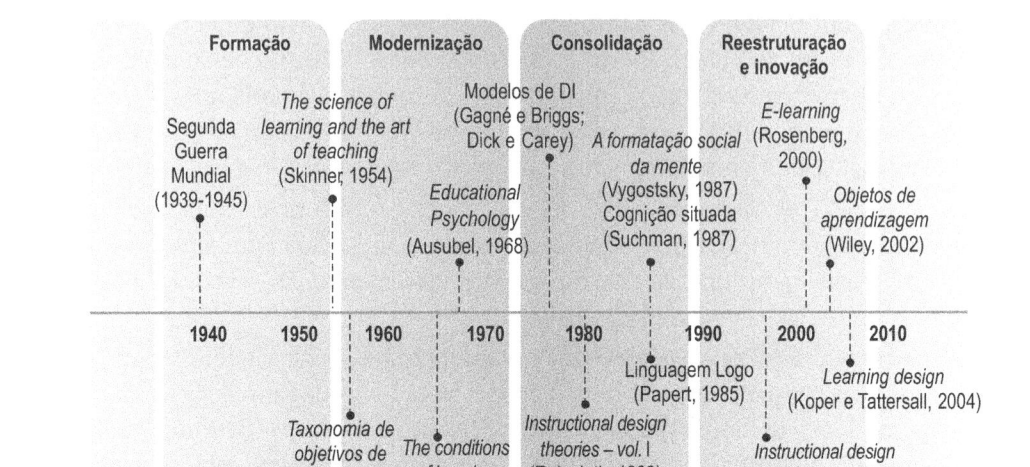

FIGURA 1.2 Evolução do design instrucional

padronizados de entrega instrucional usando máquinas de ensino, os pesquisadores desenvolveram uma leva de filmes para o treinamento militar, tendo por inspiração o sucesso de audiovisuais como o cinema. Com a vitória norte-americana, a abordagem sistêmica e a gestão de projetos aplicadas a soluções educacionais de grande escala passaram a ser cada vez mais usadas nos períodos de paz decorrentes.

Os anos 1950 se caracterizaram pela formulação de robustos modelos teóricos de ensino/aprendizagem. A publicação, em 1954, da obra de Burrhus Frederic Skinner, intitulada *The science of learning and the art of teaching*, é considerada por muitos o ponto de partida do design instrucional moderno, dada a descrição da instrução programada e sua ênfase na formulação de objetivos comportamentais, na divisão do conteúdo instrucional em pequenas unidades e no sistema de recompensas freqüentes e de curto prazo a respostas corretas. Em 1956, Benjamin Bloom, outro teórico de peso, lançou a taxonomia dos objetivos educacionais, que se provou extremamente útil na especificação e na análise de resultados de aprendizagem, bem como no design instrucional para alcançá-los.

Entre 1962 e 1965, Robert Gagné publicou as obras *Military training and principles of learning* e *The conditions of learning*, demonstrando sua preocupação com os diferentes níveis de aprendizagem. Sua diferenciação entre informação verbal, habilidades intelectuais e estratégias cognitivas se configurou em um acompanhamento para os seis tipos de aprendizagem cognitiva de Bloom. Mais tarde, Gagné estendeu seu pensamento para incluir os nove eventos instrucionais que detalham as condições necessárias à ocorrência da aprendizagem. Voltamos a esses temas no Capítulo 5.

Seguindo a tendência da psicologia cognitiva em ver a mente humana como uma máquina de processamento de informações, entre os anos 1960 e 1970, David Paul Ausubel trouxe *insights* a respeito do modo como os indivíduos adquirem, organizam e retêm a informação. Segundo o autor, para que a aprendizagem significativa ocorra em uma situação social determinada, é necessário que novos conhecimentos se relacionem significativamente com as idéias e as informações preexistentes na estrutura cognitiva dos alunos. Para ele, o uso de organizadores prévios e o seqüenciamento de conteúdos são essenciais para o aperfeiçoamento da aprendizagem e a solução de problemas. Vale assinalar que, ainda nos anos 1970, surgiu uma série de modelos de design instrucional (DI) (Gagné e Briggs, Dick e Carey, entre outros), refletindo a consolidação desse campo.

Já nos anos 1980, os microcomputadores e as soluções em formato multimídia passaram a dominar a literatura e a prática do design instrucional, enquanto se testemunhou enorme crescimento na utilização dos modelos de desenvolvimento instrucional nos negócios e nas agências não oficiais de ensino.

Na década seguinte, a explosão da Internet trouxe não apenas inovações tecnológicas, mas também uma conjugação de novas abordagens à instrução e à aprendizagem. Teóricos como Thomas Duffy, David Jonassen e Seymourt Papert identificaram no construtivismo um modelo em que as questões socioculturais e cognitivas podiam ser apoiadas por ferramentas computadorizadas, como sistemas de ajuda on-line e a linguagem de programação Logo.

Mais recentemente, o design instrucional tem se voltado também à criação de ambientes de aprendizagem apoiados por tecnologias de informação e comunicação on-line, reunindo uma variedade de recursos, como repositórios de informação (livros-texto, enciclopédias, vídeos, revistas); suportes simbólicos (processadores de texto, aplicativos gráficos, programas de bancos de dados); micromundos e programas de simulação; kits de construção (blocos, software de manipulação matemática) e gerenciadores de tarefas.

No Brasil, o campo do design instrucional foi redescoberto a partir da necessidade de incorporar tecnologias de informação e comunicação às ações educacionais. Isso porque, no aprendizado eletrônico, a qualidade das ações educacionais, em geral, não é assegurada pela única pessoa que tradicionalmente é responsável por essa tarefa no ensino convencional: o educador.

No aprendizado eletrônico, equipes de trabalho multidisciplinar constituem uma saída para planejar e implementar soluções educacionais de qualidade, que levem em conta as questões de interatividade, interação e uso de multimídia, entre outras. E, nessas equipes, a atuação do profissional de design instrucional é fundamental para assegurar o equilíbrio entre educação, comunicação, tecnologia, conteúdos e gestão de processos, como veremos a seguir.

## O designer instrucional

O profissional de design instrucional é o *designer instrucional*. Ele é o responsável por projetar soluções para problemas educacionais específicos.

Como vimos anteriormente no breve histórico do design instrucional, esse profissional não é tão recente assim nem está restrito a ações de aprendizado eletrônico. De fato, suas competências já haviam sido descritas pelas comunidades profissional e acadêmica internacional em 1986 e foram revisadas em 2002 para incorporar as questões relacionadas às tecnologias, como registrado no Quadro 1.1. Em âmbito nacional, a função de designer instrucional vem sendo discutida pelo Ministério do Trabalho e do Emprego e deve ser incluída na Classificação Brasileira de Ocupações. Para uma consulta atualizada, o leitor deve acessar o site: www.mtecbo.gov.br.

As competências do designer instrucional abrangem as três áreas de conhecimento que fundamentam o design instrucional e que vimos anteriormente: as ciências humanas, as da informação e as da administração. Essas competências são desenvolvidas por meio de uma formação interdisciplinar combinada à experiência prática.

No Brasil, por exemplo, existem alguns cursos de especialização (pós-graduação *lato sensu*), com carga horária de 360 horas, reconhecidos pelo MEC, que formam esse profissional. Esses cursos exploram as dimensões pedagógica, tecnológica, comunicacional e organizacional do campo.

### Campos de atuação do designer instrucional

Podemos dizer que os campos de atuação do designer instrucional são ilimitados, visto que a aprendizagem permeia praticamente todas as atividades humanas, das brincadeiras de criança à certificação profissional, do treinamento motor à formação política, dos rituais religiosos às práticas esportivas.

**Quadro 1.1** Competências do designer instrucional

### Fundamentos da profissão

Comunicar-se efetivamente, por meio visual, oral e escrito.

Aplicar pesquisas e teorias atualizadas à prática de design instrucional.

Atualizar e melhorar habilidades, atitudes e conhecimentos referentes ao design instrucional e as suas áreas relacionadas.

Aplicar habilidades básicas de pesquisa em projetos de design instrucional.

Identificar e resolver problemas éticos e legais que surjam no trabalho de design instrucional.

### Planejamento e análise

Conduzir um levantamento de necessidades.

Projetar um currículo ou programa.

Selecionar e usar uma variedade de técnicas para definir o conteúdo instrucional.

Identificar e descrever as características da população-alvo.

Analisar as características do ambiente de aprendizagem.

Analisar as características de tecnologias existentes e emergentes e seus usos em um ambiente instrucional.

Refletir sobre os elementos de uma situação antes de finalizar decisões sobre soluções e estratégias de design.

### Design e desenvolvimento

Selecionar, modificar ou criar um modelo apropriado de design e desenvolvimento para determinado projeto.

Selecionar e usar uma variedade de técnicas para definir e encadear o conteúdo e as estratégias instrucionais.

Selecionar ou modificar materiais instrucionais existentes.

Desenvolver materiais instrucionais.

Projetar uma solução educacional que se adapte a diversos perfis de alunos ou grupos de alunos.

Avaliar a instrução e seu impacto.

### Implementação e gestão

Planejar e gerenciar projetos de design instrucional.

Promover colaboração, parcerias e relacionamentos entre os participantes de um projeto de design.

Aplicar habilidades de gestão de projetos ao design instrucional.

Projetar sistemas de gestão da instrução.

Implementar eficazmente produtos e programas.

Fonte: Tradução livre das competências do design instrucional do International Board of Standards for Training, Performance and Instruction, 2002. Disponível em: www.ibstpi.org/Competencies/translation.htm.

Contudo, devemos restringir a ação do designer instrucional às iniciativas educacionais intencionais, ou seja, àquelas em que pessoas, grupos ou instituições se empenham de forma deliberada e orientada para formar ou informar pessoas. Ainda assim, permanece um vasto campo de atuação cujas características distintas influenciam diretamente os processos de design instrucional.

É possível dividir a atuação do designer instrucional em dois grandes campos:

- **Campos em que a educação é atividade-fim:** nesses campos de atuação, a educação é a principal atividade de pessoas, grupos ou instituições; sem a educação, tais contextos não existiriam. Nessa categoria estão todas as pessoas, grupos e instituições que provêm ensino fundamental, médio e superior (graduação e pós-graduação), bem como educação profissionalizante, educação especial, educação de jovens e adultos e formação de professores. Incluem-se aqui também as instituições especializadas em ensino de idiomas, música e esportes, além das editoras de livros didáticos, dos fabricantes de jogos eletrônicos e softwares educacionais e dos desenvolvedores de e-learning, entre outros.

- **Campos em que a educação é atividade-meio:** nesses campos de atuação, a educação apóia a atividade-fim de pessoas, grupos ou instituições. Aqui se incluem as ações educacionais promovidas por organizações com fins lucrativos, como programas de educação executiva, de desenvolvimento gerencial e de treinamento de funcionários, estagiários, *trainees*, distribuidores, representantes, pessoal de assistência técnica, usuários e clientes atuais ou potenciais. Incluem-se também as ações educacionais de organizações sem fins lucrativos (ONGs), órgãos da administração pública, associações, sindicatos, patronatos, partidos políticos e órgãos internacionais, entre outros.

Tal diferenciação determina se os processos de design instrucional são primários (executados como atividade-fim) ou secundários (de suporte ou apoio à atividade-fim). Ela também influencia diretamente a finalidade geral das ações educacionais e especificamente os objetivos de aprendizagem, as metodologias de ensino adotadas e os papéis desempenhados por alunos e educadores (professores, docentes, tutores, monitores), para não mencionar os resultados de aprendizagem visados e os processos de verificação desses resultados (avaliação). Por fim, repercute no modelo de design instrucional adotado — na formação e composição da equipe de criação, produção e execução, nas fontes de informação e canais de comunicação utilizados, nos formatos de programas, cursos e unidades de estudo projetados, nos prazos determinados para o design, o desenvolvimento, a execução e a avaliação dos programas, nos orçamentos e forma de distribuição dos recursos, nos requisitos de qualidade e nas avaliações de retorno sobre o investimento.

No capítulo seguinte, apresentamos modelos de aprendizado eletrônico e de design instrucional que podem ser utilizados para atender à diversidade de necessidades educacionais.

# 2 Design instrucional para o aprendizado eletrônico

> Nas ações de educação a distância, educação híbrida (parte presencial, parte a distância) e educação presencial apoiada por tecnologia, o modelo de aprendizado eletrônico adotado tem importantes implicações para os processos de design instrucional.
>
> Vale lembrar que, em boa parte dos casos, o modelo de aprendizado eletrônico é definido no nível macro do design instrucional, uma vez que é determinado pelas abordagens pedagógicas/andragógicas do contexto, assim como pela infraestrutura tecnológica e pela fluência digital dos participantes.

## Abordagens pedagógicas/andragógicas

Como vimos no Capítulo 1, quando estudamos os fundamentos e o histórico do design instrucional, há várias maneiras de explicar o que é aprender e, por conseguinte, o que é ensinar, e não há um consenso com relação a isso.

No Quadro 2.1, resumimos as principais abordagens pedagógicas/andragógicas, destacando suas concepções de ensino e aprendizagem e seus teóricos-chave, bem como suas implicações para a aprendizagem, o ensino e a avaliação.

Ao desenhar soluções para problemas educacionais, o designer instrucional deve considerar que abordagens pedagógicas/andragógicas diferentes atendem a necessidades de aprendizagem também diferenciadas. E a forma mais apropriada de selecionar a abordagem é analisar os objetivos de aprendizagem.

Assim, quando os alunos estão iniciando a aprendizagem de algum tema e têm pouco conhecimento ou habilidades anteriores, estratégias mais formalmente estruturadas são mais adequadas, já que permitem aos estudantes formar conceitos que lhes servirão de referência em futuras explorações.

Já para aprendizagens mais complexas, que pressupõem o desenvolvimento de competências especializadas, contextos de aprendizagem mais autênticos convidam os alunos a tomar decisões inteligentes, combinando ação e reflexão.

Voltaremos a esse tema no Capítulo 5, quando abordaremos o design de atividades de aprendizagem.

**Quadro 2.1** Abordagens pedagógicas/andragógicas — um resumo

| | Comportamentalista | Construtivista (individual) |
|---|---|---|
| Teoria | As pessoas aprendem por associação. Inicialmente, esse aprendizado se dá por meio de um condicionamento estímulo–resposta simples e, posteriormente, mediante a capacidade de associar conceitos em uma cadeia de raciocínio ou de associar passos em uma cadeia de atividades para construir uma habilidade complexa.<br><br>A teoria associativa não se preocupa com o modo como os conceitos ou as habilidades estão representados internamente, mas sim com a maneira como eles se manifestam em comportamentos externos.<br><br>Uma vez que não há uma 'janela mágica' que permite ver o que acontece dentro da mente humana, toda a aprendizagem formal repousa sobre a evidência externa (comportamento), que é um indicador do que foi aprendido. | As pessoas aprendem ao explorar ativamente o mundo que as rodeia, recebendo *feedback* de suas ações e formulando conclusões.<br><br>A capacidade de construir leva à integração de conceitos e habilidades dentro das estruturas de competências ou de modelos mentais já existentes no aluno. Assim, a aprendizagem pode ser aplicada a novos contextos e expressa em novas formas.<br><br>A teoria construtivista se preocupa basicamente com o que acontece entre os *inputs* (entradas) do mundo exterior e os novos comportamentos, isto é, com o modo como os conhecimentos e as habilidades são integrados pelo aluno. |
| Teóricos-chave | Skinner, Gagné | Piaget |
| Implicações para a aprendizagem | Rotinas de atividades.<br>Progressão por meio de componentes conceituais e de habilidades.<br>Objetivos e *feedbacks* claros.<br>Percursos individualizados correspondentes a desempenhos anteriores. | Construção ativa e integração de conceitos.<br>Problemas pouco estruturados.<br>Oportunidades para reflexão.<br>Domínio da tarefa. |
| Implicações para o ensino | Análise e decomposição em unidades.<br>Seqüências progressivas de componentes para conceitos ou habilidades complexos.<br>Abordagem instrucional clara para cada unidade.<br>Objetivos altamente focados. | Ambientes interativos e desafios apropriados.<br>Encorajamento à experimentação e à descoberta de princípios.<br>Adaptação a conceitos e habilidades existentes.<br>Treinamento e modelagem de habilidades metacognitivas. |
| Implicações para a avaliação | Reprodução acurada de conhecimentos ou habilidades.<br>Desempenho de partes ou componentes.<br>Critérios claros: *feedback* rápido e fidedigno. | Compreensão conceitual.<br>Desempenho estendido.<br>Processos e resultados.<br>Certificados variados de excelência.<br>Auto-avaliação: autonomia na aprendizagem. |

⬅ Tarefas de aprendizagem mais formalmente estruturadas

| Construtivista (social) | Situada |
|---|---|
| A descoberta individual de princípios é apoiada pelo ambiente social. Colegas de escola e educadores desempenham papel-chave no desenvolvimento do aluno, ao travar diálogo com ele, desenvolver uma compreensão compartilhada da tarefa e prover *feedback* de suas atividades e representações.<br><br>A teoria socioconstrutivista se preocupa com o modo como conceitos e habilidades emergentes são apoiados pelos outros de forma que o aluno vá além do que seria capaz individualmente (zona de desenvolvimento proximal).<br><br>A atenção aqui está voltada aos papéis dos alunos em atividades colaborativas e à natureza das tarefas desempenhadas. | As pessoas aprendem ao participar de comunidades de prática, progredindo de uma posição de novatas até a de especialistas pela observação, reflexão, mentoria e legítima participação periférica.<br><br>Da mesma forma que o socioconstrutivismo, a abordagem situada enfatiza o contexto social da aprendizagem, com a diferença de que, para a teoria situada, esse contexto deve ser muito mais próximo — ou idêntico — à situação na qual o aluno eventualmente aplicará a aprendizagem adquirida.<br><br>A aprendizagem baseada em trabalho e o desenvolvimento profissional continuado são exemplos típicos de aprendizagem situada.<br><br>Aqui, a autenticidade do ambiente de aprendizagem é tão significativa quanto o apoio que ele provê, com atividades menos formais. |
| Vygotsky | Lave e Wenger; Cole e Engstrom |
| Desenvolvimento conceitual por meio de atividades colaborativas.<br><br>Problemas pouco estruturados.<br><br>Oportunidades para discussão e reflexão.<br><br>Domínio compartilhado da tarefa. | Participação em práticas sociais de investigação e aprendizagem.<br><br>Aquisição de habilidades em contextos de uso.<br><br>Desenvolvimento de identidade como aluno.<br><br>Desenvolvimento de relações profissionais e de aprendizagem. |
| Ambientes colaborativos e desafios apropriados.<br><br>Encorajamento à experimentação e à descoberta compartilhadas.<br><br>Foco em conceitos e habilidades existentes.<br><br>Modelagem de habilidades, inclusive sociais. | Criação de ambientes seguros para participação.<br><br>Apoio ao desenvolvimento de identidades.<br><br>Facilitação de diálogos e relacionamentos de aprendizagem.<br><br>Elaboração de oportunidades de aprendizagem autênticas. |
| Compreensão conceitual.<br><br>Desempenho estendido.<br><br>Processos, participação e tanto quanto resultados.<br><br>Certificados variados de excelência.<br><br>Avaliação por pares e responsabilidade compartilhada. | Certificados de participação.<br><br>Desempenho estendido, incluindo contextos variados.<br><br>Autenticidade na prática (valores, crenças, competências).<br><br>Envolvimento de pares. |

Contextos de aprendizagem mais autênticos ⟶

## Tecnologias

No aprendizado eletrônico, que é mediado por tecnologias, é importante entender como os diversos tipos de tecnologia disponíveis podem atender a necessidades educacionais variadas. E, para alcançar esse entendimento, é imprescindível saber que há certo consenso em agrupar as tecnologias de informação e comunicação em grandes três categorias com diferentes aplicações educacionais. Essas categorias são:

- **Distributivas:** do tipo um-para-muitos, pressupõem um aluno passivo diante de um ensino mais diretivo. As tecnologias distributivas são muito empregadas quando o objetivo é a aquisição de informações. Por exemplo: rádio, televisão, *podcasting*.

- **Interativas:** do tipo um-para-um, pressupõem um aluno mais ativo que aprende, no entanto, de forma isolada. As tecnologias interativas são bastante usadas quando o objetivo é o desenvolvimento de habilidades. Por exemplo: multimídia interativa, jogos eletrônicos de exploração individual.

- **Colaborativas:** do tipo muitos-para-muitos, pressupõem a participação de vários alunos que interagem entre si. As tecnologias colaborativas são apropriadas quando o objetivo é a formação de novos esquemas mentais. Por exemplo: salas de bate-papo, fóruns, editores colaborativos de texto.

Contudo, nosso entendimento do potencial das tecnologias na educação ficaria incompleto se ignorássemos os desenvolvimentos mais recentes personificados na chamada *Web 2.0*. Em linhas gerais, a Web 2.0 é caracterizada pelos seguintes fatores:

- **Conteúdo aberto (*open content*):** universidades e outras instituições de ensino disponibilizam on-line, gratuitamente, seu material acadêmico e didático para qualquer pessoa utilizar.

- **Código livre (*free source*):** além de uma arquitetura de software aberta baseada em padrões, trata-se de uma filosofia de acoplar e desacoplar facilmente ferramentas produzidas por diferentes fornecedores e configuradas de modos diferentes para diferentes contextos de uso.

- **Aproveitamento da inteligência coletiva:** os usuários deixam de ser meros consumidores e passam a ser produtores individuais e coletivos por meio da criação dinâmica de conteúdos via *blogs*,[*] *wikis*[**] e softwares de relacionamento.[***]

- **Compartilhamento:** os usuários consultam repositórios de informação para compartilhar experiências, boas práticas e *expertise* acumulada por meio de upload e download de conteúdos, ferramentas e componentes.

---

[*] *Blogs* são diários on-line em que são publicados pensamentos, opiniões e reflexões, além de comentários e links a outros conteúdos Web.

[**] Wiki é um software colaborativo que permite a edição coletiva de documentos de maneira bastante simples. A Wikipédia é um exemplo de ambiente wiki.

[***] Os softwares de relacionamento permitem aos usuários interagir e compartilhar conteúdos com uma rede de pessoas conectadas. Exemplos bastante difundidos desse tipo de software são o Orkut (www.orkut.com), o MySpace (www.myspace.com) e o Facebook (www.facebook.com).

Em resumo, com a Web 2.0, a Internet como conhecemos deixa de ser apenas uma rede de entrega, em que os usuários apenas consomem informações prontas, para tornar-se uma rede de colaboração, na qual os usuários também produzem conhecimentos. Veja na Figura 2.1 como as tecnologias se relacionam aos objetivos de aprendizagem e às formas de controle.

Por ora, essa categorização é suficiente para entendermos os modelos de aprendizado eletrônico. Voltamos ao tema 'tecnologias' no Capítulo 5, quando trataremos de ferramentas, e mais detalhadamente no Capítulo 10, que aborda os ambientes virtuais de aprendizagem.

## Modelos de aprendizado eletrônico

Com base no que já vimos, fica claro que o aprendizado eletrônico pode ser definido como um conjunto de práticas que variam, entre outros aspectos, conforme as abordagens pedagógicas/andragógicas e os tipos de tecnologia empregados.

Basicamente, essas práticas se distribuem em um *continuum*, que vai da entrega em rede (*net delivery*), baseada na auto-instrução, até o trabalho em rede (*network*), caracterizado pela aprendizagem em grupo, com ênfase acentuada em conteúdo, tarefas ou comunicação. Esse *continuum* também deixa explícitos os modelos de aprendizado. Levando em conta a interação entre o aluno e o conteúdo, o aluno e o educador, o aluno e seus colegas, bem como a infra-estrutura tecnológica e as competências digitais requeridas, esses modelos podem ser divididos em modelo informacional, modelo suplementar, modelo essencial, modelo colaborativo e modelo imersivo (veja a Figura 2.2).

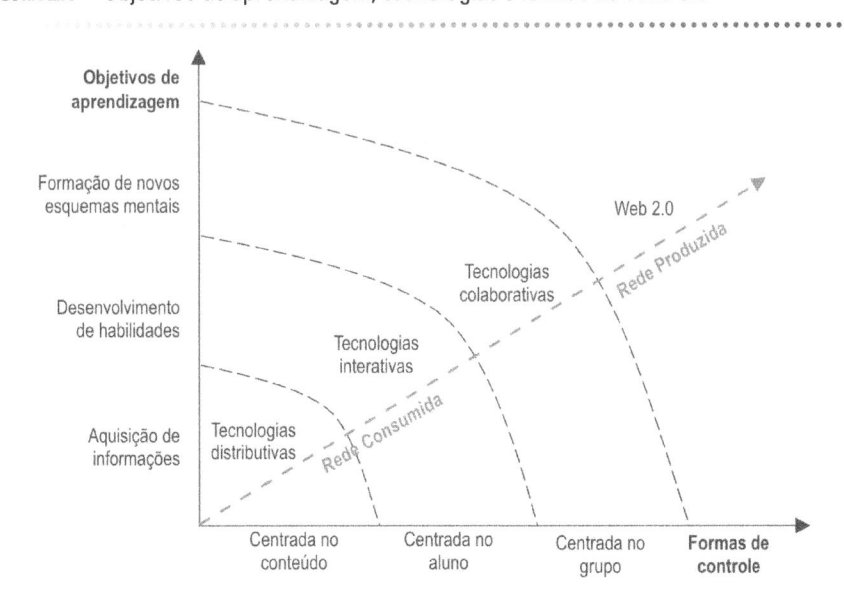

**FIGURA 2.1** Objetivos de aprendizagem, tecnologias e formas de controle

Fonte: Adaptado de RIBEIRO A. M.; COELHO, M. L. *O uso das novas tecnologias e as formas de aprendizagem: análise de uma experiência*, VIII Seminário Nacional de Educação a Distância. Brasília: Abed, 2006, p. 2.

- **Modelo informacional**
  - Nesse modelo, são produzidas e disponibilizadas informações relativamente estáveis, com propósito de consulta, como ementa, agenda e informações de contato.
  - Na fase de execução, há pouca ou nenhuma interação virtual entre educador, alunos e equipe técnico–administrativa.
  - As informações podem ser inseridas pelo pessoal administrativo.
  - O ambiente virtual requer pouca manutenção, espaço mínimo de memória e baixa largura de banda.

- **Modelo suplementar**
  - Esse modelo fornece basicamente conteúdo, como leituras, anotações e tarefas selecionadas e publicadas pelo educador.
  - A maior parte da experiência de aprendizagem ocorre off-line.
  - Requer alguma competência tecnológica do educador.
  - Requer ainda manutenção diária ou semanal, bem como um espaço de memória e uma largura de banda de baixa a moderada.

- **Modelo essencial**
  - Nesse modelo, embora ocorram atividades fora do ambiente on-line, o aluno não consegue participar do curso sem acessar regularmente a Internet.
  - A maior parte do conteúdo é obtida na Internet.
  - Requer competências tecnológicas do educador, que precisa alimentar constantemente o suporte virtual do curso.
  - Exige do aluno uma postura proativa na garantia de sua aprendizagem.
  - Como é essencial acessar materiais na Internet, os alunos precisam de uma largura de banda no mínimo moderada, ao passo que a administração deve fazer manutenção contínua (7 dias por semana/24 horas por dia).

FIGURA 2.2  Modelos de aprendizado eletrônico

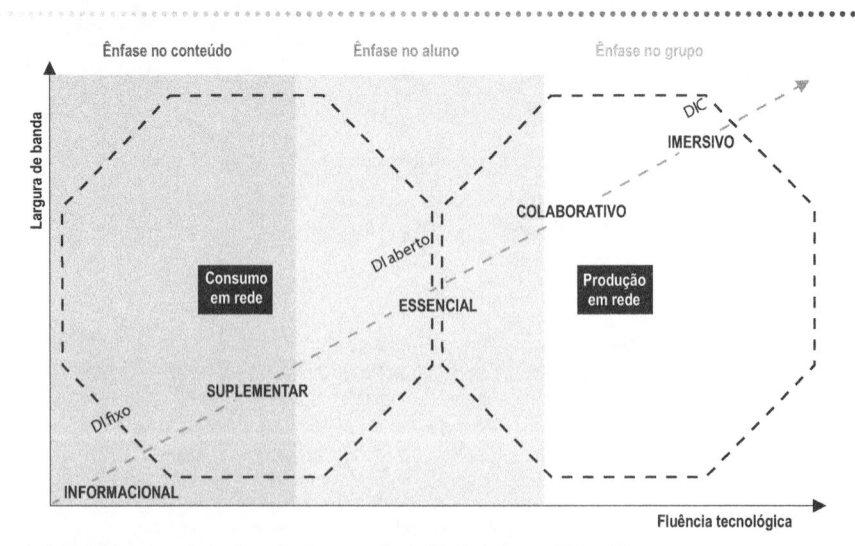

Fonte: Adaptado de FILATRO, Andrea. *Design instrucional contextualizado*. São Paulo: Senac, 2004. p. 53.

- **Modelo colaborativo**
  - Nesse modelos os alunos geram parte do conteúdo por meio de ferramentas de colaboração (correio eletrônico, fóruns, *chats*) gerenciadas pelo educador.
  - Requer competências tecnológicas do educador e dos alunos.
  - Exige manutenção constante e preventiva, bem como maior espaço na memória e maior largura de banda.

- **Modelo imersivo**
  - Nesse modelo, todo o conteúdo do curso é obtido e publicado na Internet e também pode ser acessado por tecnologias móveis (sem fio) e de banda larga.
  - Todas as interações entre aluno e conteúdo, aluno e educador e aluno e aluno ocorrem on-line e se tornam parte da estrutura principal do curso.
  - Em geral, corresponde a um sofisticado ambiente virtual construtivista, centrado em ferramentas personalizadas e em redes sociais de aprendizagem.
  - O educador e os alunos devem ter alto nível de competência tecnológica e participar de elaboradas estratégias de aprendizagem.

Modelos de aprendizado eletrônico, que representam abordagens pedagógicas/andragógicas diferentes e usos distintos da tecnologia na educação, implicam modelos de design instrucional diferenciados, como veremos a seguir.

## Modelos de design instrucional

Uma vez que variam os contextos e os padrões de utilização da tecnologia, o modelo de design instrucional adotado não pode ser o mesmo para as diferentes realidades educacionais. Assim, podemos falar em design instrucional fixo, aberto e contextualizado.

### Design instrucional fixo

O *design instrucional fixo* (ou *fechado* — DI fixo) é também referenciado como 'modelo de engenharia ou pré-engenharia'. Ele se baseia na separação completa entre as fases de concepção (design) e execução (implementação), envolvendo o planejamento criterioso e a produção de cada um dos componentes do design instrucional antecipadamente à ação de aprendizagem.

No aprendizado eletrônico, isso significa que um especialista em design instrucional começará a trabalhar em uma tela vazia e tomará decisões relacionadas às partes do fluxo de aprendizagem que serão 'automatizadas', às regras de seqüenciamento/estruturação, às interações sociais (se é que elas ocorrerão) e ao grau de intensidade dessas interações. O resultado desse trabalho é um design instrucional fixo e inalterável.

Em geral, o produto resultante desse tipo de design instrucional é rico em conteúdos bem estruturados, mídias selecionadas e *feedbacks* automatizados. Em muitas ocasiões, dispensa a participação de um educador durante a execução e é dirigido à educação de massa.

## Design instrucional aberto

O *design instrucional aberto* (DI aberto), também chamado *modelo bricolage* ou *design on-the-fly*, envolve um processo mais artesanal e orgânico, no qual o design privilegia mais os processos de aprendizagem do que os produtos. Em geral, os artefatos são criados, refinados ou modificados durante a execução da ação educacional. Para muitos, esse é o modelo que mais se aproxima da natureza flexível e dinâmica da aprendizagem.

No aprendizado eletrônico, isso significa que o especialista em design instrucional ou o educador começará a trabalhar a partir de um ambiente virtual de aprendizagem (ou LMS) com um conjunto de opções pré-configuradas, mas terá liberdade de reconfigurá-las, adaptando-as no decorrer do percurso a partir do *feedback* obtido junto aos alunos.

Em geral, esse tipo de design instrucional produz um ambiente menos estruturado, com mais links encaminhando a referências externas. Também implica menor sofisticação em termos de mídias, já que estas exigem condições diferenciadas, além de extensos prazos e elevados custos de produção. Por outro lado, o design instrucional aberto privilegia a personalização e a contextualização.

Pelo menos enquanto não há sistemas adaptativos inteligentes o bastante para serem usados nos processos de ensino/aprendizagem, esse tipo de design instrucional pressupõe a participação de um educador durante sua execução.

## Design instrucional contextualizado

O *design instrucional contextualizado* (DIC) busca o equilíbrio entre a automação dos processos de planejamento e a personalização e contextualização na situação didática, usando para isso ferramentas características da Web 2.0.

O DIC se aproxima bastante do design instrucional aberto, visto que considera central a atividade humana, porém não exclui a possibilidade de utilização de unidades fixas e pré-programadas, conforme objetivos, domínio de conhecimento e contextos específicos.

Em outras palavras, o DIC reconhece a necessidade de mudanças durante a execução levadas a termo pelos participantes, contudo admite que a personalização e a flexibilização também podem ser asseguradas por recursos adaptáveis previamente programados.

Na verdade, o que se faz no DIC é gerar um plano, um ambiente ou uma base para o processo de ensino/aprendizagem, o que não pode ser confundido com o processo de ensino/aprendizagem em si. Implementar uma ação educacional implica, na realidade, lidar com incertezas, agir individualmente e reagir espontaneamente às influências do *contexto* — fator cuja importância vem sendo cada vez mais reconhecida nas diversas comunidades ligadas ao aprendizado eletrônico (veja mais sobre contexto no Capítulo 4).

Assim, o design instrucional contextualizado considera, além dos educadores, especialistas em educação e alunos tradicionalmente envolvidos no contexto de instrução, toda a rede de *stakeholders* que fazem parte dos processos educacionais, seja os mantenedores das ações de ensino/aprendizagem (pais ou responsáveis pelo ensino de crianças, governo e contribuintes no caso do ensino púbico, mantenedores de instituições de ensino, empresas que atuam na educação corporativa), seja os beneficiários diretos dessas ações (mercado de trabalho que absorverá a mão-de-obra formada, associações profissionais que regulam a certificação de diplomados, a sociedade em geral que se beneficiará dos cidadãos e profissionais formados).

A compreensão do aprendizado eletrônico como um sistema inserido em um contexto mais amplo implica reconhecer que a dinâmica dos processos de aprendizado eletrônico escapa não apenas dos limites de espaço e tempo, mas também extrapola a própria situação didática em si, uma vez que objetivos de aprendizagem, papéis, atores, ambientes, métodos e resultados estão sempre impregnados de influências sociopolíticas, histórico-culturais e tecno-econômicas.

Esse ponto fica bastante claro nos capítulos 3 e 4, quando tratamos das fases do design instrucional — análise, design, desenvolvimento, implementação e avaliação — para cada um dos modelos de design instrucional e da importância da análise contextual para o aprendizado eletrônico.

# PARTE 2

# Processos de design instrucional

Nesta parte, composta pelo Capítulo 3, exploramos as fases do processo clássico de design instrucional — análise, design, desenvolvimento, implementação e avaliação —, também conhecido como modelo Addie (*analysis, design, development, implementation* e *evaluation*). Além disso, apresentamos as particularidades de cada uma dessas fases nos modelos de design instrucional fixo, aberto e contextualizado.

# 3   O modelo Addie e o design instrucional fixo, aberto e contextualizado

> Neste capítulo, apresentamos as fases do processo de design instrucional clássico, destacando as particularidades dos modelos de design instrucional fixo, aberto e contextualizado.

## O processo de design instrucional

Anteriormente, definimos design instrucional como o processo de identificar um problema de aprendizagem e desenhar, desenvolver, implementar e avaliar uma solução para esse problema. Também vimos que o processo de design instrucional mais largamente aceito é o ISD, que divide o design instrucional em pequenas fases, a saber: análise, design, desenvolvimento, implementação e avaliação (veja a Figura 3.1).

Essa divisão em fases é também conhecida como modelo Addie (abreviatura em inglês para *analysis, design, development, implementation* e *evaluation* — análise, design, desenvolvimento, implementação e avaliação). O modelo Addie é amplamente aplicado no design instrucional clássico, que, na situação didática, separa a concepção (fases de análise, design, desenvolvimento) da execução (fases de implementação e avaliação).

**Figura 3.1** Fases do processo de design instrucional

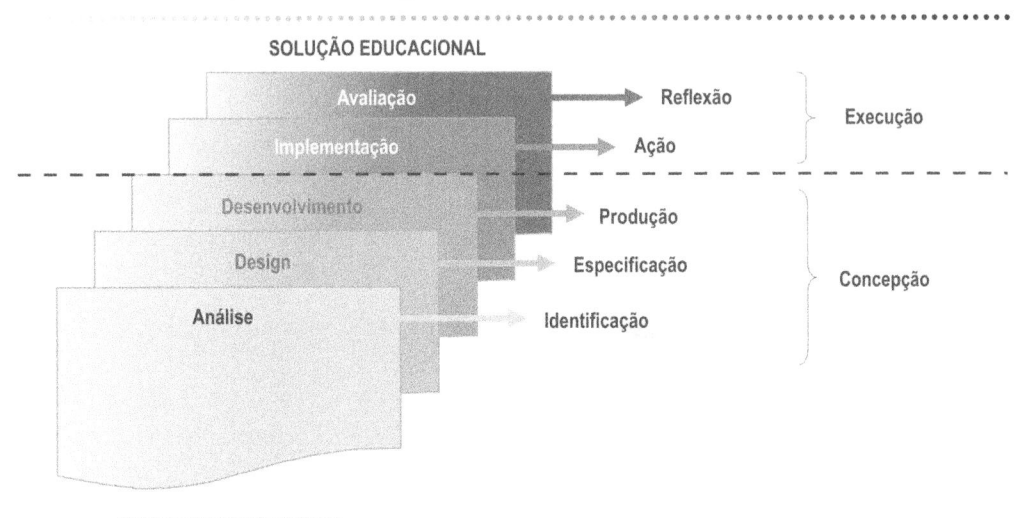

Durante a concepção e a execução, o designer instrucional trabalha com profissionais de diferentes áreas, e uma de suas principais atribuições é assegurar a boa comunicação entre os diferentes membros da equipe, de modo que as idéias iniciais se concretizem em soluções de qualidade. O designer instrucional também é responsável por apresentar e validar com o cliente e demais interessados os produtos resultantes de cada fase, apresentando relatórios de análise e acompanhamento, documentos de especificação, pilotos e avaliações.

O design instrucional fixo (DI fixo) ajusta-se muito bem ao modelo Addie, já que sua ênfase está nos modelos informacional, suplementar e essencial. De fato, nesse caso, o trabalho do designer instrucional constitui-se, em grande medida, na elaboração e distribuição de produtos fechados, tais como objetos de aprendizagem e recursos digitais.

A Figura 3.2 ilustra como as fases do processo de design instrucional se distribuem ao longo do tempo no DI fixo.

No design instrucional aberto (DI aberto), a ênfase está na interação entre educadores e alunos individuais ou reunidos em grupos, e a interação social é, na verdade, essencial para o alcance dos objetivos educacionais. Em geral, os materiais são disponibilizados paulatinamente, como resultado da avaliação continuada durante a execução, e as fases de design e desenvolvimento são mais rápidas e menos detalhadas. No modelo de aprendizado colaborativo, a produção dos alunos é considerada conteúdo do curso tanto quanto recursos de terceiros.

Na Figura 3.3, é possível ver como as fases do processo de design instrucional se distribuem ao longo do tempo no DI aberto.

O design instrucional contextualizado (DIC) baseia-se principalmente no modelo de aprendizado eletrônico imersivo. Sua ênfase está na configuração de ambientes personalizados segundo unidades de aprendizagem específicas.

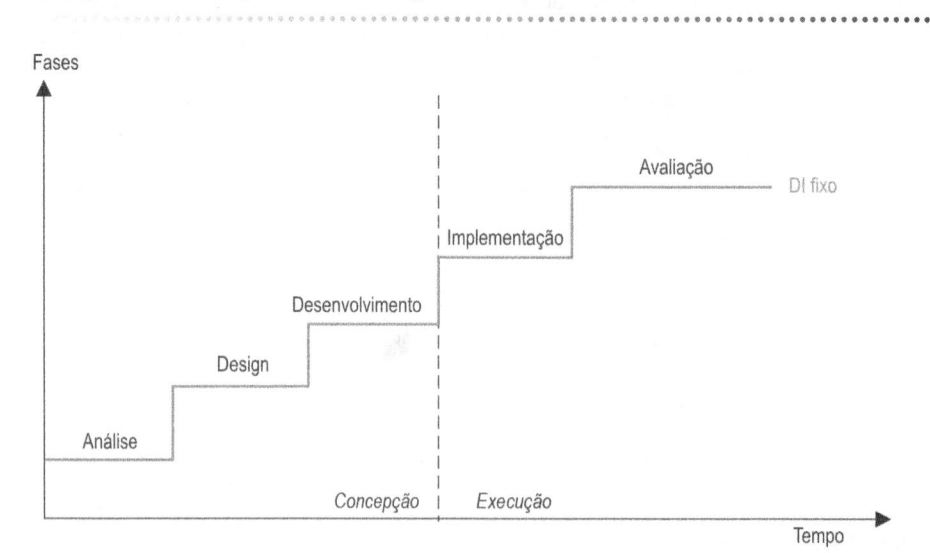

FIGURA 3.2  Fases do processo de design instrucional no DI fixo

Capítulo 3 | O modelo Addie e o design instrucional fixo, aberto e contextualizado **27**

**FIGURA 3.3** Fases do processo de design instrucional no DI aberto

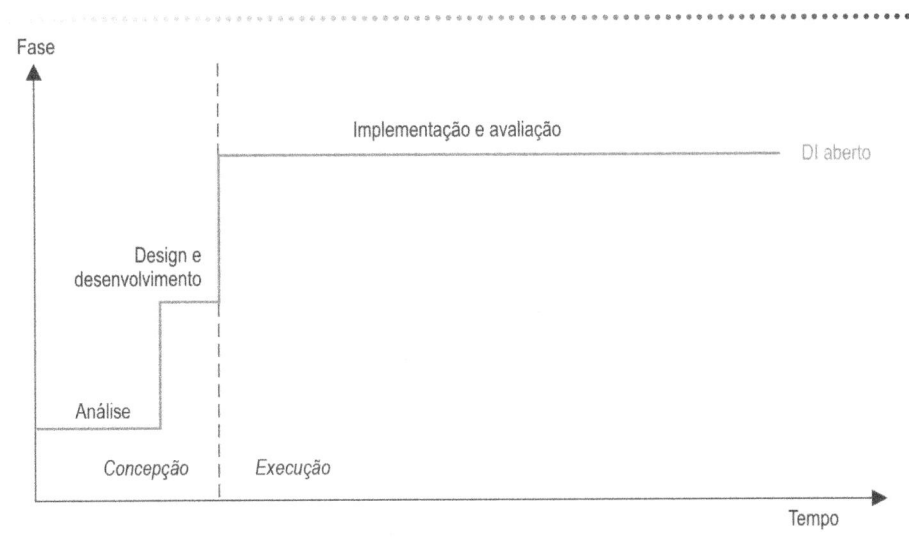

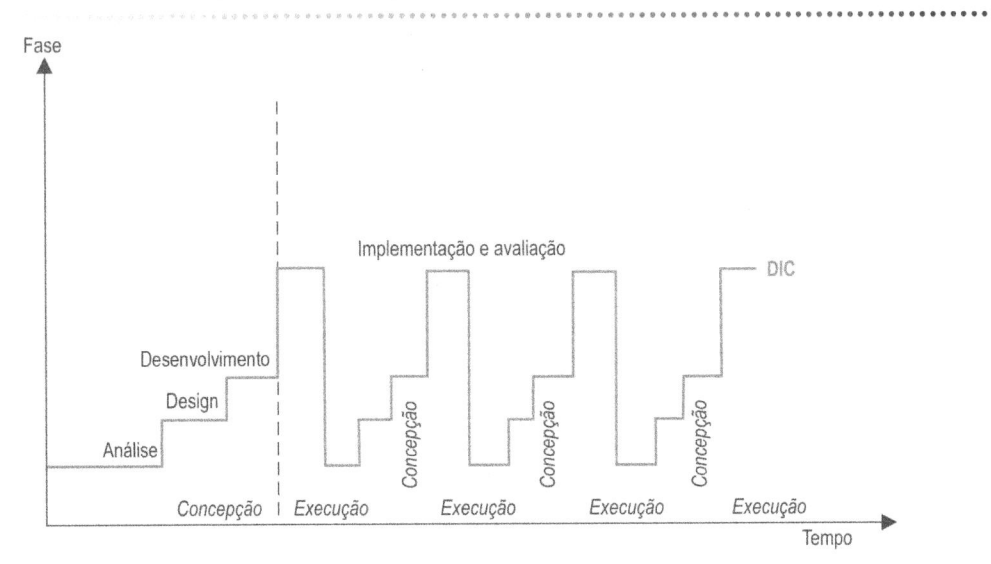

*[Gráfico: Fase × Tempo mostrando as etapas em degraus — Análise, Design e desenvolvimento, Implementação e avaliação — rotulado como DI aberto. Eixo inferior dividido em Concepção e Execução.]*

No DIC, nas fases de design e desenvolvimento, o designer instrucional estrutura um conjunto de atividades independentes, distintas umas das outras por objetivos de aprendizagem explícitos e pelas relações estabelecidas entre pessoas, conteúdos e ferramentas. O design prevê, contudo, possibilidades de adaptação durante a execução da situação didática (por essa razão, o DIC também é chamado *design on-the-fly*). Dessa forma, a partir de uma concepção inicial, os processos de design instrucional se repetem recursivamente ao longo da execução.

A Figura 3.4 deixa claro o modo como as fases do processo de design instrucional se distribuem ao longo do tempo no DIC.

**FIGURA 3.4** Fases do processo de design instrucional no DIC

*[Gráfico: Fase × Tempo mostrando as etapas Análise, Design, Desenvolvimento, Implementação e avaliação em forma de degraus que se repetem com ciclos recursivos de Concepção e Execução ao longo do tempo — rotulado como DIC.]*

Nas seções seguintes, apresentamos, em linhas gerais, as fases do processo de design instrucional. Práticas relacionadas a cada uma dessas fases são exploradas nos capítulos seguintes.

## Análise

A fase de análise do design instrucional consiste basicamente em entender o problema educacional e projetar uma solução aproximada. Isso é feito por meio da análise contextual, que abrange o levantamento das necessidades educacionais propriamente ditas, a caracterização dos alunos e a verificação de restrições.

A análise das necessidades é o primeiro passo no trabalho do designer instrucional e deve permitir até mesmo que ele responda se uma ação educacional é a melhor solução para o problema identificado.

O Quadro 3.1 mostra como essa fase é considerada pelos diferentes modelos de design instrucional. Vale assinalar que, nos três modelos, é importante estabelecer uma comunicação continuada com o 'pai da idéia', que também pode ser considerado um 'cliente', pois é ele quem, em última instância, aprovará as soluções projetadas.

No Capítulo 4, discutimos os processos e as ferramentas usadas no planejamento, na coleta e na análise de dados que desembocam em um relatório de análise — o primeiro documento resultante do trabalho do designer instrucional, derivado da fase de análise.

**Quadro 3.1** A fase de análise e os modelos de design instrucional

| DI fixo | DI aberto | DIC |
|---|---|---|
| O designer instrucional faz uma detalhada análise das necessidades de aprendizagem, do público-alvo e das restrições contextuais.<br><br>Ele trabalha de forma mais independente ou com a colaboração de conteudistas, especialistas em mídia e profissionais de comunicação e tecnologia, dependendo do contexto em que atua. | O designer instrucional trabalha mais próximo dos educadores que, na fase de execução, têm autonomia para ajustar o design instrucional proposto.<br><br>De fato, nessa fase, os educadores atuam como especialistas, contribuindo para o levantamento do perfil profissiográfico, o mapeamento curricular, a seleção de bibliografias e a metodologia de ensino específica de cada área. | Dada a natureza dinâmica do DIC, a identificação das necessidades de aprendizagem, a caracterização dos alunos e o levantamento de restrições constituem apenas um foco inicial de trabalho, que deve ser aprimorado paralelamente à participação dos alunos. |

## Design

Essa fase do design instrucional abrange o planejamento e o design da situação didática propriamente dita, com o mapeamento e seqüenciamento dos conteúdos a serem trabalhados, a definição das estratégias e atividades de aprendizagem para alcançar os objetivos traçados, a seleção de mídias e ferramentas mais apropriadas e a descrição dos materiais que deverão ser produzidos para utilização por alunos e educadores.

Conforme o porte e o modelo organizacional da instituição que implementará a ação educacional, e de acordo com o modelo de DI adotado, reúne-se uma equipe de conteudistas, especialistas em mídia, redatores, revisores, locutores e tutores para criar ou desenvolver esses elementos.

A comunicação das decisões de design é feita por meio de documentos de especificação que orientam a fase de desenvolvimento, de modo que os profissionais das diferentes áreas trabalhem na mesma direção para produzir uma solução homogênea e focada no alcance dos objetivos educacionais.

O processo clássico de especificação em design instrucional por meio de roteiros e *storyboards* vem sendo acelerado pelo emprego de ferramentas e *templates* (gabaritos) que apóiam a criação de soluções menos custosas e mais rápidas. É o caso dos chamados construtores de cursos (*builders*) e dos softwares de autoria para e-learning, que oferecem recursos simples para organizar e produzir unidades de aprendizagem.

Os ambientes virtuais de aprendizagem também vêm incorporando funcionalidades de planejamento e edição de unidades de aprendizagem, as quais permitem que o design seja especificado diretamente na ferramenta a ser acessada na implementação.

O Quadro 3.2 mostra como a fase de design é considerada pelos diferentes modelos de design instrucional.

É importante que o designer instrucional esteja preparado para atuar nos diferentes modelos de DI. Isso porque mesmo os modelos mais abertos podem exigir o design e a entrega de conteúdos fechados, tais como tutoriais, animações, manuais e jogos. Da mesma forma, modelos fixos de DI tendem a agregar soluções menos estruturadas, como comunidades virtuais de aprendizagem, para beneficiar-se da aprendizagem colaborativa.

**Quadro 3.2** A fase de design e os modelos de design instrucional

| DI fixo | DI aberto | DIC |
|---|---|---|
| O designer instrucional elabora documentos de especificação (roteiros ou *storyboards*) que antecipam decisões essenciais relacionadas à apresentação dos conteúdos (objetos e recursos de aprendizagem), tais como organização, linguagem, *layout*, ilustrações e locuções. | O processo de especificação é menos rigoroso e, em geral, realizado diretamente no ambiente virtual onde se dará a execução da ação educacional. Em geral, o designer instrucional desenvolve gabaritos ou manuais de orientação para nortear o design e o desenvolvimento, os quais são realizados diretamente por educadores ou por uma equipe de apoio. | O designer instrucional especifica o cenário no qual ocorrerá a aprendizagem, incluindo elementos como título, autor ou instituição responsável pela oferta, abordagem pedagógica, objetivos de aprendizagem, papéis, conteúdos, mídias e ferramentas utilizadas, fluxo das atividades e outros requisitos específicos do contexto. |

O Capítulo 6 é totalmente dedicado à elaboração de documentos de especificação, ao passo que, no Capítulo 10, analisamos ambientes virtuais de aprendizagem da perspectiva do design instrucional.

## Desenvolvimento

O desenvolvimento instrucional compreende a produção e a adaptação de recursos e materiais didáticos impressos e/ou digitais, a parametrização de ambientes virtuais e a preparação dos suportes pedagógico, tecnológico e administrativo.

O desenvolvimento pode ser realizado internamente, quando a instituição ou o indivíduo ofertante dispõe de competências multidisciplinares internas, ou pode ocorrer externamente, pela contratação de terceiros (pessoas físicas ou jurídicas) especializados na produção de mídias ou no desenvolvimento de e-learning.

Em geral, desenvolver recursos de aprendizagem em mídias específicas consome boa parte do cronograma e do orçamento de um projeto educacional, em especial no DI fixo, que é fortemente baseado na apresentação de conteúdos.

A abordagem de objetos de aprendizagem oferece uma opção para que os recursos de aprendizagem desenvolvidos sejam empacotados conforme padrões de interoperabilidade e reutilizados em outras unidades de estudo, cursos ou programas. De fato, a fase de desenvolvimento exige a adesão a padrões de empacotamento de conteúdos e catalogação de metadados, como veremos nos capítulos 5 e 10.

Vale assinalar que atividades de aprendizagem, estruturas de atividades e unidades de estudo também podem ser parcial ou totalmente reutilizadas quando especificadas com esse propósito e desenvolvidas em formato compatível com padrões de interoperabilidade.

No Quadro 3.3, é possível ver como a fase de desenvolvimento é considerada pelos diferentes modelos de design instrucional.

Quadro 3.3 A fase de desenvolvimento e os modelos de design instrucional

| DI fixo | DI aberto | DIC |
|---|---|---|
| O designer instrucional acompanha a fase de desenvolvimento realizada por especialistas. Ele faz validações intermediárias dos produtos especificados na fase de design, realiza testes e valida com o cliente e demais interessados a versão final dos produtos (pacotes fechados). | O designer instrucional auxilia os educadores ou a equipe de apoio no desenvolvimento de materiais como guias de estudo e manuais de orientação. Ele também acompanha a programação prévia das ferramentas a serem utilizadas na execução (design do ambiente virtual). | O designer instrucional faz a programação de atividades, interações e regras de adaptação a serem aplicadas durante a fase de execução. Como resultado, gera um pacote com toda a informação que é necessária para a execução das unidades descritas. |

## Implementação

A implementação constitui a situação didática propriamente dita, quando ocorre a aplicação da proposta de design instrucional. No aprendizado eletrônico, ela é subdividida em duas fases: a de publicação e a de execução.

A fase de publicação consiste em disponibilizar as unidades de aprendizagem aos alunos. Envolve fazer a carga (*upload*) de conteúdos, configurar ferramentas, determinar horários de início e fim para as atividades e definir papéis e privilégios para usuários. A publicação pode ser anterior à execução (DI fixo) ou ocorrer durante a situação didática, com a configuração do ambiente de aprendizagem unidade a unidade (DI aberto).

O importante é saber que é na fase de execução que os alunos realizam as atividades propostas, interagindo com conteúdos, ferramentas, educadores e outros alunos, conforme o desenho do curso.

No Quadro 3.4 é possível ver como a fase de implementação é considerada pelos diferentes modelos de design instrucional. Nos três modelos, o papel do designer instrucional é assegurar que a interação flua na fase de execução, por meio da interface humano–computador, da mediação pedagógica e da participação ativa dos alunos.

Voltaremos a falar de implementação no Capítulo 9, quando discutiremos o design da interação, e no Capítulo 10, quando trataremos do design e ambientes virtuais.

**Quadro 3.4** A fase de implementação e os modelos de design instrucional

| DI fixo | DI aberto | DIC |
|---|---|---|
| Como o próprio nome indica, no DI fixo, a execução segue estritamente o que foi planejado, desenvolvido e empacotado. | No DI aberto, os educadores têm autonomia para ajustar o design inicialmente proposto. | O DIC pressupõe participação dos alunos na (re)definição de objetivos, bem como na seleção de estratégias de aprendizagem e mecanismos avaliação. |
| De fato, quando os conteúdos são publicados, os alunos interagem basicamente com eles, acessando o suporte pedagógico, técnico ou administrativo para solucionar eventuais dúvidas. | Como há forte ênfase na interação entre alunos e educador e entre alunos e alunos, o design da interface social é tão importante quanto o design de conteúdos. | Por essa razão, envolve uma carga maior de metacognição (pensar sobre os próprios processos de aprendizagem) para tomada de decisões individuais ou colaborativas relacionadas ao design. |

## Avaliação

A fase de avaliação inclui considerações sobre a efetividade da solução proposta, bem como a revisão das estratégias implementadas. Nela, avalia-se tanto a solução educacional quanto os resultados de aprendizagem dos alunos, que, em última instância, refletirão a adequação do design instrucional.

A avaliação da solução educacional deve permear todo o processo de DI, desde a fase inicial de análise. Um dos papéis do designer instrucional é avaliar, revisar e validar, os demais envolvidos, os produtos resultantes de cada fase do DI — relatório de análise, *storyboards* ou roteiros, interface do curso, relatórios de acompanhamento e relatórios finais de avaliação.

É importante assinalar que a avaliação da aprendizagem pode iniciar-se antes mesmo da execução, por meio da realização de diagnósticos para verificar características dos alunos e se eles possuem determinados conhecimentos e habilidades. Os resultados da avaliação diagnóstica podem determinar agrupamentos de alunos de acordo com características comuns ou oferecer caminhos alternativos conforme perfis identificados.

A chamada avaliação somativa, por sua vez, é realizada ao final do processo de ensino/aprendizagem e implica atribuição de conceitos ou notas que expressam, quantitativamente, quanto o aluno cumpriu os objetivos apresentados e quanto a proposta de design instrucional foi efetiva.

Em geral, a avaliação somativa se delimita a verificar a efetividade da transmissão e a reprodução de conteúdos, apenas um dos aspectos do processo educacional. Por essa razão, uma avaliação do tipo formativa, realizada durante a execução, permite uma análise mais completa e oferece subsídios para o aperfeiçoamento da solução proposta a partir dos feedbacks de alunos e educadores.

Logicamente, a concepção de avaliação está atrelada à abordagem pedagógica/andragógica adotada e é considerada pelos diferentes modelos de design instrucional da maneira como vemos no Quadro 3.5.

Nos três modelos, o papel do designer instrucional durante a execução é acompanhar a interação entre alunos e conteúdo, entre alunos e educador, entre alunos e ferramenta e entre alunos e alunos, bem como os resultados das avaliações diagnóstica, formativa e somativa. O designer instrucional também deve comparar resultados entre turmas ou edições do mesmo curso, consolidando dados e registrando as lições aprendidas para que elas possam ser aplicadas formalmente a novas unidades de aprendizagem, cursos ou programas. No Capítulo 11, trataremos com mais detalhes do design da avaliação.

Por ora, vale lembrar que, uma vez que a categorização em fases e modelos tem finalidade mais didática que operacional, nem sempre vamos encontrar aplicações 'puras' no cotidiano do aprendizado eletrônico. Adicionalmente, as metodologias e as ferramentas para o design instrucional vêm evoluindo a passos largos. Dessa forma, é importante que o designer instrucional esteja atento às mudanças e aberto a possibilidades de flexibilizar a compreensão e a aplicação de modelos e processos de design instrucional.

**Quadro 3.5** A fase de avaliação e os modelos de design instrucional

| DI fixo | DI aberto | DIC |
| --- | --- | --- |
| Uma vez que a ênfase está no design de conteúdos fechados, é na fase de desenvolvimento que a avaliação da solução proposta deve ser cuidadosamente realizada, por meio de validações intermediárias, testes-piloto e revisões. | O DI aberto só faz sentido se a avaliação formativa for empregada ao longo de toda a execução, resultando em ajustes na proposta original. | Como aqui não se espera atingir objetivos universais, alcançáveis a partir de soluções perfeitas, não existe uma única fórmula instrucional verdadeira, mas sim equipes diferentes — ou a mesma equipe trabalhando em contextos diferentes — que podem construir ou gerar uma solução menos ou mais adequada. |
| Como os objetivos de aprendizagem estão centrados na aquisição de conhecimentos, avaliações mais objetivos são usados para verificar o alcance dos objetivos educacionais pelos alunos. | As modificações geralmente são realizadas pelo docente responsável, que tem autonomia para alterar o design básico do ambiente virtual a partir de avaliações formais e observações informais da interação. | Na avaliação da aprendizagem, consideram-se métodos alternativos e perspectivas de longo prazo, tais como projetos, portfólios, análise de desempenho, estatísticas sobre percursos de aprendizagem diferenciados, reflexão na ação e auto-avaliação em contextos autênticos. |
| Posteriormente à execução, o designer instrucional deve fazer uma avaliação geral da proposta para implementar mudanças a serem adotadas em edições ou utilizações posteriores. | Nos modelos de aprendizado colaborativo, atividades de avaliação entre pares ou em grupo tornam-se parte, e não produto, do processo educacional. | |

# PARTE 3

# Práticas de design instrucional

Esta parte compreende as práticas de design instrucional realizadas nas diferentes fases do processo.

Assim, no Capítulo 4, abordamos os princípios e as ferramentas para análise de necessidades de aprendizagem, caracterização de alunos e levantamento de restrições, verificando como se faz uma análise contextual.

Os capítulos 5 e 6 e tratam, respectivamente, do design e da especificação de unidades de aprendizagem. Os capítulos 7 e 8 dão conta do design de conteúdos multimídia e do design de interface, enquanto o Capítulo 9 aborda o design da interação entre aluno e conteúdos, entre aluno e educador, entre aluno e ferramentas e entre alunos.

O Capítulo 10 apresenta sistemas de gerenciamento do aprendizado eletrônico com diferentes enfoques (ferramentas, conteúdos e atividades), apontando caminhos futuros para a atuação do design instrucional em ambientes virtuais de aprendizagem de segunda geração, enquanto o Capítulo 11 examina o design de *feedback* e das avaliações somativa e formativa.

# 4 Análise contextual

> Desenvolver uma solução para o aprendizado eletrônico implica sempre lidar com as incertezas do macroambiente e a diversidade das situações didáticas, para não mencionar as particularidades de cada pessoa que interage no processo educacional para alcançar determinados objetivos.
>
> Neste capítulo, conceituamos contexto — termo que vem sendo cada vez mais empregado pelas diferentes comunidades ligadas ao aprendizado eletrônico — e 'análise contextual', que nos permite conhecer os diferentes níveis do contexto que determinam necessidades ou problemas de aprendizagem.

## O que é contexto

O termo contexto vem sendo usado de maneiras variadas. Ora refere-se a modalidades educacionais (educação presencial, educação a distância, *blended learning*), ora a níveis de ensino (ensino superior, ensino fundamental, educação de jovens e adultos etc.). Ele também é empregado para indicar uma situação didática bem delimitada, restrita ao período em que a aprendizagem é executada.

Alguns autores chamam a atenção para o fato de que o contexto não pode ser completamente formalizado, uma vez que é amplamente informal e potencialmente ilimitado. Isso significa que, em geral, as forças e as restrições do contexto não podem ser descritas em uma lista finita.

Seja como for, embora o termo contexto carregue em sua definição a idéia de conjunto, todo, totalidade, podemos lançar mão da análise contextual para identificar as variáveis mais importantes que podem restringir ou favorecer determinado processo de aprendizagem.

Assim, consideramos a metodologia de Martin Tessmer e Rita Richey, que abarca, além da situação didática em si, os contextos pré e pós-aprendizagem, e isso nas dimensões individual, imediata e institucional, como mostra a Figura 4.1.

**FIGURA 4.1** Contextos e dimensões do processo de aprendizagem

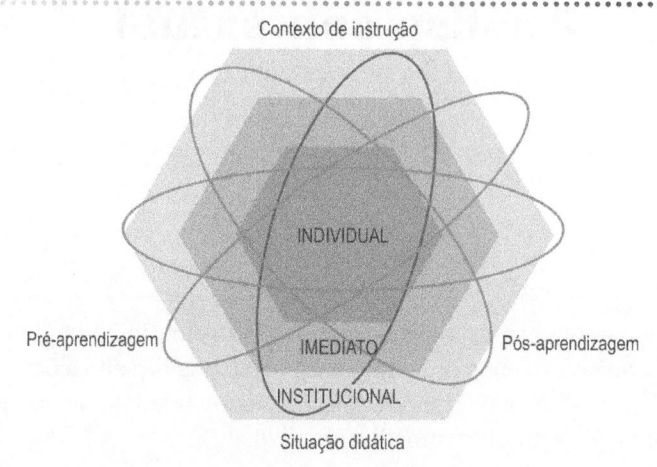

*[Figura: diagrama com hexágono mostrando Contexto de instrução (topo), Situação didática (base), Pré-aprendizagem (esquerda), Pós-aprendizagem (direita), com elipses cruzadas marcando INDIVIDUAL, IMEDIATO e INSTITUCIONAL no centro.]*

Fonte: FILATRO, Andrea, *Design instrucional contextualizado*. São Paulo: Senac, 2004, p. 107.

No que diz respeito aos contextos, em termos temporais, eles podem ser divididos em três tipos, a saber:

- **Contexto de orientação:** anterior à aprendizagem, influencia a motivação futura do aluno e o prepara cognitivamente para aprender.
- **Contexto de aprendizagem:** em geral determinado temporalmente pela situação didática em si (curso, programa, aula), envolve as pessoas e os recursos físicos, sociais e simbólicos reunidos em dado momento com o objetivo de aprender.
- **Contexto de transferência:** posterior à aprendizagem, engloba basicamente o ambiente ou a situação em que a aprendizagem é aplicada.

Ao examinar o contexto em termos de nível de abrangência, chegamos às seguintes perspectivas: a *perspectiva individual* do aluno, a *perspectiva imediata* do entorno mais próximo onde acontece a situação didática (contexto pedagógico/andragógico) e a *perspectiva institucional (relativa* a um grupo ou instituição).

## Análise contextual

A análise contextual consiste em examinar a dinamicidade entre os diferentes níveis contextuais a fim de identificar as necessidades ou os problemas de aprendizagem, caracterizar o público-alvo e levantar as restrições técnicas, administrativas e culturais. Para isso, é necessário reunir e analisar informações, que são registradas em um relatório de análise.

Nas próximas seções, analisaremos o planejamento da análise contextual, a coleta e análise de dados e o relatório de análise — procedimentos necessários para a compreensão do contexto.

### Planejamento da análise contextual

Uma característica do designer instrucional experiente é guiar-se tacitamente pelo contexto no qual ele está operando, enquanto designers iniciantes precisam de um processo explícito e estruturado para capturá-lo, como o que veremos aqui.

Assim, dadas as limitações de tempo e recursos, é preciso inicialmente planejar quais fatores contextuais serão investigados. Como regra, o processo envolve as seguintes etapas:

1. Identificar o problema de aprendizagem, os resultados esperados, as características dos alunos, os recursos disponíveis e as limitações técnicas, orçamentárias e administrativas.
2. Identificar os fatores contextuais de orientação, instrução e transferência que tenham relevância para o projeto.
3. Listar os dados que devem ser coletados, bem como as fontes digitais e os documentos que precisam ser estudados, as pessoas que devem ser consultadas ou observadas, as ferramentas que precisam ser analisadas e assim por diante.
4. Selecionar o(s) método(s) mais adequado(s) aos objetivos e às restrições do projeto.
5. Localizar, construir ou modificar ferramentas e técnicas para a análise contextual do projeto em questão.

Uma vez que na maioria das vezes o designer instrucional trabalha para instituições com certo lastro educacional, ele pode contar com um conjunto inicial de informações a respeito do público-alvo, das condições técnicas e da abordagem pedagógica adotada. Afinal, esses pontos são definidos no nível macro do design instrucional.

Por exemplo, instituições de ensino regular possuem planos de desenvolvimento institucional, projetos político-pedagógicos, planos de educação virtual ou equivalentes que traçam as premissas filosóficas e metodológicas as quais norteiam a criação e a implementação de programas e cursos. Em educação corporativa, essas informações podem estar registradas em um plano de desenvolvimento de recursos humanos ou em documentos afins, que reúnem informações sobre estratégias de treinamento e desenvolvimento, processos internos de detecção e aprovação de programas, organograma com os profissionais envolvidos, infra-estrutura física e tecnológica e políticas de contratação, entre outras.

Mesmo que trabalhe de forma mais independente, o designer instrucional pode 'respirar' a cultura da instituição analisando documentos, conversando com profissionais de diferentes setores e com antigos, atuais e futuros alunos, manuseando materiais didáticos de outros programas, visitando instalações físicas, navegando em ambientes virtuais e analisando avaliações quantitativas e qualitativas de programas semelhantes. Em suma, existe um histórico de experiências internas e externas a ser considerado, assim como existem áreas institucionais correlatas que podem ser consultadas.

## Coleta e análise de dados

A fase da coleta e análise de dados implica reunir e examinar aspectos físicos, sociais, cognitivos e afetivos do contexto específico. Como regra geral, essa fase envolve os seguintes passos:

1. Reunir dados sobre os fatores contextuais de orientação, instrução e transferência. Isso pode ser feito por meio de (1) entrevistas e pesquisas formais baseadas em questões abertas ou fechadas com os envolvidos no projeto; (2) observações de alunos e educadores atuando nos contextos de orientação, instrução e transferência; (3) acompanhamento de grupos de discussão focados no problema educacional; (4) análise de práticas profissionais registradas em diários, fotografias ou vídeos; e (5) mapeamentos conceituais, entre outras maneiras.
2. Levantar fatores contextuais inibidores — por exemplo, em termos de conteúdo, resistência a escolas de pensamento; em termos de metodologia, paradigmas cristalizados sobre o que é ensinar; em termos de execução, suporte pobre ou interface digital imprópria.
3. Analisar fatores contextuais ausentes — por exemplo, ausência de incentivo à aprendizagem, ausência de manuais de orientação, inexistência de sistema de *feedback*.
4. Destacar fatores contextuais facilitadores da aprendizagem que podem ser salientados — por exemplo, oportunidades de transferência imediata da aprendizagem, congruência entre percepção de alunos e educadores sobre o que significa aprender e ensinar, redes de aprendizagem instaladas.
5. Relacionar fatores inibidores, ausentes e facilitadores de modo que eles se compensem em benefício do projeto em questão, criando um ambiente propício à aprendizagem.

Examinar os fatores contextuais tem como objetivo refinar a da compreensão do que é necessário aprender, das pessoas envolvidas na aprendizagem e das limitações e potencialidades encontradas nos níveis individual, imediato e institucional.

## Relatório de análise

O produto formal da análise contextual é um relatório estruturado que deve ser apresentado ao cliente e a outros envolvidos diretamente no problema. Chamado relatório de análise, ele deve conter as seguintes informações:

1. Necessidades de aprendizagem.
2. Caracterização dos alunos.
3. Levantamento de restrições.
4. Encaminhamento a soluções.

Nas próximas seções, vamos analisar cada um desses itens separadamente.

### Necessidades de aprendizagem

A análise de necessidades de aprendizagem tem como objetivo levantar as demandas por educação dentro de uma instituição, de um grupo de trabalho ou de indivíduos.

Na prática, uma necessidade educacional muitas vezes é detectada inicialmente por outra pessoa que não o designer instrucional. Por exemplo, em instituições de ensino, um coordenador de área pode detectá-la; na educação corporativa, um gerente de área ou o próprio departamento de recursos humanos pode fazê-lo. Em geral, essa detecção envolve aspectos observados nos contextos de orientação e transferência.

Assim, uma necessidade pode surgir da avaliação de problemas educacionais já existentes, que demandam revisão, atualização ou desdobramento em novas ações. No ensino superior ou profissionalizante, por exemplo, a necessidade pode resultar da demanda por formação de novos perfis profissionais. Já na educação corporativa, ela pode surgir da demanda por desenvolvimento de novas competências, comunicação das informações ou apresentação de novos processos de trabalho.

Às vezes, a necessidade é comunicada formalmente ao designer instrucional por meio de um *briefing*. Em outras ocasiões, chega a ele como uma idéia genérica a respeito do que pode ser alcançado com uma ação educacional.

A partir dessa idéia inicial, o designer instrucional refina a idéia geral sobre o problema detectado e analisa as várias perspectivas envolvidas, a fim de entender por que a ação educacional é necessária, no que ela se diferencia de outras anteriores ou atuais (tanto internas quanto externas), por que deve ser oferecida naquele momento, naquele local, em determinado formato e assim por diante.

Uma forma de conduzir a análise de necessidades consiste em lançar mão de uma *análise de objetivos*, partindo da pressuposição de que realmente existe uma necessidade e de que uma ação educacional é a solução mais adequada para atendê-la.

O designer instrucional pode realizar a análise de objetivos cumprindo uma seqüência bastante simples de três passos, a saber:

1. **Identificar objetivos:** contando com o apoio de um grupo de especialistas, o designer instrucional lista uma série de objetivos relacionados ao problema educacional.
2. **Refinar objetivos:** o designer instrucional organiza a lista de objetivos, excluindo os que representam duplicação de esforços, combinando os que apresentam semelhanças e aprofundando-se naqueles que parecem vagos.
3. **Ordenar objetivos:** o designer instrucional classifica os objetivos segundo uma ordem de importância ou de dificuldade, fazendo uma última revisão até obter os objetivos que, uma vez alcançados, realmente colaborarão para solucionar a necessidade de aprendizagem identificada.

A mesma seqüência pode ser aplicada para a *análise de desempenho*, bastando, para isso, substituir os 'objetivos' pelas 'habilidades' necessárias ao desempenho de uma tarefa.

Por fim, vale lembrar que, com essa seqüência, são identificados os objetivos gerais da ação de aprendizagem. Os objetivos específicos, relacionados a unidades de aprendizagem determinadas, são definidos na fase de design, após a conclusão da análise contextual, que envolve também a caracterização dos alunos e o levantamento de restrições. A definição de objetivos específicos será apresentada em detalhes no Capítulo 5.

*Caracterização dos alunos*

Conhecer o perfil dos alunos faz parte da análise contextual, e é dever do designer instrucional responder às perguntas a seguir antes de dar início ao design da aprendizagem.

- Quais são seus conhecimentos a respeito do problema educacional em questão?
- Quais são seus estilos de aprendizagem e, nesse sentido, como foram suas experiências educacionais anteriores?
- O que eles já sabem e o que precisam/querem saber?
- Em que ambiente e situação eles aplicarão os conhecimentos, as habilidades e as atitudes que aprenderão?

Uma vez que prazos e recursos são restritos, o designer instrucional deve identificar as características dos alunos que são centrais aos objetivos e ao design do programa. Por exemplo, em modelos de aprendizado eletrônico colaborativos e imersivos, é imprescindível que os alunos tenham acesso à banda larga e a computadores e softwares atualizados, que lhes permitam participar ativamente da proposta de design instrucional.

Dados gerais dos alunos — como idade, sexo, etnia, experiência profissional e formação educacional, além de motivação e expectativas com relação ao programa — com freqüência são obtidos a partir de formulários de inscrição ou matrícula, bem como das séries históricas coletadas pela instituição ao longo do tempo. Esses dados básicos sobre os alunos fornecem indicações para a seleção de atividades de aprendizagem, de mídias e do estilo de linguagem escrita e visual que deve ser utilizado.

É necessário também examinar as competências (conhecimentos, habilidades e atitudes) de entrada que os alunos precisam ter para se beneficiar da ação de aprendizagem proposta. Entre essas competências, podemos citar fluência digital, domínio de idiomas e certificações anteriores.

O designer instrucional pode driblar lacunas nessas competências oferecendo módulos introdutórios que devem ser cursados antes da execução do programa principal ou simplesmente limitando a participação a alunos que comprovarem possuir os pré-requisitos anunciados.

Outro aspecto da caracterização do público-alvo que o designer instrucional deve cada vez mais considerar é o estilo de aprendizagem. Existem inúmeras categorizações para estilo de aprendizagem — desde aquelas derivadas da teoria de inteligências múltiplas de Howard Gardner (inteligência lingüística, musical, lógico-matemática, espacial, cinestésica, interpessoal e intrapessoal) até os sofisticados inventários de estilos cognitivos de Kolb e de Myers-Briggs.

Apesar da extensa profusão de estilos, o que realmente interessa ao designer instrucional é em que medida eles podem ser combinados a estratégias instrucionais para beneficiar a aprendizagem. Assim, o valor de conhecer os estilos de aprendizagem dos alunos deve ser confrontado com o esforço requerido para identificá-los e com a possibilidade de implementar adaptações decorrentes dessa identificação.

*Levantamento de restrições*

Para levantar restrições relacionadas a questões técnicas, disponibilidade de profissionais, orçamentos e prazos, bem como para considerar eventuais riscos a ser enfrentados, o designer instrucional precisa se voltar para o contexto imediato (pedagógico) e institucional mais amplo.

Por exemplo, limitações técnicas — como a impossibilidade de os alunos acessarem equipamentos novos e banda larga ou, por outro lado, a falta de infra-estrutura tecnológica por parte da instituição — dificultam a adoção de modelos de aprendizagem mais abertos.

Da mesma forma, questões culturais, experiências institucionais anteriores e premissas cristalizadas sobre o que significa aprender e ensinar devem ser consideradas no levantamento de restrições.

Outro fator contextual que deve ser observado diz respeito às estimativas de tempo. Antes de pensar na duração do programa (expressa em carga horária) e no cronograma para implementação e encerramento da ação didática, o designer instrucional deve verificar se há exigências legais, como no caso de cursos regulares ou programas oficiais de certificação. Ele também deve considerar a disponibilidade para estudo por parte dos alunos, principalmente em se tratando de alunos adultos que dividem seu tempo entre o trabalho e as rotinas familiares. Por fim, questões trabalhistas e contratuais referentes à alocação de carga horária dos educadores devem ser contempladas nos modelos mais abertos e contextualizados.

No que tange às verbas orçamentárias designadas pela instituição, cabe ao gestor do projeto e, na sua ausência, ao designer instrucional distribuir os recursos financeiros de maneira a desenvolver a melhor solução educacional possível para o problema detectado. No Capítulo 12, em que abordamos especificamente questões de custos, prazos e escopo, discutimos o aspecto orçamentário com mais detalhes.

*Encaminhamento a soluções*

A análise contextual bem realizada ajuda o designer instrucional a encontrar soluções para os problemas identificados — soluções estas que devem ser aprovadas pelo cliente e pelos demais envolvidos, independentemente do modelo de design instrucional adotado.

Em alguns casos, como resultado da análise contextual, pode-se concluir que um programa educacional não é a melhor ou a única solução para um problema detectado. Quando isso ocorre, o relatório de análise deve recomendar ações paralelas para o enfrentamento da questão.

Por outro lado, quando a solução inicialmente projetada é aprovada, parte-se para a fase de design propriamente dita, cujas práticas serão abordadas nos próximos capítulos.

# 5 Design de unidades de aprendizagem

> Definida a solução geral na fase de análise de necessidades, como vimos no capítulo anterior, passamos ao detalhamento do design instrucional, com o planejamento das unidades de aprendizagem.
>
> Devemos lembrar, no entanto, que os contextos educacionais, os padrões de uso da tecnologia no aprendizado eletrônico, as abordagens pedagógicas/andragógicas e os modelos de design instrucional são variados. Assim, neste capítulo, buscamos o que há de comum nas ações de ensino/aprendizagem que nos permite adotar um método de planejamento e design das unidades de aprendizagem.

## Unidades de aprendizagem

A *unidade de aprendizagem* é uma unidade atômica ou elementar que contém os elementos necessários ao processo de ensino/aprendizagem. Pode ser tão extensa quanto o currículo completo de um curso de graduação com quatro anos de duração ou tão pequena como uma atividade de aprendizagem de 15 minutos.

A granularidade de uma unidade de aprendizagem — ou seja, seu tamanho e seu grau de complexidade — é definida pelos seguintes aspectos: (1) uma unidade de aprendizagem não pode ser subdividida em partes sem perder o significado; (2) ela tem extensão e tempo limitados; e (3) é autocontida no que se refere a processos, objetivos e conteúdos.

No aprendizado eletrônico, o design de unidades de aprendizagem se dá com base nas seguintes premissas:

- Uma unidade de aprendizagem visa um ou mais *objetivos* de aprendizagem (ou resultados esperados).
- Para alcançar os objetivos, as pessoas assumem um ou mais *papéis* no processo de ensino/aprendizagem.
- Cada papel desempenha uma ou mais *atividades*.
- As atividades seguem um *fluxo*, têm uma *duração* e são realizadas em um *período* de tempo determinado.
- As atividades são apoiadas por *conteúdos* e *ferramentas*.
- Os conteúdos e ferramentas são organizados em um *ambiente*.
- A *avaliação* verifica se os objetivos da unidade de aprendizagem foram alcançados.

## Matriz de design instrucional

Objetivos, papéis, atividades, conteúdos, ferramentas, ambientes e avaliação — que serão vistos com mais detalhes nas próximas seções — são elementos básicos do processo educacional e podem ser organizados em uma matriz que nos permite ter uma visão panorâmica de cada unidade de aprendizagem, como mostra a Figura 5.1.

De fato, por meio da matriz, podemos definir quais atividades serão necessárias para atingir os objetivos, bem como elencar quais conteúdos e ferramentas serão precisos para a realização das atividades. Podemos também estabelecer como se dará a avaliação do alcance dos objetivos. A matriz permite ainda verificar quais serão os níveis de interação entre o aluno e os conteúdos, as ferramentas, o educador e os outros alunos e que tipo de ambiente virtual será necessário para o desempenho das atividades.

Na matriz de design instrucional também organizamos as atividades em um fluxo, que pode ser de livre exploração pelos alunos ou ser orientado pelos eventos instrucionais, como veremos a seguir. A duração e o período das atividades são fatores que também podem ser definidos na elaboração da matriz.

É importante assinalar que a matriz pode ser usada como material de orientação da equipe de design e desenvolvimento instrucional, além de ser apresentada como um mapa do curso, na íntegra ou em versão simplificada, dependendo do público-alvo.

### Objetivos de aprendizagem

Os objetivos de aprendizagem descrevem um *resultado pretendido* e exprimem o que o aluno fará quando os tiver dominado.

Assim, ao preencher a matriz de design instrucional, devemos definir os objetivos de aprendizagem, e não os objetivos do educador ou do material a ser produzido, observando a unidade de aprendizagem do ponto de vista exclusivo do aluno.

Em outras palavras, 'apresentar', 'demonstrar', 'oferecer', 'mostrar' ou 'ensinar' determinado conteúdo são objetivos a ser alcançados pelo curso, e não pelo aluno — a menos que se trate de um seminário ou outra estratégia em que o aluno terá de apresentar, demonstrar, ensinar algo.

Como regra, os objetivos de aprendizagem são compostos por um verbo que indica ação e um componente de conteúdo que aponta para uma mudança de comportamento observável.

Há uma série de taxonomias — esquemas que organizam o conhecimento de forma hierárquica — para a definição de objetivos de aprendizagem. A mais conhecida é a taxonomia de Bloom, que trabalha com três grandes domínios de aprendizagem: afetivo, psicomotor e cognitivo.

Capítulo 5 | Design de unidades de aprendizagem

**FIGURA 5.1** Matriz de design instrucional

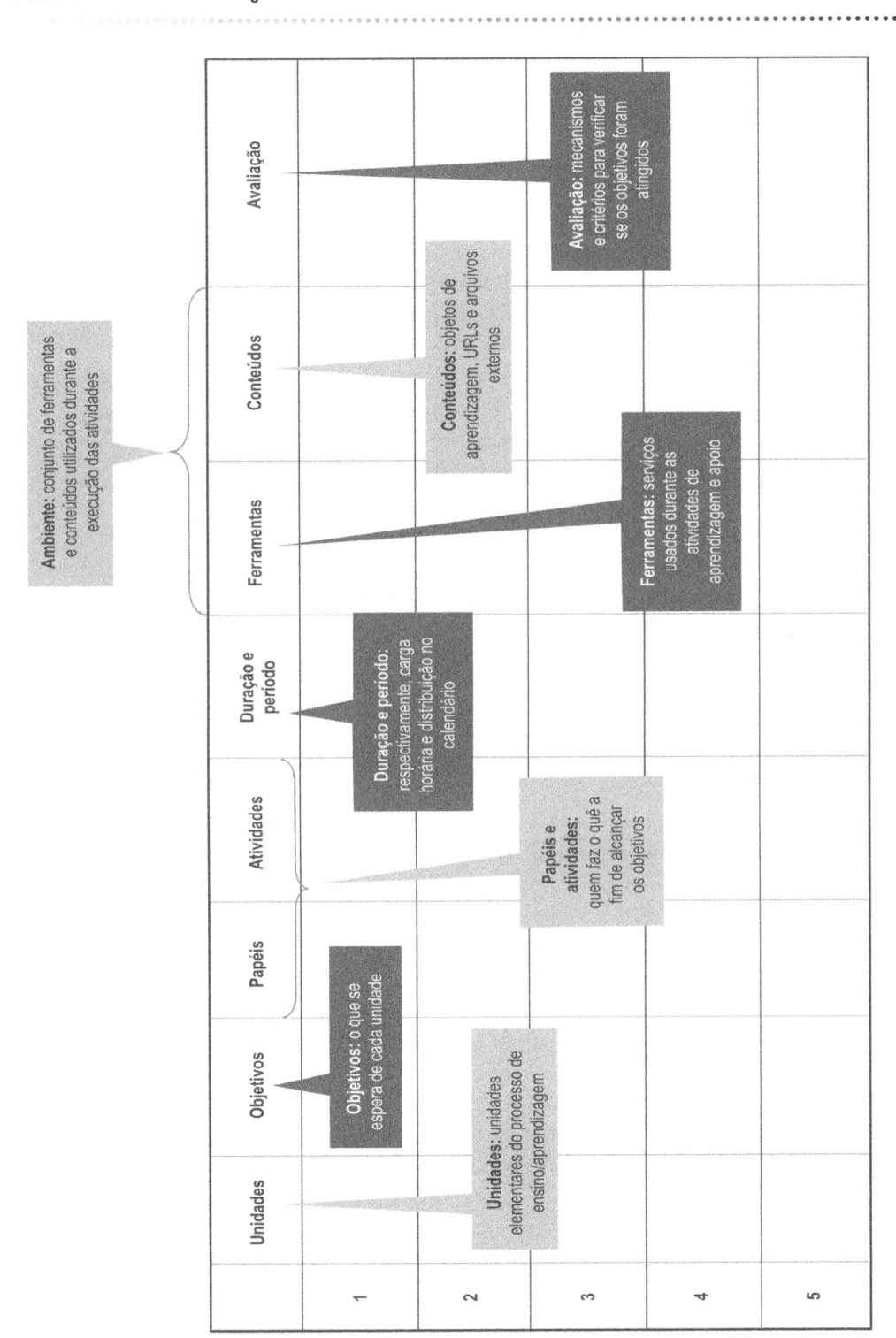

|   | Unidades | Objetivos | Papéis | Atividades | Duração e período | Ferramentas | Conteúdos | Avaliação |
|---|---|---|---|---|---|---|---|---|
| 1 | | | | | | | | |
| 2 | | | | | | | | |
| 3 | | | | | | | | |
| 4 | | | | | | | | |
| 5 | | | | | | | | |

**Unidades:** unidades elementares do processo de ensino/aprendizagem

**Objetivos:** o que se espera de cada unidade

**Papéis e atividades:** quem faz o quê a fim de alcançar os objetivos

**Duração e período:** respectivamente, carga horária e distribuição no calendário

**Ambiente:** conjunto de ferramentas e conteúdos utilizados durante a execução das atividades

**Ferramentas:** serviços usados durante as atividades de aprendizagem e apoio

**Conteúdos:** objetos de aprendizagem, URLs e arquivos externos

**Avaliação:** mecanismos e critérios para verificar se os objetivos foram atingidos

*Domínio afetivo*

O domínio afetivo aborda o modo de lidar emocionalmente com sentimentos, valores, entusiasmo, motivação e atitude. Aqui, as habilidades desenvolvidas são: apreciação estética, compromisso, responsividade e consciência (autoconsciência, consciência de fatores externos, consciência ética e consciência moral). Os objetivos do domínio afetivo podem ser expressos por verbos como apreciar, comprometer-se, conscientizar-se, influenciar e compartilhar.

*Domínio psicomotor*

O domínio psicomotor trata da movimentação física, da coordenação e do uso de habilidades motoras, desenvolvidas pela prática e avaliadas em termos de velocidade, precisão, distância, procedimentos ou técnicas de execução.

Os objetivos do domínio psicomotor podem ser expressos por verbos como desenhar, executar, fazer, desempenhar, montar, construir, calibrar, modificar, limpar, conectar, compor, criar, esboçar, projetar, instalar, desinstalar, inserir, remover, manipular, consertar, reparar, pintar, fixar, exercitar, correr, pular e nadar.

*Domínio cognitivo*

O domínio cognitivo trata da recuperação do conhecimento e do desenvolvimento de habilidades intelectuais e, em geral, é o mais trabalhado nas ações educacionais.

Ele envolve diferentes níveis de competências intelectuais que, como mostra o Quadro 5.1, são organizadas de forma hierárquica, indo da mais complexa (avaliação) para a mais simples (memorização).

## Papéis

No aprendizado eletrônico, temos basicamente dois tipos de papel: os de aprendizagem e os de apoio. Os papéis de aprendizagem são desempenhados pelo aluno (estudante, aprendiz ou equivalente), ao passo que os de apoio são desempenhados pelo educador (tutor, docente ou equivalente).

É verdade, entretanto, que há outras figuras que podem enriquecer essa relação básica. Em termos de apoio, por exemplo, é comum um monitor auxiliar o trabalho docente no ensino superior. Um especialista convidado pode participar de uma entrevista por um *chat*. Ou um coordenador de curso pode interagir com os estudantes em determinado momento.

Do lado dos alunos, podemos refinar os papéis em atividades mais complexas. Por exemplo, em um debate no fórum, um aluno pode ser o moderador e o outro pode ser o relator de uma síntese. Em avaliações entre pares, o papel de avaliador pode ser atribuído a um dos alunos, enquanto o outro permanece apenas como aluno.

Essa questão implica diretamente a parametrização de ambientes virtuais, quando precisamos atribuir privilégios diferenciados dependendo da atividade a ser realizada. O grande ponto é que enxergar os participantes de um curso do ponto de vista de papéis permite configurar atividades independentemente das pessoas que vão desempenhá-las, permitindo que a mesma atividade possa ser reproduzida posteriormente apenas atribuindo-se a ela novos usuários.

**Quadro 5.1** Hierarquia de competências do domínio cognitivo — taxonomia de Bloom

| Hierarquia de competências | Descrição | Verbos relacionados |
|---|---|---|
| Avaliação | Requer que o aluno confronte dados, informações, teorias e produtos com um ou mais critérios de julgamento. | Avaliar<br>Criticar<br>Decidir<br>Defender<br>Julgar<br>Justificar<br>Recomendar |
| Síntese/Criação | Requer que o aluno reúna elementos da informação, bem como faça abstrações e generalizações a fim de criar algo novo. | Comparar<br>Criar<br>Desenvolver<br>Elaborar<br>Formular<br>Inventar<br>Planejar<br>Predizer<br>Produzir |
| Análise | Requer que o aluno separe a informação em elementos componentes e estabeleça relações entre as partes. | Analisar<br>Apontar<br>Categorizar<br>Comparar<br>Contrastar<br>Detalhar<br>Diferenciar<br>Distinguir<br>Relacionar |
| Aplicação | Requer que o aluno transfira conceitos ou abstrações aprendidos para resolver problemas ou situações novas. | Aplicar<br>Construir<br>Demonstrar<br>Empregar<br>Resolver<br>Usar |
| Compreensão | Requer que o aluno aprenda o significado de um conteúdo entendendo fatos e princípios, exemplificando, interpretando ou convertendo materiais de um formato a outro (por exemplo, de verbal para visual, de verbal para matemático), estimando as conseqüências e justificando métodos e procedimentos. | Descrever<br>Estender<br>Explicar<br>Ilustrar<br>Parafrasear<br>Reescrever<br>Resumir |
| Memorização | Requer que o aluno lembre e reproduza com exatidão alguma informação que lhe tenha sido dada, seja esta uma data, um relato, um procedimento, uma fórmula ou uma teoria. | Citar<br>Definir<br>Escrever<br>Identificar<br>Listar<br>Nomear<br>Rotular |

↑ Habilidades cognitivas superiores

Fonte: Adaptado de BLOOM, Benjamin. *Taxonomia de objetivos educacionais*. Porto Alegre, Globo, 1973.

## Atividades de aprendizagem

Em geral, atividade é algo realizado por alguém a fim de alcançar um objetivo. E no processo de ensino/aprendizagem não é diferente: aqui, as atividades diferem dos objetivos porque envolvem um conjunto de ações que os alunos realizarão para chegar aos objetivos.

Assim, ao preencher a matriz de design instrucional, também usamos verbos de ação para descrever o que os alunos realizarão. Por exemplo, podemos firmar como *objetivo* de uma unidade 'avaliar estilos de liderança'. Para alcançar esse objetivo, podemos propor que os alunos realizem diversas *atividades*, como ler um texto, assistir a um vídeo, responder a um questionário auto-avaliativo, estudar um ou mais casos de liderança e resolver uma situação-problema.

Seja como for, é interessante notar que diferentes teorias de aprendizagem dão conotações diferentes ao conceito de atividade. Por exemplo, a abordagem comportamentalista vê a atividade do aluno como forma de apreensão do conhecimento. Já para a abordagem cognitivista a atividade de aprendizagem se relaciona a operações mentais. No paradigma socioconstrutivista, a atividade somente pode ser descrita como uma interação entre o sujeito e o ambiente social.

O fato é que, das diferentes teorias, derivam-se estratégias e atividades que têm por propósito apoiar os processos de aprendizagem (veja o Quadro 5.2).

**QUADRO 5.2** Relação entre estratégias e atividades de aprendizagem

| Estratégias de aprendizagem | Atividades de aprendizagem |
|---|---|
| Estratégias de recordação (*recall*): úteis para aprender conteúdos que carecem de significado (por exemplo, listas de personagens históricos e datas, nomes de rios e seus afluentes, tabelas de elementos químicos) e quando a tarefa é meramente reprodutiva. Apóiam-se na memorização do conteúdo. | • Recitar, nomear ou copiar várias vezes determinados itens durante a aquisição do conhecimento.<br>• Recordar um fato.<br>• Declarar a definição de um conceito ou princípio.<br>• Listar os passos de um procedimento.<br>• Descrever um tipo de comportamento. |
| Estratégias de elaboração: consistem em buscar uma relação, um referencial ou um significado comum entre os itens que devem ser aprendidos. O objetivo é facilitar sua recuperação, mas sem alterar o significado do material. São estratégias bastantes usadas no ensino de vocabulário estrangeiro, na aprendizagem de terminologia científica e nos cursos preparatórios para exames. | • Estabelecer um elo verbal ou de imagem entre termos que devem ser associados, mas não têm uma relação significativa entre si (por exemplo, associar os termos *fear* e *medo* usando a palavra *fera*).<br>• Aprender listas de itens pela formação de siglas, rimas, palavras, frases ou canções com os elementos presentes nas listas.<br>• Elaborar resumos escritos.<br>• Tomar notas a partir de textos escritos, locutados ou animados. |

(continua)

| Estratégias de aprendizagem | Atividades de aprendizagem |
|---|---|
| **Estratégias de organização:** ajudam a explicitar de que maneira as novas idéias se relacionam às idéias anteriores. Ao organizar os materiais, o aluno cria maior número de conexões, atribuindo maior significado aos elementos que compõem o material. Essas estratégias implicam a construção de classificações hierárquicas ou semânticas (taxonomias) dos elementos. | • Estudar ou elaborar mapas conceituais.<br>• Estruturar um tema na forma de perguntas e respostas.<br>• Elaborar taxonomias ou classificações hierárquicas.<br>• Categorizar itens em grupos, atribuindo-lhes maior significado.<br>• Comparar idéias e objetos em busca de semelhanças e diferenças.<br>• Seqüenciar objetos ou idéias no tempo ou no espaço. |
| **Estratégias de criatividade:** envolvem a percepção de lacunas na informação, o levantamento de hipóteses e deduções, o teste e revisão de idéias e a comunicação de resultados. | • Expor livremente idéias em busca de soluções criativas para um problema (equivalente à técnica de *brainstorming* ou tempestade de idéias).<br>• Elencar aspectos negativos ou que devem ser excluídos relacionados a um tema ou problema (equivalente ao chamado *brainstorming* reverso).<br>• Escrever livremente sobre um tópico que deve ser aprendido.<br>• Pensar metaforicamente.<br>• Elaborar histórias completas.<br>• Continuar histórias iniciadas por outros.<br>• Redigir boletins informativos.<br>• Preparar charges, histórias em quadrinhos e cartuns.<br>• Criar enigmas.<br>• Manter diários.<br>• Simular aspectos da realidade, permitindo que os alunos tomem decisões sem precisar lidar com suas conseqüências. |
| **Estratégias de pensamento crítico:** são usadas para selecionar informações, avaliar soluções potenciais, determinar a força de um argumento, reconhecer vieses ou preconceitos e formular conclusões apropriadas. | • Classificar idéias em um *ranking* a partir de uma análise crítica.<br>• Listar os aspectos mais e menos interessantes de um tópico, os prós e contras, ou recordar experiências anteriores relativas a um tema em discussão.<br>• Realizar estudos de caso que envolvem tomada de decisão em uma situação real ou adaptada. |
| **Estratégias de cooperação:** envolvem o compartilhamento de idéias entre os alunos para produção coletiva de conhecimentos. | • Corrigir, revisar e avaliar os temas entre pares.<br>• Entrevistar e ser entrevistado.<br>• Contar e recontar uma informação.<br>• Trocar idéias em pequenos grupos ou com toda a classe, participando de mesas-redondas e grupos de discussão, bem como de conferências síncronas ou assíncronas.<br>• Desenvolver projetos colaborativos. |

E o que é mais interessante: o aprendizado eletrônico possibilita ao designer instrucional criar ou adaptar atividades diferenciadas que podem agregar mais de uma estratégia de aprendizagem ou ajustar-se a elas. O Quadro 5.3 apresenta algumas dessas atividades.

**Quadro 5.3** Atividades possibilitadas pelo aprendizado eletrônico

| Atividade | Descrição |
|---|---|
| *Minute paper* | Atividade em que o educador (ou um aluno) propõe questões que devem ser respondidas dentro de um prazo determinado (um minuto, por exemplo). A atividade pode ser realizada usando o recurso de bate-papo, mensageiros instantâneos ou até mesmo *blogs* e *wikis*. Nos modelos de design instrucional fixo, ela pode ser apresentada no formato de testes ou enquetes com tempo de resposta programado. |
| WebQuest | Pesquisa orientada na Web, geralmente realizada em grupos. A partir da visitação a sites selecionados, os alunos devem responder a questionamentos, desenvolver projetos, criar produtos ou simplesmente discutir tópicos selecionados. |
| Caçada eletrônica | Pesquisa orientada na Web, em que os alunos devem localizar respostas pontuais a questões ou desafios propostos. |
| Controvérsia estruturada | Debate sobre tema polêmico em que são atribuídas aos alunos posturas predefinidas (a favor ou contra, por exemplo) ou papéis definidos (relator, crítico, mediador etc.) Pode ser realizado tanto assincronamente, em fóruns, *blogs* e *wikis*, quanto sincronamente, em salas de bate-papo e mensageiros instantâneos. |
| Debate circular | Debate em que os alunos, um de cada vez, segundo uma ordem preestabelecida, discutem uma questão comum em uma área pública, como em um fórum ou em uma sala de bate-papo. A seqüência de debatedores pode ser aleatória ou baseada em critérios como ordem alfabética e ordem de conexão ao sistema, entre outros. |
| Quebra-cabeças | Atividade realizada em partes distribuídas como tarefas aos alunos e publicadas em área coletiva para síntese e avaliação. |
| Exemplos e regras | Atividade em que são apresentados vários exemplos (tais como trechos de livro, notícias de jornal, segmentos de vídeo, propagandas), entre os quais os alunos devem buscar regularidades e diferenças, identificando relações que os vinculam. Essa atividade, que pode ser realizada individualmente ou em grupos, pode ser dividida em etapas, com uma primeira fase de seleção de exemplos pelos alunos a partir de um tema inicial e uma segunda fase de análise de regularidades e dissonâncias. |

*Fluxo de atividades e eventos instrucionais*

A teoria e a prática pedagógica/andragógica indicam que aprender é um processo interno e que o aluno é o sujeito de sua aprendizagem. O designer instrucional, contudo, propõe atividades externas com vistas a influenciar ou apoiar esses processos internos. Esta é a essência da instrução.

Assim, pode-se dizer que, ao organizar as atividades de aprendizagem e de apoio em um fluxo, o que o designer instrucional faz é definir uma série de eventos deliberadamente planejados para apoiar os processos internos de aprendizagem.

Os eventos instrucionais descritos por Robert Gagné já na década de 1970 e revisados por Patricia Smith e Tillman Ragan em 2000 são freqüentemente empregados no design instrucional para apoiar processos de aprendizagem. Esses eventos apóiam-se na psicologia cognitiva e nas teorias de processamento da informação que vamos examinar adiante, no Capítulo 7.

Por ora, com o propósito de organizar o fluxo de atividades na matriz de design instrucional, podemos dividir os eventos instrucionais em quatro grandes blocos — introdução, processo, conclusão e avaliação —, que são descritos com mais detalhes no Quadro 5.4.

**Quadro 5.4** Eventos instrucionais e a organização do fluxo de atividades de aprendizagem

| Fase | Eventos | Descrição |
|---|---|---|
| Introdução | Ativar a atenção do aluno | Essa fase visa chamar a atenção do aluno para uma unidade de aprendizagem específica, levando em conta a infinidade de estímulos visuais, auditivos, táteis a que ele está submetido no ambiente. |
| | Informar os objetivos de aprendizagem | Embora a multimídia nos permita utilizar efeitos visuais, sonoros e animados com essa finalidade, a atenção do aluno também pode ser capturada por recursos mais acessíveis, como a colocação de questões provocativas, fatos do cotidiano, problemas de interesse imediato dos alunos, conflitos ou paradoxos. |
| | Aumentar o interesse e a motivação | |
| | Apresentar a visão geral da unidade | Os objetivos de aprendizagem precisam ganhar relevância, e a própria atividade de aprendizagem proposta deve estar relacionada a um quadro cognitivo mais amplo. |
| Processo | Recuperar conhecimentos prévios | Nessa fase, é importante que os alunos recuperem os conhecimentos que serão necessários à nova aprendizagem. Isso pode ser feito por meio de revisões, sumários, mapas conceituais e analogias. Pode ser feito também pela colocação de questões encadeadas que levem à recuperação de informações a partir da memória de longo prazo. |
| | Apresentar informações e exemplos | A nova informação pode ser apresentada aos alunos de duas maneiras:<br>• Na forma expositiva (também chamada didática), quando se apresenta um novo conceito, seus exemplos e contra-exemplos (exemplos aos quais o conceito não se aplica). |
| | Focar a atenção | • Na forma de descoberta (ou investigação), quando se espera que o aluno deduza um conceito ou princípios a partir dos exemplos apresentados. |

(continua)

| Fase | Eventos | Descrição |
|---|---|---|
| Processo | Usar estratégias de aprendizagem | Durante todo o processo, a atenção do aluno deve ser constantemente redirecionada, fazendo sobressair os principais elementos da unidade. Isso pode ser obtido aplicando-se aos materiais instrucionais recursos gráficos, como negritos, sombreados, caixas de destaque e setas, ou utilizando-se segmentos de áudio, vídeo e animação. Podem ser solicitadas também ações por parte do aluno, como registrar anotações, sublinhar trechos escritos, responder a uma bateria de questões e reproduzir a informação em outras linguagens (por exemplo, descrever oralmente um trecho de vídeo ou elaborar um gráfico a partir de um segmento de áudio). |
| | Proporcionar a prática e orientá-la | No processo, os alunos precisam ser orientados à prática, isto é, devem tornar-se capazes de colocar em uso os conteúdos estudados para resolver problemas semelhantes ou mesmo situações novas. Para tanto, os alunos podem praticar individualmente ou como membros de grupos, realizando atividades que vão dos tradicionais exercícios de pergunta e resposta, com questões objetivas (múltipla escolha, verdadeiro e falso, associação, preenchimento de lacunas) ou abertas (ensaios, *papers*, dissertações, resenhas) até atividades mais elaboradas, como estudos de caso, *roleplayings*, investigações orientadas e desenvolvimento de projetos. |
| | Fornecer *feedback* | O processo de ensino/aprendizagem estará incompleto se o aluno não receber *feedback* sobre sua prática. Considerações acerca da adequação da prática podem ser feitas pelo educador, pelos pares (*feedback* cruzado), pelo próprio aluno (auto-avaliação) ou de forma automatizada (quando um software é programado para checar a precisão das respostas). |
| Conclusão | Revisar e sintetizar | A fase de conclusão permite que os alunos revisem e sintetizem os principais pontos da unidade de aprendizagem, destacando a utilidade e a aplicabilidade do que foi aprendido. |
| | Transferir a aprendizagem | A síntese pode conter, por exemplo, a seqüência de passos para realizar um procedimento ou destacar os princípios gerais relacionadas a um domínio. Como em todos os outros eventos, a síntese pode fazer parte dos materiais instrucionais ou ser realizada pelo próprio aluno. |
| | Remotivar e encerrar | O processo de transferência da aprendizagem envolve aplicar conceitos, princípios, estratégias cognitivas, habilidades motoras e atitudes aprendidas a uma variedade de situações da vida cotidiana e profissional. A transferência da aprendizagem contribui para que o aluno reconheça a importância da aprendizagem obtida. |

(continua)

| Fase | Eventos | Descrição |
|---|---|---|
| Conclusão | Remotivar e encerrar | É importante que o aluno saiba que determinada unidade de aprendizagem foi concluída — o que, pelo menos em tese, significa que os objetivos de aprendizagem declarados foram alcançados. |
| Avaliação | Avaliar a aprendizagem | A avaliação é essencial não apenas para o aluno, mas também para o educador e para o designer instrucional. Isso porque ela permite verificar se os objetivos propostos foram realmente atingidos.<br><br>Às vezes, a avaliação não ocorre ao final de cada unidade de aprendizagem, mas sim ao final do curso ou programa. Nesse caso, o *feedback* é mais cumulativo do que costuma ser quando há acompanhamento das atividades práticas. |
| | Fornecer *feedback* e complementação da aprendizagem | Para os alunos que não atingiram plenamente os objetivos, podem-se oferecer atividades complementares, como apresentações de conteúdo em formatos alternativos e atividades práticas diferenciadas. |

## Duração e período

A *duração* define a carga horária necessária para a realização de uma ou mais atividades.

O *período* indica o espaço de tempo no calendário em que o ambiente ficará disponível para realização da atividade.

Por exemplo, vamos supor que a carga horária de uma disciplina de graduação seja de 40 horas. Estima-se que essa disciplina será realizada em um semestre, acompanhando o calendário acadêmico. A mesma disciplina, no entanto, pode ser realizada intensivamente em um bimestre ou até mesmo em uma semana de estudos em tempo integral.

É importante destacar que, ao preencher a matriz de design instrucional, devemos atribuir cargas horárias às atividades de aprendizagem utilizando unidades de medida padronizadas. Uma atividade de 30 minutos e outra de seis horas revelam certo desequilíbrio no curso. Em casos assim, o melhor a fazer é reorganizar os objetivos ou as atividades, criando unidades mais homogêneas.

Além disso, por mais que a tendência atual em aprendizado eletrônico seja a modularização e a granularização em objetos de aprendizagem que consomem poucos minutos, as cargas horárias devem ser arredondadas. Minutos quebrados dão a idéia de que o aluno tem de cumprir com exatidão um horário determinado, o que sabemos ser muito difícil ocorrer, principalmente no aprendizado eletrônico.

## Conteúdos e objetos de aprendizagem

No aprendizado eletrônico, a seleção de conteúdos se dá pela escolha e organização de seqüenciamento de temas a serem apresentados na forma de materiais fundamentais ou complementares, segundo os objetivos educacionais de cada unidade de aprendizagem.

Os conteúdos incluem ampla gama de recursos de aprendizagem digitais, como páginas Web escritas em HTML ou XML, arquivos em formatos variados (doc, xls, ppt, pdf) e objetos de aprendizagem no sentido estrito do termo.

*Objetos de aprendizagem* são 'pedaços de conhecimento' autocontidos que diferem dos recursos de aprendizagem digitais em dois aspectos:

- São identificados por descritores que trazem dados sobre autores, palavras-chave, assunto, versão, localização, regras de uso e propriedade intelectual, requisitos técnicos, tipo de mídia utilizada e nível de interatividade, entre outros. Esses descritores são chamados *metadados* (dados sobre dados) e permitem que sejam feitas buscas rápidas em repositórios de objetos.

- Seus elementos internos são organizados por meio de um mecanismo de *empacotamento de conteúdos* (do inglês, *content packaging*), que representa a estruturação dos conteúdos e o conjunto de regras para seqüenciar a sua apresentação.

Trabalhar ou não com objetos de aprendizagem é uma decisão tomada no nível macro do design instrucional. Isso porque lidar com eles requer uma visão mais ampla dos domínios de conhecimento envolvidos e uma perspectiva de longo prazo para reaproveitamento dos recursos produzidos. Além disso, exige tarefas extras, como esquematizar hierarquicamente um domínio de conhecimento, aderir a padrões de metadados, catalogar descritores e desenvolver um repositório de objetos — tarefas estas que podem exigir a capacitação ou até a expansão da equipe para inclusão de novas competências. (No Capítulo 7, trataremos com mais detalhes do design de conteúdos multimídia.)

## Ferramentas

As ferramentas do aprendizado eletrônico incluem serviços ou funcionalidades de comunicação (como e-mail, fórum, *chat*), aplicativos para edição de textos, apresentação de slides e manipulação de planilhas eletrônicas e mecanismos de busca e organização do conhecimento, além de recursos de monitoramento e avaliação.

Ao preencher a matriz de design instrucional, devemos listar na coluna "Ferramentas" quais instrumentos ou funcionalidades o aluno precisará ter para acessar um conteúdo ou realizar uma atividade. Assim, no caso de uma animação, um *podcast* ou um vídeo, por exemplo, precisamos deixar claro que o aluno deverá ter um *player*, sem o qual não acessará o recurso.

De fato, explicitar as ferramentas na matriz de design instrucional é importante porque não devemos propor atividades dependentes de instrumentos que impliquem competências ou custos e não informar isso antecipadamente ao aluno.

É importante assinalar ainda que no design de unidades de aprendizagem não é suficiente considerar o ambiente virtual de aprendizagem (ou LMS, *learning management system*) como ferramenta. É verdade que há inúmeras possibilidades disponíveis nos ambientes virtuais, mas elas devem ser usadas na medida em que possibilitam atividades de aprendizagem ou de apoio.

Por exemplo, usar o fórum virtual para interação entre o aluno e o educador pode ser menos adequado que empregar ferramentas como e-mail, entrega de atividades ou portfólio individual para apoiar a comunicação um-para-um. (No Capítulo 10, veremos com mais detalhes o design de ambientes virtuais de aprendizagem.)

## Avaliação

A avaliação tem como finalidade verificar se os objetivos de aprendizagem firmados para a unidade foram alcançados.

No aprendizado eletrônico, a avaliação pode ocorrer por meio da verificação dos processos (por exemplo, discussões em fóruns e *chats*, comentários publicados em *blogs* ou enviados por e-mail) ou dos produtos resultantes desses processos (por exemplo, a solução para um problema, o relatório de um projeto, uma síntese escrita ou oral).

No Capítulo 11, analisaremos com mais detalhes o design de *feedback* e avaliação.

## Desdobramentos da matriz de design instrucional

Preenchida a matriz, o designer instrucional deve fazer uma análise do ponto de vista do aluno e responder às perguntas a seguir, realizando as tarefas que elas demandam:

- Em um relance, a proposta do curso está clara? → revisão geral da matriz
- Os elementos de cada unidade de aprendizagem contribuem para o alcance dos objetivos declarados? → análise horizontal, linha a linha
- O fluxo dos elementos faz sentido para o curso como um todo ou os elementos de cada unidade estão desconectados? → análise vertical, coluna a coluna

Ele também deve fazer uma análise do ponto de vista do educador a fim de identificar padrões que possam acelerar o processo de desenvolvimento.

Por exemplo, uma unidade de aprendizagem pode ser constituída de acesso a determinado conteúdo, resolução de exercícios ou problemas, discussão no fórum e *feedback* do educador. É possível repetir esse fluxo em outras unidades de aprendizagem, incluindo ou retirando elementos conforme as particularidades de cada objetivo. Essa é uma forma de explicitar os diferenciais de cada unidade proposta, garantindo a uniformidade do curso.

De fato, uma unidade de aprendizagem genérica pode ser reutilizada em diferentes cursos ou programas. Por exemplo, uma unidade inicial de ambientação pode ser composta pelas seguintes atividades: acessar o tutorial do ambiente virtual, preencher o perfil do participante e publicar uma mensagem no fórum de apresentação. Essa seqüência pode ser reutilizada em diferentes cursos, integralmente ou alterando-se ferramentas ou conteúdos, conforme os recursos disponíveis no contexto. Uma matriz bem pensada gera várias possibilidades de desdobramento como essa.

Por fim, vale assinalar que o design de unidades de aprendizagem pode ser aplicado aos diferentes modelos de design instrucional, com a matriz explicitando os elementos que compõem o processo de ensino/aprendizagem. Assim, no DI fixo, a ênfase será nos conteúdos e nas atividades individuais. No DI aberto, a matriz expressará atividades desenvolvidas em grupo ou coletivamente (com a turma inteira) e apoiadas por ferramentas de comunicação e colaboração. Já no DIC a matriz poderá ser estendida para incorporar possibilidades de adaptação conforme papéis ou desempenhos diferenciados.

# 6 Especificação em design instrucional: roteiros e *storyboards**

> Neste capítulo, trabalhamos com a especificação de produtos construídos no formato Web, como cursos, módulos, unidades de estudo e atividades de aprendizagem, e de produtos de uma única mídia, multimídia ou hipermídia, como vídeos, animações, áudios e sites.
>
> Nessa especificação, o designer instrucional utiliza documentos como roteiros e *storyboards* para descrever detalhadamente a estrutura e o fluxo da informação, os conteúdos e a interface do produto final.

## Processo de criação no aprendizado eletrônico

Criar um curso para aprendizado eletrônico não é como dar uma aula, proferir uma palestra ou ministrar um curso presencial. Isso porque não se trata de simplesmente definir um plano de curso, escolher os materiais e as estratégias e apresentar as aulas. O aprendizado eletrônico tem características midiáticas e, por isso mesmo, deve ser pensado com a lógica de produção de mídias.

Há várias semelhanças entre a criação de soluções para o aprendizado eletrônico e a produção de uma (multi)mídia, como um filme, um vídeo, um desenho animado. Para começar, em ambos os casos, a produção é realizada por uma equipe e envolve elementos midiáticos integrados. Além disso, erros de concepção e produção são caros e a criatividade é um fator-chave.

No entanto, a conexão entre o aprendizado eletrônico e Hollywood esbarra em algumas diferenças importantes. Primeiro, a produção multimídia comercial é linear, enquanto, na maioria dos casos, o aprendizado eletrônico propõe percursos diferenciados conforme as respostas dos alunos.

Assim, enquanto muitos produtos multimídia comerciais se baseiam na transmissão unidirecional ou com baixa interatividade de uma mensagem, o aprendizado eletrônico apóia-se na lógica da comunicação bi ou multidirecional, ao exigir a interação entre o aluno e o conteúdo e/ou proporcionar interação entre as pessoas.

O divisor de águas está exatamente nos objetivos de um e de outro produto final. Filmes, vídeos, desenhos animados visam comunicar uma mensagem de maneira interes-

---

* Texto desenvolvido em parceria com a profª. dra. Paula Carolei.

sante e atraente; o foco está no produto. No aprendizado eletrônico, os objetivos estão claramente atrelados ao desenvolvimento de habilidades e à aquisição/construção de conhecimentos por pessoas; o foco vai além do produto e está principalmente fora dele. Em outras palavras, o grande objetivo do aprendizado eletrônico é educar, é provocar mudanças no comportamento de quem aprende, e isso implica estratégias diferenciadas da indústria de mídia em geral.

## Especificação no aprendizado eletrônico

No aprendizado eletrônico, e especialmente quando estamos trabalhando com o DI fixo, é na especificação que se tomam as microdecisões pedagógicas, técnicas, funcionais e estéticas que definirão o padrão de qualidade do produto final e dos materiais ali contidos.

No aprendizado eletrônico, a especificação é feita em três níveis distintos:

1. **Especificação da estrutura e do fluxo da informação:** descreve como a informação é estruturada e seqüenciada (é o que veremos logo a seguir).

2. **Especificação dos conteúdos:** registra a informação considerada pertinente sobre o tema tratado e sua apresentação passo a passo (do que tratamos no Capítulo 7).

3. **Especificação da interface:** define os aspectos gráfico-funcionais do produto e dos elementos de mídia que o integram (veja o Capítulo 8).

Convém ressaltar que a especificação do produto final se dá com base nas macrodecisões tomadas no projeto pedagógico institucional, no plano de mídias e no plano do projeto. Ela também deve contemplar todas as necessidades de aprendizagem identificadas na fase de análise das necessidades.

## Documentos de especificação em design instrucional

Na criação de filmes, vídeos, desenhos animados e afins, é preciso transformar a visão criativa do autor (seja ele escritor, diretor, roteirista), traduzindo-a em uma linguagem que possibilite a sua compreensão e o seu desenvolvimento por uma equipe altamente especializada e diversificada. Da mesma forma, ao criar produtos para o aprendizado eletrônico, é necessário assegurar a comunicação entre as várias frentes que contribuirão para o produto final. Essa comunicação é registrada em *documentos de especificação*.

Especificar é descrever de modo rigoroso e minucioso cada uma das características de um material, obra ou serviço. Na criação de produtos multimídia comerciais, um roteiro escrito (*script*) ou um *storyboard* (SB) são os meios tradicionais de especificar o conteúdo exato a ser produzido. No aprendizado eletrônico, podemos usar roteiros ou SBs para especificar detalhadamente os conteúdos de um curso (na forma de textos, imagens, sons), as orientações de atividades propostas, os diálogos das personagens (se houver) e as falas em *off* (aquelas em que a pessoa que narra não aparece no vídeo ou na animação), determinando a seqüência em que eles serão exibidos no produto final. Se for necessário criar cenários, eles também são detalhados no documento de especificação.

## Uso de roteiros para especificação do aprendizado eletrônico

Para a especificação de um curso ou material instrucional, pode-se produzir um documento textual que informe os conteúdos a serem apresentados (textos, imagens, atividades), a seqüência de apresentação e as indicações técnicas destinadas à equipe de produção.

A Figura 6.1 mostra um exemplo de roteiro para especificação de um módulo de curso usando um formato texto produzido em processador Word.

A Figura 6.2 apresenta o material didático resultante, desenvolvido no formato Flash.

**FIGURA 6.1** Exemplo de roteiro para material didático on-line

---

Administração de marketing – 12ª edição
[capítulo 2, módulo 1]                    — Identificação do material

[ tela 4/18]           — Identificação da tela

O desafio de entregar valor para o cliente      — Título da tela
Mas quem eram esses consumidores? O que queriam? Com o que sonhavam? Uma pesquisa de mercado identificou dados interessantes.

[Apresentar uma ilustração de cada vez, lado a lado, com ícone de locução.    — Orientações ao programador
Apenas ativar botão Avançar quando os três depoimentos tiverem sido acessados pelo aluno]

[Ilustração 1 - mulher na casa dos 30, conforme perfil do Depoimento 1]      — Orientações ao ilustrador

[Depoimento 1 – texto exibido em formato pop-up e áudio locutado]
Sou solteira e tenho 31 anos. Sou muito ativa, trabalho, faço cursos à noite, estou sempre envolvida com alguma coisa. Queria ter mais tempo livre para me dedicar a causas importantes. Por exemplo? Ah, reciclagem, reflorestamento, essas coisas. Acho importante cuidar do meio ambiente.

[Ilustração 2 - mulher na casa dos 40, conforme perfil do Depoimento 2]      — Texto para exibição em caixa pop-up e locução

[Depoimento 2 – texto exibido em formato pop-up e áudio locutado]
Tenho 45 anos e dois filhos pequenos. Trabalho fora o dia todo, por isso tenho pouco tempo para ficar com eles. Procuro compensar essa ausência fazendo com que os momentos que passamos juntos tenham qualidade. Sempre procuro transmitir valores para eles. Mas vou confessar uma coisa: eu me preocupo com o futuro deles e com o mundo que encontrarão quando adultos.

**Figura 6.2** Material didático on-line desenvolvido a partir de roteiro textual

Fonte: Material multimídia baseado no livro KOTLER, Philip; KELLER, Kevin. *Administração de marketing*. 12. ed. São Paulo: Pearson Prentice Hall, 2006.

Os roteiros textuais podem ser usados quando a identidade visual de um curso não é tão importante, ou já está tão sedimentada que é necessário especificá-la a cada novo módulo. Os roteiros também funcionam bem quando o cliente de determinada solução educacional não requer a pré-aprovação dos materiais tela a tela antes do seu desenvolvimento, ou quando a equipe de produção (ilustradores, webdesigners, revisores) está tão entrosada que não necessita explicitar antecipadamente todos os detalhes do produto final.

## Uso de *storyboards* para especificação do aprendizado eletrônico

Quando um produto multimídia envolve muita interação e animação, a descrição textual pode ser insuficiente para representar a síntese dos vários elementos que precisam ser visualizados. Assim, na fase de pré-produção, anterior ao desenvolvimento do produto propriamente dito, o *storyboard* (SB) funciona como uma série de esquetes (cenas) e anotações que mostram visualmente como a seqüência de ações deve se desenrolar.

A Figura 6.3 reproduz a especificação de alterações na interface de um curso decorrente da ação do usuário.

Os SBs podem ser extremamente elaborados e descrever com detalhes a seqüência de telas, representando cada cena e cada ação em uma linha do tempo acompanhada do texto do áudio/locução correspondente (se houver) e oferecendo todo o tipo de informações técnicas complementares, como efeitos visuais, efeitos

Capítulo 6 | Especificação em design instrucional: roteiros e *storyboards* 61

sonoros e animações. Eles podem também ser bem menos complexos, ao estilo 'guardanapo de bar'.

O importante, de fato, é comunicar à equipe de produção as idéias e a perspectiva visual sobre o produto final, deixando o mínimo de decisões para o acaso, e ter sempre em mente que o SB funciona como (1) documentação das decisões relacionadas ao design instrucional, (2) base para a gestão, o controle e a comunicação do projeto e (3) demonstração do produto final para os diversos interessados.

Por fim, vale assinalar que, quando o produto final tem um grau de complexidade extremamente elevado, o SB evolui para um *protótipo*. O protótipo é a versão mais próxima do produto final e envolve a materialização de todas as especificações do projeto, servindo para testes e avaliações da qualidade e da operacionalidade do produto — verificação dos conteúdos e mídias envolvidas, da integração entre os componentes de mídia, do funcionamento geral, da compatibilidade com os objetivos pedagógicos definidos etc. — antes da fase de produção em série.

FIGURA 6.3    Exemplo de *storyboard* para o aprendizado eletrônico

**Informações para a equipe de desenvolvimento:**
O desenho deve ser o de uma TV na posição da obra "O pensador", de Auguste Rodin.
Deve aparecer primeiro o balão com a fala da personagem e depois os dois retângulos e a indicação para o aluno clicar.
O botão de avançar está desabilitado na primeira vez que ele passa por essa tela. A partir da segunda vez, esse botão fica habilitado.

**Informações para a equipe de desenvolvimento:**
Quando o aluno clica no primeiro retângulo, aparece a primeira definição e, quando ele clica no segundo, aparece a segunda definição.
O botão de avançar fica habilitado após o aluno clicar nas duas definições.
A seta avançar pisca para o aluno: habilitado.

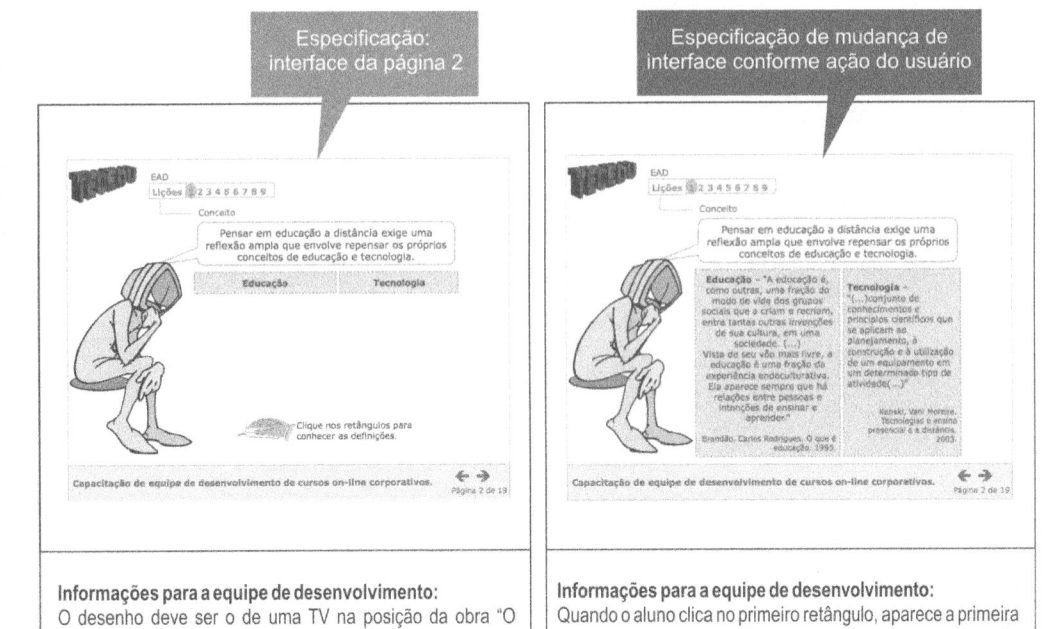

Fonte: Cortesia de Fátima Nóbrega. *Storyboard* desenvolvido para a disciplina de processo de criação I do curso de especialização em design instrucional para educação on-line da Universidade Federal de Juiz de Fora/Site Educacional.

## Construindo *storyboards* tela a tela

Como já observado anteriormente, o SB é o esboço detalhado de um projeto multimídia que tem como objetivo indicar para a equipe de design e de desenvolvimento os recursos e as funcionalidades do produto final.

O nível de detalhamento requerido para o SB de um curso on-line depende do contexto no qual ele será produzido e implementado. O requisito mínimo é que ele atenda às necessidades básicas da equipe de produção — programadores, produtores de mídia, gestores.

Os modelos de SB são muito variados, na medida em que combinam diferentes mídias e se ajustam às características de cada contexto. Alguns elementos fundamentais, no entanto, devem ser considerados, como mostra o Quadro 6.1.

**Quadro 6.1** Elementos fundamentais do *storyboard*

| Elementos | O que o SB deve conter |
|---|---|
| Informações gerais (metadados) | <ul><li>Data</li><li>Versão</li><li>Responsável</li><li>Título da instituição (logotipo)</li><li>Título do programa, módulo, unidade de estudo, atividade ou tela</li><li>*Copyright* (créditos)</li></ul> |
| Tela principal (a área que efetivamente aparecerá para o aluno, dentro da qual há uma mancha exclusiva à exibição dos conteúdos, descontadas as margens e os elementos de orientação) | <ul><li>Títulos (veja o item anterior) e rodapés (se houver)</li><li>Planos de fundo e margens</li><li>Controles de navegação (avançar, recuar, executar, parar)</li><li>Identificadores de navegação (numeradores de tela, trilhas ou 'migalhas de pão' (*breadcrumbs*)</li><li>Controles de mídia (ajuste de volume, tamanho da tela, resolução)</li><li>Botões, textos e ícones que tenham ação diferente dos controles de navegação</li><li>Menus</li><li>Orientações ao aluno</li></ul> |
| Títulos e textos | <ul><li>Tamanho e tipo das fontes</li><li>Espaçamento entre linhas</li><li>Alinhamento</li><li>Posicionamento na tela</li><li>Uso de *bullets* ou listas numeradas</li><li>Recursos gráficos (textos explicativos, balões de fala, *mouseover*)</li><li>Efeitos de animação associados</li></ul> |
| Imagens prontas ou orientações para ilustração | <ul><li>Posicionamento na tela</li><li>Efeitos de animação associados</li><li>Integração texto–imagem</li><li>No caso de ilustrações criadas especificamente para o curso, descrição em detalhes do que se deseja</li></ul> |
| Animações | <ul><li>Movimentação de elementos</li><li>Surgimento e desaparecimento de objetos</li><li>Mudança de forma, cor ou textura</li><li>Fusão de elementos</li><li>Movimentos de câmeras e de foco de luz</li></ul> |

(continua)

| Elementos | O que o SB deve conter |
|---|---|
| Sons | • Texto dos diálogos/da narração em *off*<br>• Sincronização com textos, imagens e animações<br>• Efeitos sonoros ou música de fundo |
| Interação | • Opções de resposta<br>• Resultados da seleção de cada opção<br>• Número de tentativas para realização ou envio de atividades<br>• Tipo de *feedback* (veja o item seguinte) |
| Feedback | • Formato (janelas, marcas, ícones, sons)<br>• Conteúdo (texto oral ou escrito)<br>• Condições de exibição (por exemplo, após determinada ação ou *input* do aluno) |
| Âncoras e hiperlinks | • Tipo de identificação (realce ou inversão, negrito ou sublinhado, moldura, mudança de cor, mudanças no formato do cursor)<br>• Direcionamento (para onde o hiperlink aponta)<br>• Textos e/ou ícones associados (figura em miniatura, vídeo ou animação, anotações marginais ou títulos, rótulos ou etiquetas) |
| Transição entre telas (se houver) | • Definição da forma de entrada (e, em alguns casos, de saída) |
| Velocidade | • Telas mostradas por segundo, velocidade da locução |
| Documentação de apoio | • Versão para impressão<br>• Hiperlinks externos<br>• Referências bibliográficas |

A Figura 6.4 apresenta vários elementos, citados no Quadro 6.1, organizados em um exemplo de *template* de SB. (O SB 'limpo' pode ser visualizado na Figura 6.5.)

**FIGURA 6.4** Elementos do *storyboard* em um exemplo de *template*

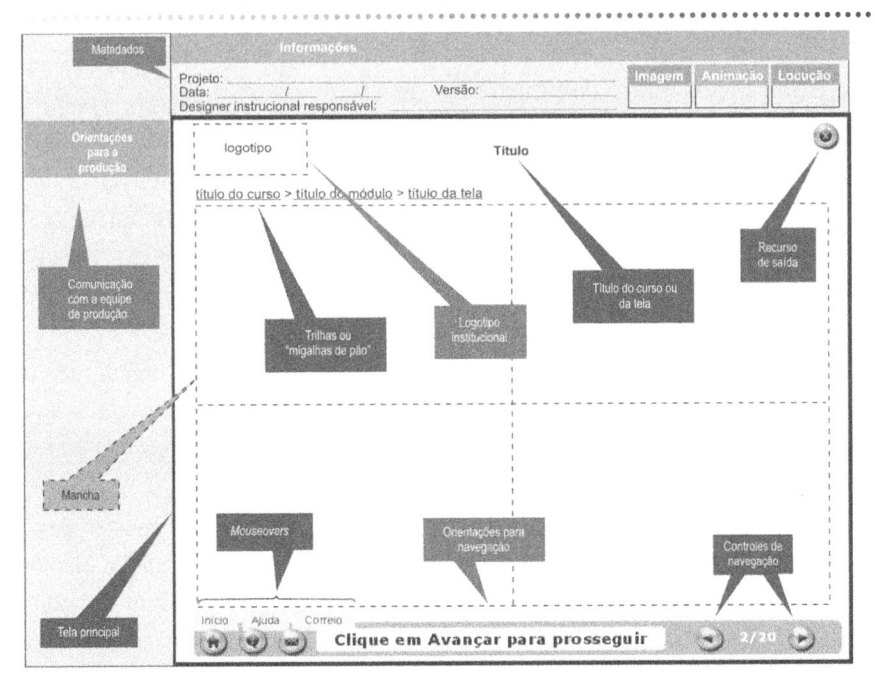

**Figura 6.5** Exemplo de *template* de *storyboard*

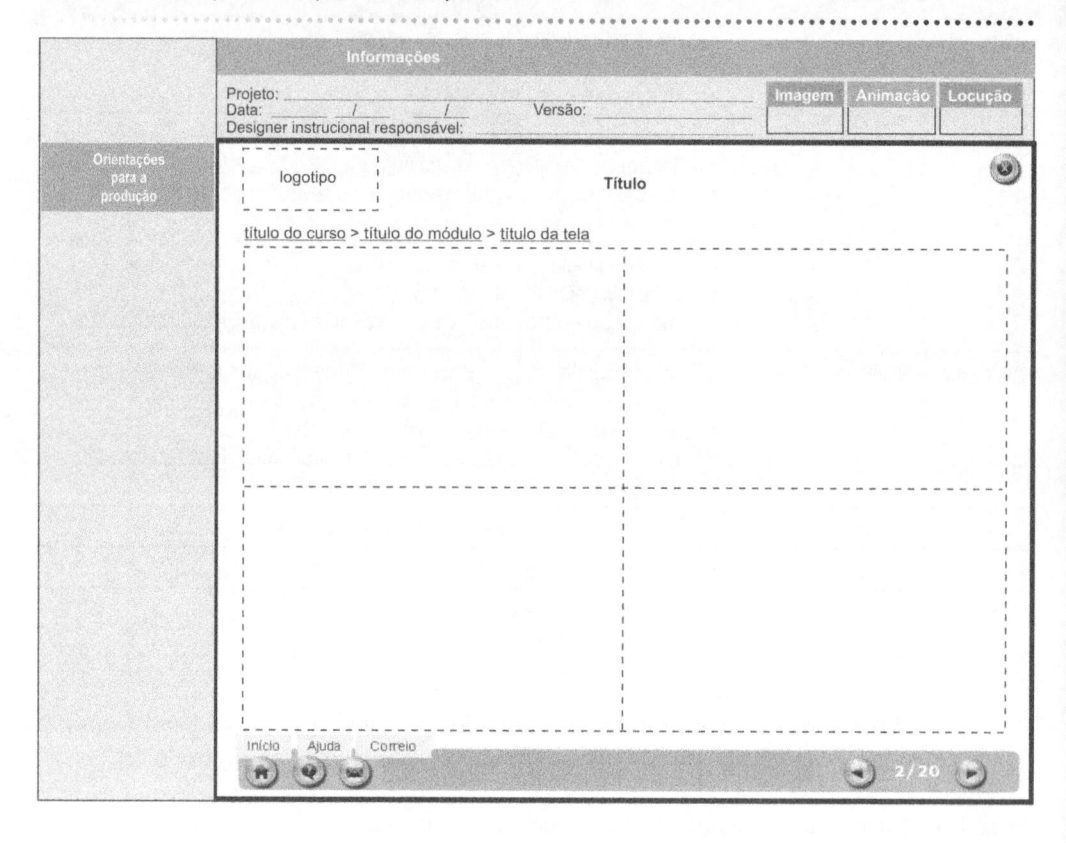

As áreas sombreadas à esquerda e acima são destinadas à comunicação com a equipe; a área de exibição ao aluno é delimitada por uma moldura.

Os formatos de *storyboard* variam de instituição para instituição, de equipe para equipe e até mesmo de curso para curso.

A Figura 6.6 reproduz fragmentos de um SB desenvolvido em formato de apresentação de tela a tela que especifica (a) abertura, (b) orientações ao aluno, (c) apresentação de conteúdos e (d) registro e envio de atividades abertas, baseado no modelo de DI aberto.

Em projetos pequenos e para circulação interna, entre membros de equipes que produzem um número reduzido de cursos, podem-se elaborar SBs em papel, o que geralmente é mais fácil do que preencher um gabarito formal, especialmente nos estágios iniciais do projeto.

Entretanto, para projetos de médio ou grande porte, em que há muitas pessoas envolvidas, torna-se obrigatório trabalhar com algum tipo de documentação eletrônica, na forma de *templates* de Word, PowerPoint ou equivalentes, que podem ser convertidos em ferramentas de exibição aos alunos, tais como Adobe Connect Presenter ou Articulate

Capítulo 6 | Especificação em design instrucional: roteiros e *storyboards* 65

**FIGURA 6.6** Elementos fundamentais apresentados em uma seqüência de *storyboard*

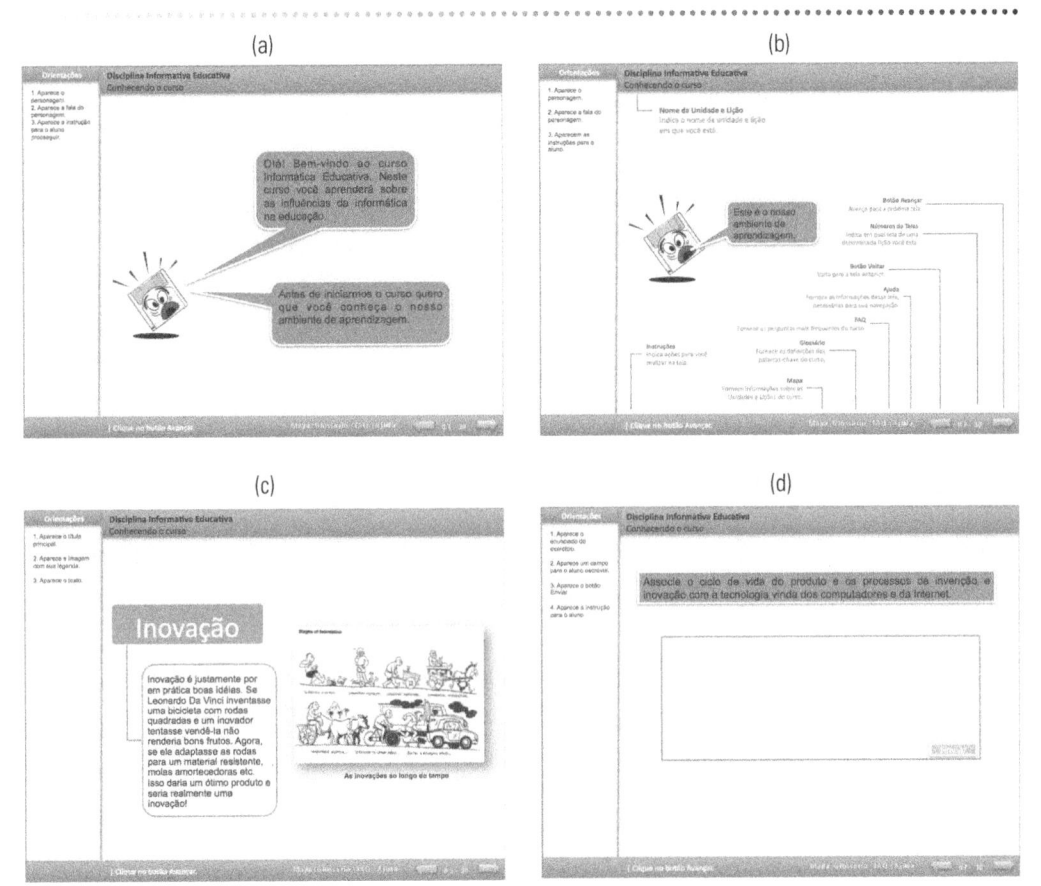

Fonte: Cortesia de Alessandra Sirigni. *Storyboard* desenvolvido para a disciplina de processo de criação I do curso de especialização em design instrucional para educação on-line da Universidade Federal de Juiz de Fora/Site Educacional.

Presentor, banco de dados relacionais, linguagem HTML, programação Flash e até aplicativos especializados (como Designer's Edge, QuickLessons ou semelhantes).

Vale ressaltar que o grau de sofisticação e detalhamento da documentação dependerá das necessidades de cada contexto e está diretamente relacionado ao número de envolvidos nas validações do produto e à quantidade de revisões e de novas versões demandadas ao longo do processo.

## Estrutura e fluxo da informação no aprendizado eletrônico

O design do curso para o aprendizado eletrônico, tela a tela, é antecipado pelo design estrutural (fluxograma), que determina o fluxo da informação, os tipos de links entre as diferentes telas de informação e os meios de navegação e consulta fornecidos ao aluno. O design estrutural pode seguir quatro estruturas, a saber: a estrutura linear ou seqüencial, a estrutura hierárquica, a estrutura em mapa ou rede e a estrutura rizomática.

## Estrutura linear ou seqüencial

A estrutura linear ou seqüencial é a mais simples de todas e permite apresentar um assunto de maneira perfeitamente estruturada. O aluno percorre as telas de forma linear, avançando, caso queira seguir na apresentação da informação, ou recuando, a fim de retomar alguma tela anterior.

Esse tipo de estrutura força o estudante a cumprir uma seqüência predefinida. A aprendizagem é dirigida e o aluno, em princípio, não se desorienta — até porque só tem duas possibilidades: avançar ou recuar. Como as opções são bastante limitadas, o sistema tem, de certa forma, controle sobre o aluno (veja a Figura 6.7).

**FIGURA 6.7** Estrutura linear ou seqüencial de organização da informação

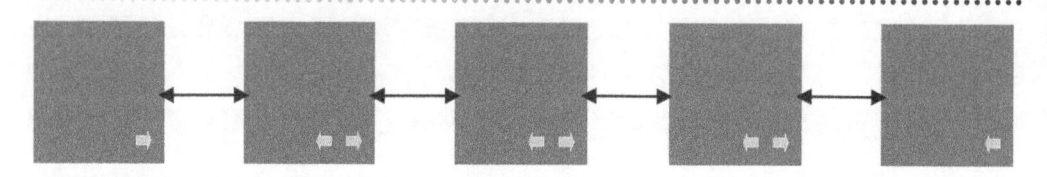

## Estrutura hierárquica

Essa estrutura, também chamada estrutura em árvore ou em leque, consiste em uma abordagem do geral para o particular e reflete a estrutura de conhecimento de um especialista na área.

Aqui, a navegação, embora proporcione opções de escolha ao aluno, ainda é simples, evitando a desorientação (veja a Figura 6.8).

**FIGURA 6.8** Estrutura hierárquica de organização da informação

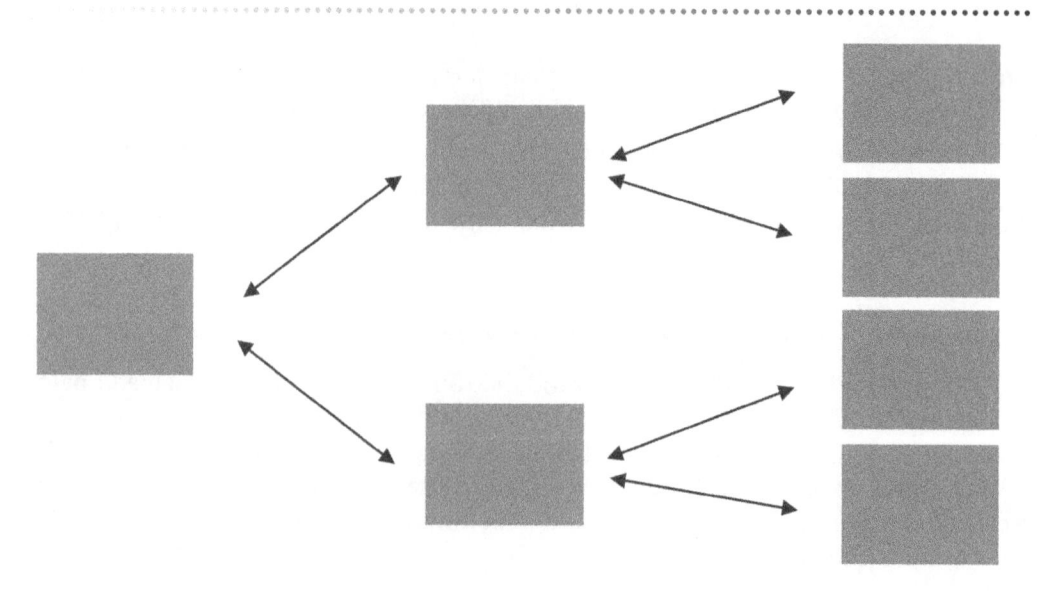

## Estrutura em mapa ou rede

A estrutura em mapa ou rede constitui a essência do hipertexto. Nela, todas as telas são conectadas uma às outras e essas conexões não estão restritas a nenhuma regra, de forma que o aluno pode escolher o caminho que desejar.

Aqui, o risco de o aluno se sentir perdido aumenta virtude dos múltiplos links possíveis. De fato, o número de links revela a riqueza de interação do documento, mas um número exagerado deles pode distrair e sobrecarregar o aluno por exigir a todo o momento uma nova tomada de decisão navegacional (veja a Figura 6.9).

**Figura 6.9** Estrutura em mapa ou rede de organização da informação

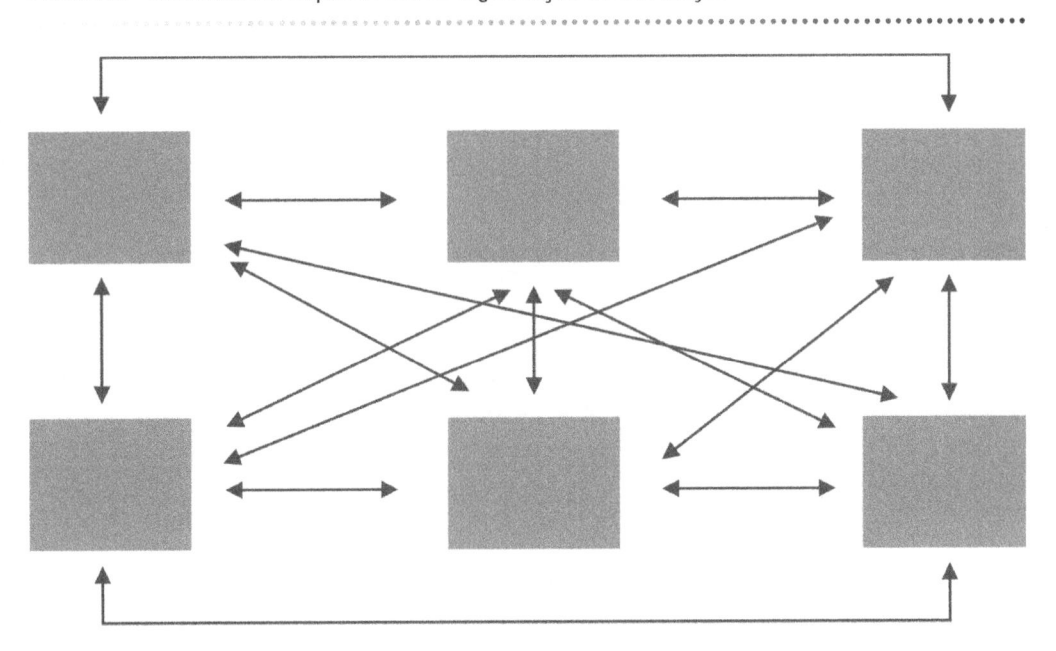

## Estrutura rizomática

A estrutura rizomática descreve uma proposta de interação e aparece em programas nos quais há formulários, espaços para inserção de mensagens e comentários ou outros mecanismos para incorporar novas informações ao material preexistente.

Esse formato faz referência ao conceito de rizoma— basicamente, a imagem de um caule subterrâneo que se espalha em todas as direções, sem raízes, eixos centrais ou principais. Assim, um curso baseado em comunidades virtuais de aprendizagem ou que possui ferramentas como *blogs* e *wikis* pode ser considerado rizomático, na medida em que todos os pontos podem ser conectados entre si e a proposta original 'cresce' com a contribuição dos participantes.

O elemento diferenciador da organização rizomática é que, enquanto nas outras formas de organização a interação do usuário ocorre dentro de um espaço limitado e não altera a estrutura predefinida, nela, há espaço previsto para essa transformação (veja a Figura 6.10).

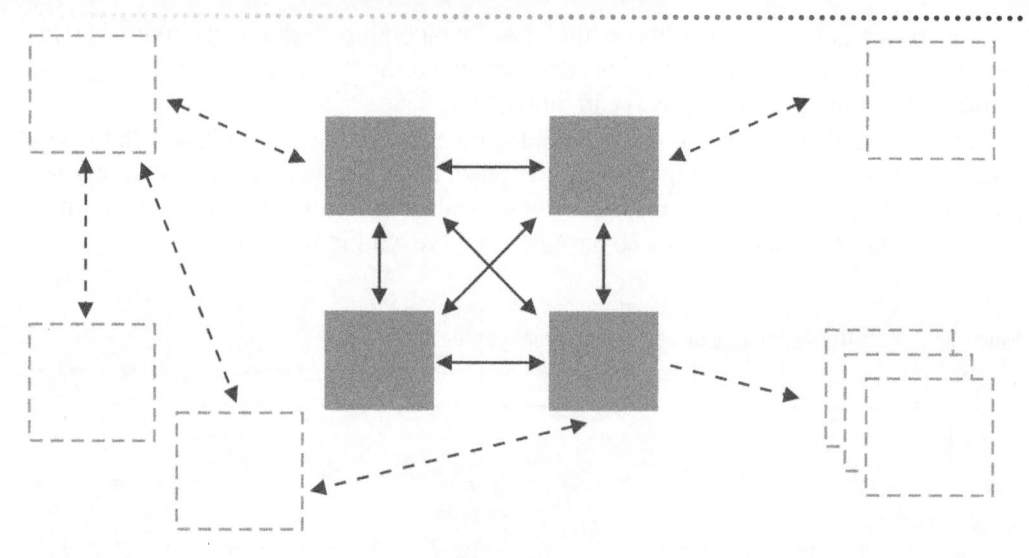

**Figura 6.10** Estrutura rizomática de organização da informação

## Estrutura da informação e natureza do design instrucional

É certo que as diferentes naturezas do design instrucional correspondem a diferentes estruturas de organização da informação. Assim, um design instrucional mais aberto aponta para uma estrutura em mapa ou rizomática, enquanto um design instrucional fixo se traduz em uma estrutura mais linear ou hierárquica.

Como regra, podemos dizer que é mais adequado disponibilizar percursos predefinidos e mais estruturados quando:

- o objetivo é a aquisição de conhecimentos;
- o aluno não possui conhecimentos prévios ou estes são muito precários;
- há uma tarefa específica a ser cumprida.

Por outro lado, é indicado oferecer maior liberdade de navegação por meio de múltiplos links quando:

- o objetivo é a exploração, a sensibilização em determinado assunto, o desenvolvimento de estratégias cognitivas e a resolução de problemas;
- não há uma ordem específica para a aprendizagem;
- o aluno possui familiaridade com o assunto ou capacidades intelectuais bem desenvolvidas;
- a motivação do aluno é elevada.

Um produto de aprendizado eletrônico também pode ser projetado de forma híbrida, apresentando inicialmente seqüências lineares que depois se abrem em um leque de atividades orientadas e, então, oferecem nós de crescimento rizomático, quando os alunos podem acrescentar informações livremente.

É mais fácil pensar então na especificação de unidades de aprendizagem ou dos elementos que as compõem do que em cursos inteiros. Mesmo no DI aberto, podemos ter unidades compostas por conteúdos que necessitam de uma especificação mais rigorosa, como a permitida pelo SB: uma simulação, um tutorial, animações, um manual de utilização, vídeos desenvolvidos especialmente para um curso e assim por diante.

## Quem é o responsável pela especificação do aprendizado eletrônico?

Em projetos de grande porte, o designer instrucional trabalha em conjunto com especialistas em mídia da própria equipe ou externos, que muitas vezes são responsáveis não apenas pelo desenvolvimento (produção), mas também pelos documentos de especificação para determinadas mídias.

Assim, por exemplo, enquanto o designer instrucional define as ações pedagógicas, as atividades e as interações, o webdesigner desenvolve o projeto visual do produto (no caso de mídia digital) e o designer gráfico assina o projeto gráfico do material (no caso de mídia impressa).

Mesmo que não seja o responsável pela elaboração de roteiros ou *storyboards* de mídias específicas, o designer instrucional sempre acompanha e avalia os documentos produzidos para o seu projeto, alinhando-os aos objetivos de aprendizagem e à metodologia de ensino adotada.

Não é incomum, entretanto, o designer instrucional cuidar de toda especificação de roteiros e *storyboards*, especialmente em projetos menores, que não dispõem de equipe diversificada, ou em cursos com design instrucional aberto que não exijam a produção de conteúdos multimídia.

Como regra, podemos dizer que não é competência do designer instrucional produzir mídias. O que ele precisa é saber encomendar essa produção de forma clara e fundamentada. Para isso, precisa conhecer o potencial, as características e as limitações das várias tecnologias e mídias disponíveis, como veremos no Capítulo 7.

# 7 Design de conteúdos multimídia

Como vimos nos capítulos 1 e 2, são várias as abordagens que explicam como as pessoas aprendem. O denominador comum entre elas é que as pessoas aprendem ao interagir com conteúdos, recursos e outras pessoas.

Nesse sentido, no que tange a interação com conteúdos, um dos principais benefícios do aprendizado eletrônico em relação ao aprendizado convencional é a possibilidade de explorar conteúdos em formato multimídia.

Neste capítulo, abordamos os princípios da teoria da aprendizagem cognitiva que, ao focar os processos cognitivos de processamento da informação, nos permitem entender como utilizar a multimídia no design e no desenvolvimento de soluções educacionais.

## Como as pessoas percebem o mundo?

Percepção é o processo por meio do qual as pessoas selecionam, organizam e interpretam as informações recebidas para dar sentido ao que vêem, escutam e sentem.

De início, percebemos o mundo por meio das sensações — o que vemos, ouvimos, sentimos, cheiramos, saboreamos. As sensações ocorrem no *nível neurofisiológico* como respostas específicas dos órgãos sensoriais aos estímulos externos.

Em um segundo momento, no nível *perceptivo*, atribuímos significados às sensações, organizando-as em categorias conhecidas. Por exemplo: ao experimentar um sabor novo que nunca havíamos sentido, tentamos categorizá-lo em doce, salgado, amargo, azedo. Em uma conversa por telefone, não apenas ouvimos as palavras ditas pelo interlocutor como também classificamos o tom de sua voz como suave, firme, agressivo, rancoroso, irônico.

O ponto-chave é que as percepções podem variar consideravelmente entre as pessoas expostas à mesma realidade por envolver um terceiro nível, o *cognitivo*, que consiste em interpretar as informações que foram percebidas sensorialmente e categorizadas no nível perceptivo. Isso quer dizer que a maneira como percebemos a realidade é fortemente influenciada por características pessoais, como nossas próprias necessidades, motivações, interesses, expectativas e experiências passadas, bem como pelo contexto social, histórico, político e cultural no qual a percepção ocorre.

Assim, quanto mais estamos conscientes dos três níveis — neurofisiológico, perceptivo e cognitivo —, melhor é a nossa percepção do mundo.

## Como as pessoas aprendem?

Olhos e ouvidos captam imagens, sons e palavras. Por um curto período — por volta de 1 a 2 segundos —, esses elementos são armazenados na memória sensorial visual, enquanto o discurso oral e outros sons são armazenados na memória sensorial auditiva. Após esse rápido período, esses elementos vão para a memória de trabalho.

A memória de trabalho é o centro da cognição, onde a informação é temporariamente armazenada e processada. É onde todo o pensamento ativo ocorre. No entanto, embora poderosa, a memória de trabalho tem capacidade limitada de processamento. A expressão '7 ± 2' traduz os 'pedaços' de informação com os quais a memória de trabalho pode lidar.

A aprendizagem requer que os novos conhecimentos e habilidades processados na memória de trabalho se integrem aos conhecimentos armazenados na forma de modelos mentais na memória de longo prazo, que é ilimitada. Esse processo é denominado *codificação*.

Manter os conhecimentos armazenados na memória de longo prazo, contudo, não é suficiente. É preciso trazê-los de volta à memória de trabalho, a fim de transferi-los a novas situações. Tal processo que é denominado *recuperação*.

É importante destacar que, para construir modelos mentais coerentes, temos de nos *envolver ativamente* no processamento cognitivo, e isso requer (1) prestar atenção, (2) organizar a informação e (3) integrar a informação ao conhecimento existente.

Além disso, por meio da metacognição (ou seja, pela consciência de como a mente funciona), o ser humano pode gerenciar o próprio processamento das informações, estabelecendo objetivos de aprendizagem, decidindo sobre formas de alcançá-los, monitorando esse processo e fazendo ajustes se necessário.

Em resumo, podemos dizer que as informações chegam aos olhos e ouvidos, são rapidamente armazenadas em uma memória sensorial, entram na memória de trabalho, interagem com os conhecimentos armazenados na forma de modelos mentais e, por fim, são armazenadas na memória de longo prazo, com maior ou menor consciência dos próprios processos mentais por aquele que está aprendendo (veja a Figura 7.1).

## O design instrucional e a teoria da carga cognitiva

Como acabamos de ver, a memória humana tem capacidade limitada de processamento. Dado que há várias fontes de informação competindo por essa limitada capacidade, no aprendizado eletrônico precisamos apoiar o aluno nos processos de seleção, integração, armazenamento e recuperação da informação.

Nesse sentido, o processo de seleção pode ser orientado por métodos instrucionais que canalizam a atenção do aluno. Por exemplo, na apresentação do conteúdo, pode-se usar uma seta ou um destaque colorido para dirigir a atenção dos olhos a determinado ponto do conteúdo. Da mesma maneira, ao iniciar uma unidade de aprendizagem, devem-se ressaltar os objetivos, de modo que o aluno possa direcionar sua atenção para os elementos mais importantes.

É sabido que representamos apenas parcialmente aquilo que vemos ou ouvimos, dependendo da *carga cognitiva intrínseca* (dificuldade inerente ao material, como quantos

**Figura 7.1** Processos cognitivos envolvidos no aprendizado eletrônico

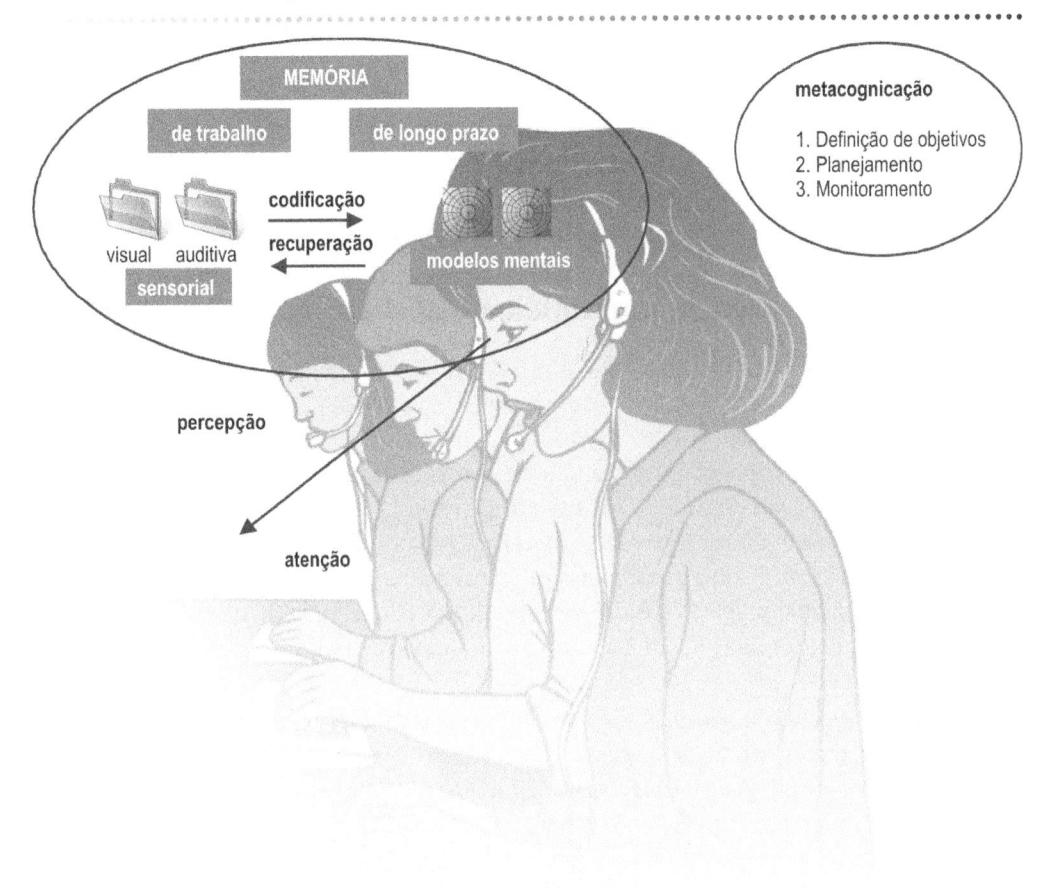

MEMÓRIA
de trabalho
de longo prazo
codificação
recuperação
visual auditiva
sensorial
modelos mentais

percepção

atenção

metacognicação
1. Definição de objetivos
2. Planejamento
3. Monitoramento

Fonte: Adaptado de CLARK, Ruth; MAYER, Richard. *E-Learning and the science of instruction: proven guidelines for consumers and designers of multimedia learning*. São Francisco: Pfeiffer, 2003, p. 35.

elementos são representados e qual a relação entre eles) e da *carga cognitiva extrínseca* (como a mensagem é organizada e apresentada). Assim, o design instrucional deve adotar princípios que reduzam a carga cognitiva, liberando a memória de trabalho para os processos de integração com os modelos mentais. Isso significa, por exemplo, eliminar informações visuais irrelevantes, omitir música de fundo e som ambiente que não estão relacionados ao conteúdo e apresentar textos objetivos.

Como vimos, a memória de trabalho une informações visuais e auditivas e posteriormente as integra ao conhecimento já armazenado na memória de longo prazo. É por essa razão que oferecer palavras, imagens e sons em uma apresentação unificada torna a integração entre os canais de processamento sensorial mais fácil. Da mesma forma, atividades práticas ativam o processo de integração dos novos conhecimentos aos conhecimentos preexistentes.

O design instrucional também pode contribuir para a recuperação e a transferência dos conhecimentos armazenados na memória de longo prazo. Para isso, deve oferecer exemplos e atividades práticas que incorporem elementos e situações autênticas dos contextos de uso pós-aprendizagem. Isso ajuda os alunos a criar âncoras de recuperação e transferência do aprendizado.

Paralelamente, o desenvolvimento de habilidades metacognitivas — por meio do compartilhamento de objetivos de aprendizagem, de conversas instrucionais que instigam o aluno a pensar sobre os próprios pensamentos e de auto-avaliações continuadas (individuais ou coletivas) — pode aumentar a consciência e o controle sobre os processos mentais e, por conseguinte, possibilitar uma aprendizagem mais efetiva.

## Princípios para o uso de multimídia no aprendizado eletrônico

Quando a informação é apresentada em duas modalidades sensoriais — visual e auditiva — em vez de em uma, são ativados dois sistemas de processamento e a capacidade da memória de trabalho é estendida.

Alguns autores propõem a existência de outro sistema de processamento de informação além do sensorial. Esse sistema diz respeito ao modo de apresentação da informação e leva em conta aspectos *não verbais*, como imagens, vídeos, animações, sons de fundo, e *verbais*, incluindo palavras escritas ou faladas. A combinação de uma imagem com sua designação verbal é mais facilmente lembrada do que a apresentação dessa mesma imagem duas vezes ou a repetição dessa designação verbal várias vezes, de forma isolada.

Os sistemas verbais e não-verbais funcionam de forma independente, mas vivências apropriadas produzem conexões entre os dois. Desse modo, compreende-se que assuntos armazenados nos dois sistemas são mais facilmente recuperados da memória do que aqueles armazenados em um único sistema.

Desse conceito, baseado na teoria da aprendizagem cognitiva, podemos extrair alguns princípios que orientam a concepção de materiais multimídia, como veremos nas próximas seções.

### Princípio da multimídia

O aprendizado eletrônico deve incluir tanto textos quanto gráficos, e não apenas um desses dois tipos de informação.

Isso se deve ao fato de que os alunos aprendem mais ou melhor quando textos (escritos e falados) e imagens (ilustrações estáticas, como desenhos, gráficos, mapas e fotos, ou gráficos dinâmicos, como animações e vídeos) são combinados, em vez de apresentados separadamente. Mais adiante, neste capítulo, trataremos especificamente do uso de gráficos no aprendizado eletrônico.

### Princípio da proximidade espacial

Os alunos aprendem mais ou melhor quando textos e gráficos são apresentados de modo integrado, ou seja, quando os textos estão posicionadas próximo às imagens a que se referem, poupando aos escassos recursos cognitivos a tarefa de reuni-los.

O aprendizado também é alavancado quando os hiperlinks abrem janelas que não cobrem a tela original, as orientações de atividades são posicionadas na mesma tela de realização das atividades e o *feedback* é exibido na mesma tela na qual o aluno realizou uma prática ou respondeu a uma questão.

Quando os alunos precisam integrar diferentes elementos de informação que não podem ser compreendidos isoladamente — tais como uma imagem e uma explicação textual relacionada —, eles têm de alternar de um elemento para o outro. Isso significa que terão de manter um elemento de informação ativo na memória de trabalho enquanto procuram pelo outro.

Especialmente em se tratando de multimídia, quando as pessoas precisam integrar informação verbal e pictórica — por exemplo, um gráfico e uma explicação na tela sobre como ler o gráfico —, pode ocorrer uma sobrecarga na memória de trabalho e o processo de aprendizagem pode ser perturbado.

Como prevenir isso? Integrando elementos de informação que se referem a um e a outro e que não podem ser entendidos separadamente.

Assim, ao posicionar um texto explicativo dentro de uma imagem, em vez de abaixo dela, a quantidade de busca é diminuída e a integração mental dos elementos é mais facilmente obtida. Com isso, a carga da memória de trabalho é reduzida e uma capacidade maior se torna disponível para o processo de aprendizagem em si (veja as figuras 7.2a e 7.2b).

Outro ponto importante: para prevenir a sobrecarga mental, os elementos de informação em uma tela de computador devem estar integrados não apenas fisicamente, mas também temporariamente. Ou seja, elementos apresentados de maneira simultânea são mais facilmente integrados do que se apresentados de forma seqüencial.

**Figura 7.2** (a) Informação integrada *versus* (b) informação dividida entre gráfico e explicação textual, espacialmente separados

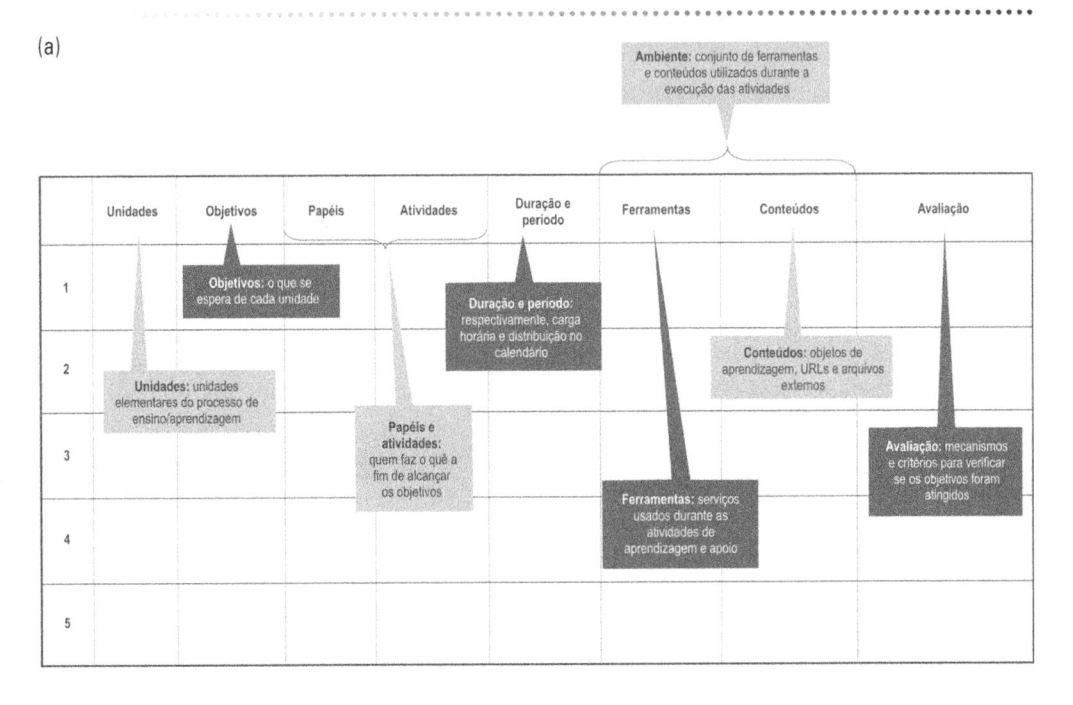

(b)

| | Unidades | Objetivos | Papéis | Atividades | Duração e período | Ferramentas | Conteúdos | Avaliação |
|---|---|---|---|---|---|---|---|---|
| 1 | | | | | | | | |
| 2 | | | | | | | | |
| 3 | | | | | | | | |
| 4 | | | | | | | | |
| 5 | | | | | | | | |

As *unidades* são unidades elementares do processo de ensino/aprendizagem. Os *objetivos* dizem respeito ao que se espera de cada atividade. *Atividades* e *papéis* se referem a quem faz o quê a fim de alcançar os objetivos. *Duração* e *período* correspondem, respectivamente, a carga horária e distribuição no calendário. As *ferramentas* são os serviços usados durante as atividades de aprendizagem e apoio. Os *conteúdos* podem ser objetos de aprendizagem, URLs e arquivos externos. A *avaliação* se refere aos mecanismos e critérios para verificar se os objetivos foram atingidos.

## Princípio da coerência

Descrições textuais detalhadas, histórias que não dizem respeito aos objetivos de aprendizagem, música de fundo e sons incidentais podem sobrecarregar a memória de trabalho.

Isso quer dizer que os alunos aprendem mais ou melhor quando textos, imagens ou sons não relevantes ao assunto são excluídos, evitando distrações que dividem o limitado potencial de atenção com os recursos que realmente contribuem para o significado da unidade de aprendizagem.

## Princípio da modalidade

Como a memória de trabalho tem um subsistema separado para áudio, sua capacidade é usada mais efetivamente quando se utiliza narração em vez de texto escrito, acompanhando informação não-verbal.

Isso significa que os alunos aprendem mais ou melhor quando gráficos ou animações são acompanhados por áudio, em vez de por texto escrito, reduzindo a demanda por processamento visual simultâneo.

## Princípio da redundância

Quando duas fontes de informação — como uma figura e um texto ou um texto escrito e sua narração em áudio — podem ser entendidas separadamente, elas não devem ser apresentadas juntas, uma vez que isso sobrecarrega a memória de trabalho, que tem capacidade limitada.

Por essa razão, recomenda-se a remoção de toda informação (1) apresentada anterior ou simultaneamente em outra mídia, (2) irrelevante ao que está sendo estudado (por exemplo, ilustrações decorativas, música e sons desnecessários) e (3) já conhecida pelo aluno.

Isso significa que os alunos aprendem mais ou melhor quando são apresentados apenas animações ou gráficos com locução, em vez de animações ou gráficos com texto escrito e locução.

Exceções são pertinentes quando não há gráficos, quando há dificuldades de linguagem ou quando os materiais verbais são longos, complexos ou contêm vocabulário desconhecido.

## Princípio da personalização

As orientações instrucionais não devem ser oferecidas em estilo formal. Em vez disso, devem ser expressas em estilo conversacional, auxiliando o aluno em seus processos metacognitivos.

Com isso, podemos dizer que os alunos aprendem mais ou melhor quando a conversa instrucional estabelecida com eles é próxima. Ou seja, quando usa, por exemplo, construções na primeira pessoa ('eu', 'nós') e quando se refere diretamente aos alunos como 'vocês'.

O uso de linguagem informal, porém, não pode ferir o princípio da coerência. Isso significa que não devem ser apresentadas informações que não estão relacionadas ao conteúdo, as quais distraem os alunos dos principais objetivos da unidade de aprendizagem.

## Princípio da prática

O aprendizado eletrônico deve propor atividades e exercícios práticos que requeiram dos alunos processar informações em contextos autênticos, em vez de simplesmente reconhecer ou recuperar informações previamente fornecidas.

Isso se deve ao fato de que, tendo em mente os contextos de transferência da aprendizagem, os alunos são desafiados a integrar os conhecimentos aprendidos, da mesma maneira que fariam ao recuperá-los em situação de transferência.

## Uso de gráficos no aprendizado eletrônico

Como vimos, quando apresentada de maneira verbal e não-verbal, a informação é mais facilmente processada pela memória do que quando apresentada de uma única forma. Assim, dada a importância da informação não-verbal para a aprendizagem, dedicamos esta seção ao estudo dos tipos de gráficos e das funções comunicacionais e psicológicas a eles relacionadas.

Antes de nos aprofundarmos no assunto, no entanto, é importante termos em mente que não há uma fórmula simples que diga qual tipo de gráfico aumenta a efetividade da aprendizagem. Na verdade, a combinação das características de superfície, tipo de comunicação e uso instrucional é que determinará a seleção ou a criação de gráficos para compor uma solução educacional multimídia.

## Superfície dos gráficos

Superfície diz respeito à aparência dos gráficos e à forma como eles são criados. Assim, como mostra o Quadro 7.1, em termos de recursos visíveis, os gráficos podem ser estáticos (ilustrações, fotografias, modelagem) ou dinâmicos (animações, vídeos, realidade virtual).

Para se ter uma idéia mais clara sobre a superfície dos gráficos, a Figura 7.3 mostra uma mesma explicação sobre como fazer ataduras exibida em diferentes superfícies gráficas.

É importante ter em mente, no entanto, que além da superfície dos gráficos, é a sua funcionalidade, em termos comunicacionais e psicológicos, que determina sua efetividade na aprendizagem.

**Quadro 7.1** Classificação dos gráficos conforme sua superfície

| Tipo | Recurso principal | Descrição |
|---|---|---|
| Gráficos estáticos | Ilustração | Representação de elementos visuais usando várias técnicas, como caneta e nanquim, pintura a óleo e desenho auxiliado por computador.<br><br>Desenhos à mão ou computadorizados, assim como diagramas, são exemplos de ilustração. |
| | Fotografia | Imagem capturada usando tecnologias fotográficas ou digitais.<br><br>A captura de uma tela de computador e fotos de pessoas em situações de trabalho são exemplos de uso desse recurso. |
| | Modelagem | Reprodução fiel da realidade gerada por computador.<br><br>Como exemplo, podemos citar a reprodução de edifícios e construções. |
| Gráficos dinâmicos | Animação | Série de imagens que simulam movimento.<br><br>As animações podem ser usadas para demonstrar passos de procedimentos ou processos que envolvem um fluxo de vários elementos. |
| | Vídeo | Série de imagens capturadas digitalmente ou por meio de fita magnética.<br><br>A captura de experimentos ou de situações de relacionamento humano à medida que ocorrem e dispostas serialmente são exemplos desse tipo de recurso. |
| | Realidade virtual | Mundo interativo tridimensional que muda dinamicamente conforme o usuário se movimenta.<br><br>Agrega à modelagem a interação do usuário, que altera significativamente a sucessão de acontecimentos. |

**Figura 7.3** Exemplo de gráfico em diferentes superfícies

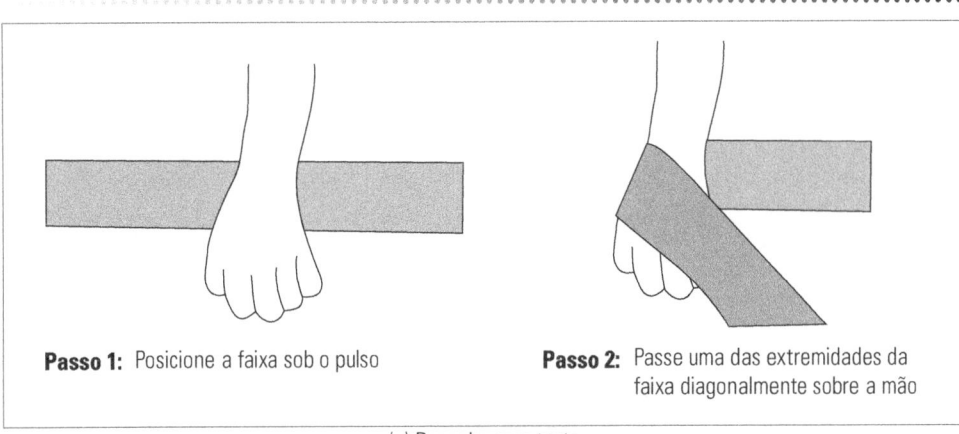

**Passo 1:** Posicione a faixa sob o pulso

**Passo 2:** Passe uma das extremidades da faixa diagonalmente sobre a mão

(a) Desenho com texto

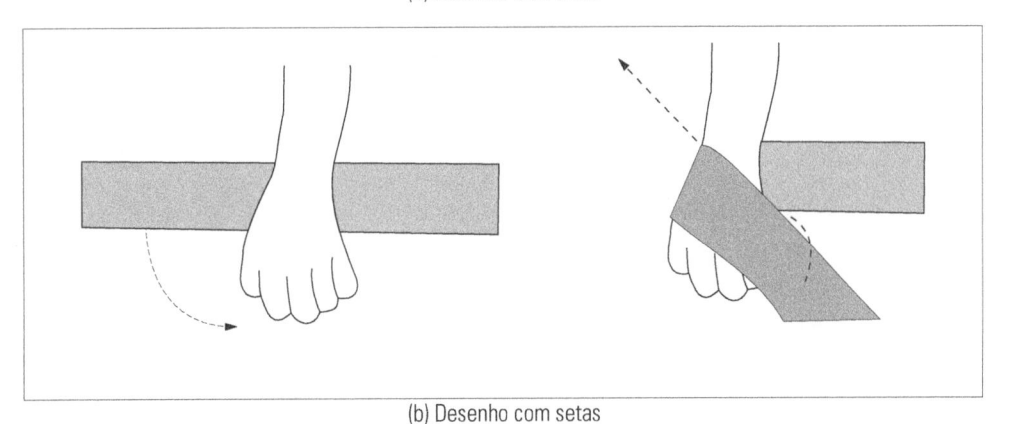

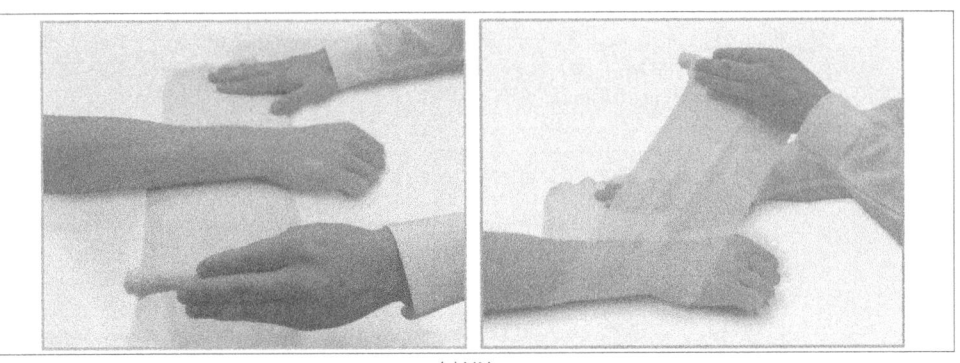

(b) Desenho com setas

(c) Vídeo

Fonte: Adaptado de MICHAS, Irene C.; BERRY, Diane C. "Learning a procedural task: effectiveness of multimedia presentations". In: *Applied Cognitive Psychology*, 14, 2002, p. 555-575.

## Funções comunicacionais dos gráficos

Em termos de sua função comunicacional, os gráficos podem ser decorativos, representacionais, organizacionais, relacionais, transformacionais e interpretativos, como mostra o Quadro 7.2.

**QUADRO 7.2** Classificação dos gráficos conforme sua função comunicacional

| Tipo | Descrição |
|---|---|
| **Gráficos decorativos**<br><br>Exemplos: arte na abertura de uma unidade de estudo, ilustração usada para comunicar uma informação, charges, *banners* e cores. | Motivam apelando para a estética ou o humor. Podem ser usados em abertura de capítulos, em unidades de estudo, na apresentação de conceitos e para 'paradas motivacionais'. Em geral, não possuem propósito instrucional específico nem conexão direta com o texto e a imagem — a idéia por trás deles é que uma página ou uma tela repleta de texto cansa o leitor. No entanto, como já vimos ao estudar o princípio da coerência, quando usados em excesso ou sem critério, os gráficos decorativos podem atrapalhar a aprendizagem.<br><br>Fonte: Cortesia de Régis Tractenberg e Tibúrcio Illustrata (www.tiburcio.locaweb.com.br). Esta ilustração é parte do curso Teoria e Prática do Design Instrucional, oferecido pela Livre Docência Tecnologia Educacional (www.livredocencia.com). |
| **Gráficos representacionais**<br><br>Exemplos: captura de tela, fotografia de equipamento. | Representam pessoas, objetos ou eventos de modo realista. Podem ser apresentados em diversas superfícies, incluindo fotografia e ilustração, e oferecem uma referência concreta para tornar a informação verbal mais fácil e significativa. Os gráficos representacionais são apropriados para apresentar conceitos concretos e informação factual.<br><br>Fonte: Captura de tela do LMS eCollege, do Grupo Pearson. |

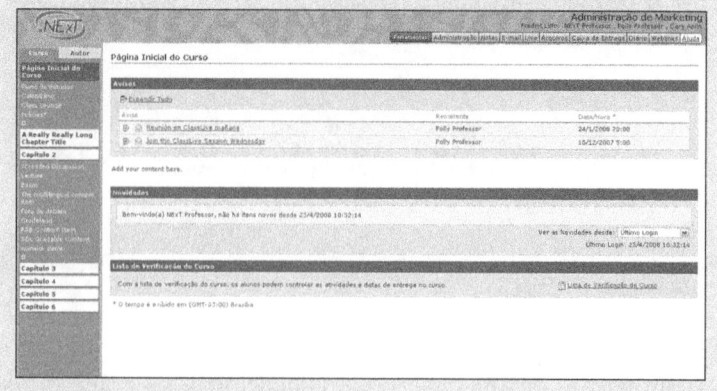

(continua)

Capítulo 7 | Design de conteúdos multimídia

| Tipo | Descrição |
|---|---|
| **Gráficos organizacionais**<br><br>Exemplos: mapa de aulas de um curso, ilustrações passo a passo. | Mostram relações qualitativas entre fatos, conceitos e princípios e orientam o aluno em uma estrutura e seqüência de conteúdo. São usados em manuais e textos de instrução direta para explicar procedimentos (por exemplo, como operar um eletrodoméstico), atributos (por exemplo, as características de um novo modelo de automóvel) e conceitos (por exemplo, o que é um *tsunami*). 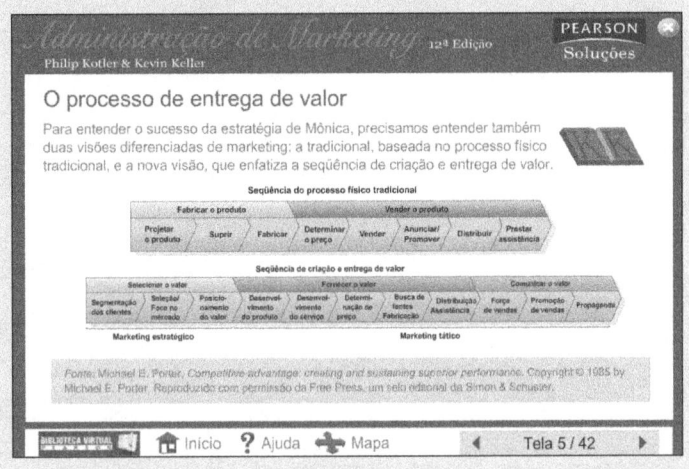<br><br>Fonte: Material multimídia baseado no livro KOTLER, Philip; KELLER, Kevin. *Administração de marketing*, 12. ed. São Paulo: Pearson Prentice Hall, 2006. |
| **Gráficos relacionais**<br><br>Exemplos: gráficos de barra, gráficos de pizza. | Transformam informação numérica em informação visual exibindo relações quantitativas entre duas ou mais variáveis, sejam elas fatos, conceitos ou princípios. 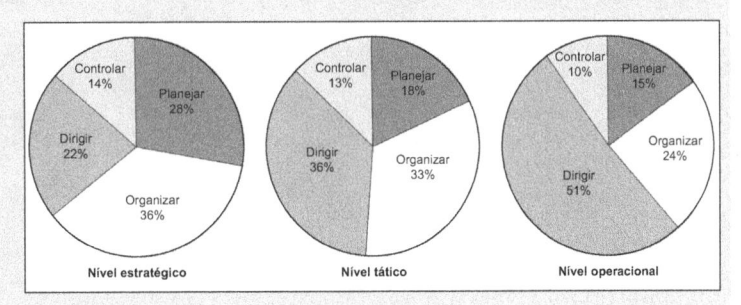<br><br>Fonte: SOBRAL, Filipe; PECI, Alketa. *Administração: teoria e prática no contexto brasileiro*. São Paulo: Pearson Prentice Hall, 2008, p. 9. |

(continua)

| Tipo | Descrição |
|---|---|
| **Gráficos transformacionais**<br><br>Exemplos: animação do ciclo da água, vídeo sobre como operar um equipamento, linha do tempo. | Mostram mudanças em procedimentos, processos e princípios ao longo do tempo ou espaço, comunicando movimento. Em geral, são usados em combinação com ilustrações.<br><br>Formação — Segunda Guerra Mundial (1939-1945); *The science of learning and the art of teaching* (Skinner, 1954)<br><br>Modernização — Modelos de DI (Gagné e Briggs; Dick e Carey); *Educational Psychology* (Ausubel, 1968)<br><br>Consolidação — A formatação social da mente (Vygostsky, 1987); Cognição situada (Suchman, 1987)<br><br>Reestruturação e inovação — E-learning (Rosenberg, 2000); Objetos de aprendizagem (Wiley, 2002)<br><br>1940 — 1950 — 1960 — 1970 — 1980 — 1990 — 2000 — 2010<br><br>Taxonomia de objetivos de aprendizagem (Bloom, 1956); *The conditions of learning* (Gagné, 1965); *Instructional design theories – vol. I* (Reigeluth, 1980); Andragogia (Knowles, 1980); Linguagem Logo (Papert, 1985); *Instructional design theories – vol. II* (Reigeluth, 1999); Learning design (Koper e Tattersall, 2004) |
| **Gráficos interpretativos**<br><br>Exemplos: diagrama esquemático de equipamentos, animação de processos complexos, imagem comparativas, por exemplo, mostrando um analogia entre o coração e uma bomba d'água. | Permitem entendimento de conceitos, processos ou princípios abstratos, invisíveis ou ambos. Não precisam incluir necessariamente simulações ou complexos recursos de superfície.<br><br>Fonte: Material multimídia baseado no livro KOTLER, Philip; KELLER, Kevin. *Administração de marketing*, 12. ed. São Paulo: Pearson Prentice Hall, 2006. |

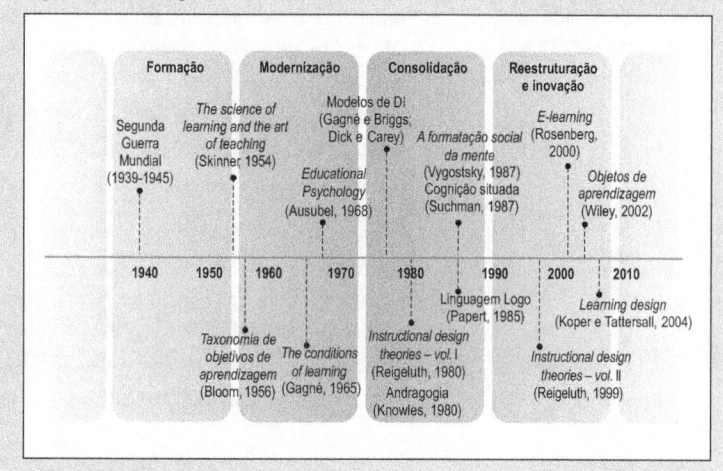

## Funções psicológicas dos gráficos

Os gráficos também podem contribuir diretamente para os eventos de aprendizagem, como mostra o Quadro 7.3.

**Quadro 7.3** Uso de gráficos nos eventos de aprendizagem

| Evento | Utilização | Exemplos |
|---|---|---|
| Apoiar a motivação | Gráficos que tornam o material interessante e, ao mesmo tempo, não sobrecarregam a aprendizagem. | Um gráfico que torne óbvia a relevância de determinadas habilidades para o trabalho.<br><br>Um gráfico que deixe clara a estrutura do material. |
| Ativar ou construir conhecimento prévio | Gráficos que evocam modelos mentais existentes ou oferecem um panorama do conteúdo para a aquisição de novas informações. | Um gráfico que mostra a analogia visual entre o novo conteúdo e conteúdos antigos.<br><br>Visão geral gráfica de um novo conteúdo. |
| Apoiar a atenção | Gráficos que direcionam a atenção para elementos importantes e minimizam a divisão da atenção. | Seta apontando para uma parte relevante na tela.<br><br>Posicionamento do gráfico próximo ao texto que o descreve. |
| Minimizar a carga cognitiva | Gráficos que reduzem a atividade mental extra imposta sobre a memória de trabalho durante a aprendizagem. | Apresentação de desenho à mão detalhado ao lado de fotografia realística.<br><br>Exibição de gráficos relevantes ao conteúdo tratado em lugar de ilustrações meramente decorativas. |
| Construir modelos mentais | Gráficos que ajudam os alunos a construir novas memórias. | Um diagrama esquemático para ilustrar como os equipamentos funcionam.<br><br>Uma simulação visual de como os genes são transmitidos de uma geração para outra. |
| Apoiar a transferência da aprendizagem | Gráficos que incorporam recursos-chave do ambiente de trabalho.<br><br>Gráficos que promovem entendimento mais aprofundado. | Simulação com telas de um software reproduzindo o funcionamento do sistema.<br><br>Uso de simulação visual para construir um modelo mental de causa e efeito. |

## Quem é o responsável pelo design de conteúdos multimídia?

O especialista em conteúdo — *subject matter expert* (SME), também chamado agregador de conteúdos ou conteudista — desempenha, ao lado do designer instrucional, papel fundamental no projeto do curso, pois pesquisa, seleciona e organiza as informações pertinentes ao tema central da ação de aprendizagem específica.

Dependendo do contexto institucional, os especialistas em conteúdo serão professores responsáveis por determinadas cadeiras, pesquisadores acadêmicos ou profissionais especializados no assunto do curso.

Em linhas gerais, esse especialista é o responsável técnico pela exatidão das informações contidas no curso. Isso quer dizer que é ele quem assina e dá a última palavra em termos da estrutura dos conteúdos, dos autores e fontes de conhecimento que devem ser referenciados e do formato das atividades propostas. No entanto, eles geralmente têm muitas outras atribuições institucionais que precisam ser levadas em consideração na estimativa de prazos e nas rodadas de validação.

O relacionamento entre o designer instrucional e o especialista em conteúdo varia de complementar a colaborativo, mas, em alguns casos, pode ser conflituoso, principalmente no que tange a decisões sobre linguagem empregada e derivação de conteúdos multimídia a partir dos materiais produzidos originalmente pelo especialista.

Como veremos no Capítulo 8, cabe ao designer instrucional especificar que tipo de informações verbais e não-verbais devem fazer parte dos conteúdos do aprendizado eletrônico. Na fase de desenvolvimento, cada especialista exercerá suas competências em mídia para produzir os artefatos especificados.

Seja como for, é o designer instrucional quem faz a ponte entre o especialista em conteúdo e a equipe de mídia (ilustradores, webdesigners, programadores, roteiristas, locutores, atores), assegurando que os *inputs* do especialista sejam preservados ao longo do processo de desenvolvimento.

Vale lembrar que ilustrações, animações, filmagens e locuções devem sempre ser validadas pelo especialista em conteúdo em versões mais adiantadas ou finais.

# 8 Design da interface humano–computador

> Toda prática pedagógica/andragógica intencional possui um design instrucional subjacente. No aprendizado eletrônico, o design de interface traz à tona as funções internas do design instrucional, não apenas as exprimindo visualmente, mas também as traduzindo em modalidades cognitivas (mediante linguagens, hipertextos, metáforas, mapas conceituais, realidade virtual) e sensoriais (por meio de cores, formas, texturas, sons).
>
> Para o designer instrucional, é fundamental conhecer as possibilidades e as limitações da interface, já que toda a interação do aluno com conteúdos, ferramentas e outras pessoas se dá a partir de sua interação com ela.
>
> Neste capítulo, tratamos do conceito e da evolução da interface, destacando os princípios da percepção visual formulados pela Gestalt e enfatizando as dimensões textual, gráfica, social, semântica e inteligente.

## O que é interface

Segundo o Dicionário Houaiss, interface é o "elemento que proporciona uma ligação física ou lógica entre dois sistemas ou partes de um sistema que não poderiam ser conectados diretamente". Já para Steven Johnson, "a interface atua como uma espécie de tradutor, mediando entre duas partes, tornando uma sensível para a outra".

A interface humano–computador é, portanto, o elemento de ligação entre os seres humanos, que pensam por meio de palavras, conceitos, imagens, sons e associações, e o computador, que 'pensa' por meio de minúsculos pulsos de eletricidade, representando um estado ligado (0) ou desligado (1).

De fato, o único acesso do ser humano ao universo computacional de zeros e uns se dá por meio da interface do computador.

## Evolução da interface

A interface humano–computador não é um conceito estático. Pelo contrário, ele vem passando por uma evolução ao longo do tempo, como mostra a Figura 8.1.

**Figura 8.1** Evolução da interface computacional

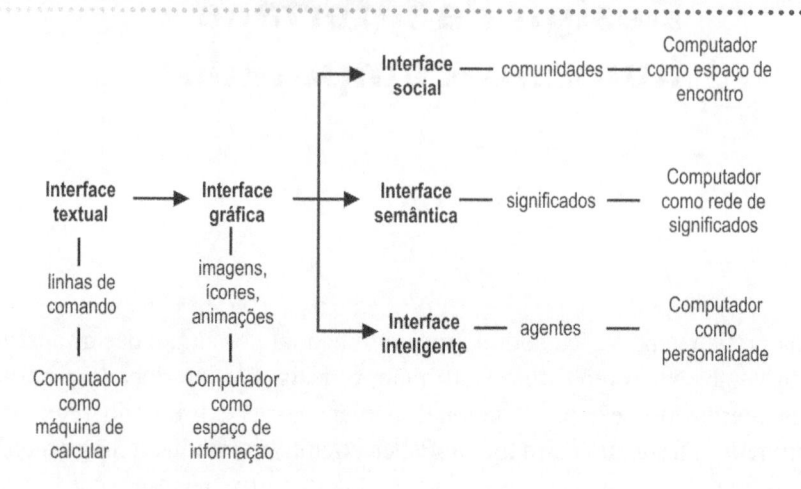

```
                                    ┌─ Interface ── comunidades ── Computador
                                    │   social                     como espaço de
                                    │                              encontro
                                    │
Interface ──→ Interface ────────────┼─ Interface ── significados ── Computador
textual       gráfica               │   semântica                   como rede de
  │             │                   │                               significados
linhas de    imagens,               │
comando      ícones,                └─ Interface ── agentes ────── Computador
  │          animações                  inteligente                como
  │             │                                                  personalidade
Computador   Computador
como         como
máquina de   espaço de
calcular     informação
```

Assim, das primitivas *interfaces textuais*, em que as entradas do usuário eram (e continuam sendo) digitadas via teclado, passamos às *interfaces gráficas*, baseadas em ícones e metáforas visuais, cuja interação homem–máquina se dá a partir de cliques no mouse ou dispositivos afins, com *feedback* imediato, em tempo real.

Com a proliferação das tecnologias colaborativas, hoje temos cada vez mais desenvolvidas as *interfaces sociais*, que possibilitam ao computador ser visto como um espaço de encontro entre as pessoas, e as *interfaces semânticas*, que permitem a organização, o armazenamento, a pesquisa e a recuperação das informações não mais a partir de sua localização espacial, mas sim de seus significados.

Já no horizonte próximo teremos as *interfaces inteligentes*, as quais permitirão que as máquinas assumam temperamento, aparência e aptidão para aprender com os próprios usuários.

Diante das diferentes características das interfaces, ao planejar a interface do aprendizado eletrônico, devemos ter em mente primeiro como o aluno percebe a interface e, depois, como ele a manipula.

Para isso, é importante conhecermos alguns princípios da Gestalt — escola de psicologia desenvolvida na década de 1920 com o objetivo principal de estudar a percepção humana, em especial a percepção visual.

## Princípios da Gestalt aplicados à interface humano–computador

Quando olhamos para uma paisagem, uma página impressa ou uma tela de computador, temos a tendência natural de organizar o que vemos. Assim, no nível perceptivo, os vários elementos que compõem o campo visual acabam organizando-se, definindo estruturas, resolvendo ambigüidades e impondo conexões.

Ao propor uma interface para o aprendizado eletrônico, estamos, na realidade, criando relações espaciais para orientar o aluno a ver os objetos em determinada seqüência ou estrutura.

Uma das principais contribuições da Gestalt para o design da interface humano–computador é que ela nos trouxe a noção de que nossa percepção é fortemente influenciada por nossos conhecimentos anteriores e é determinada não apenas pelas propriedades de suas partes individuais, mas também por sua organização. Ou seja, percebemos estímulos visuais segundo alguns princípios, que veremos nas próximas seções.

## Princípio da proximidade

Tendemos a agrupar as coisas que estão mais próximas no espaço, de modo que elementos que parecem estar em uma linha visual contínua tendem a ser agrupados.

Como exemplo, observe os elementos a seguir. Embora eles tenham o mesmo número de círculos, tendemos a perceber em linhas os círculos dispostos no conjunto da esquerda e em colunas os dispostos no conjunto da direita.

Assim, ao observar o visual de uma tela, nossa mente trabalha aproximando os elementos, a fim de garantir a compreensão do que está sendo percebido.

## Princípio do fechamento

As pessoas tendem a continuar as linhas que vêem, a emendá-las, ignorando os espaços vazios. Veja, por exemplo, os elementos a seguir. Ao observá-los, percebemos formas de círculos e triângulos, embora eles não estejam sendo de fato apresentados.

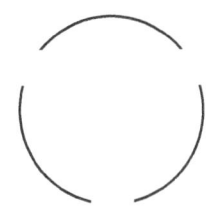

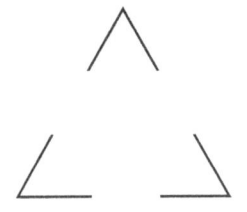

Isso significa que, quando compomos uma imagem visual incompleta, deixamos algum trabalho para a imaginação do observador, que tende a considerar a imagem mais interessante do que se estivesse totalmente concluída. Dessa forma, podemos utilizar o princípio do fechamento para chamar mais a atenção a determinado conteúdo, propondo que o observador efetue operações mentais para completar as imagens visuais propostas.

## Princípio da segregação figura–fundo

Segundo o princípio da segregação figura–fundo, uma parte de um estímulo é dominante por apresentar padrões significativos (a *figura*), enquanto outras partes, mais difusas, recuam ao *fundo*.

Assim, para que uma imagem seja percebida, precisa estar destacada do seu fundo, como no caso da figura a seguir.

De fato, quando não há separação entre figura e fundo, estímulos visuais conflitantes podem dividir a atenção do observador, tornando uma das imagens indistinta à sua percepção e levando à perda da segregação figura–fundo. Um exemplo clássico dessa perda é mostrado a seguir.

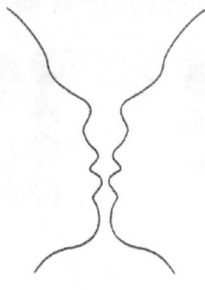

### Princípio da similaridade

Tendemos a agrupar mentalmente itens que apresentam algum tipo de similaridade. Observe a figura a seguir. Parece haver um triângulo dentro do quadrado, embora, na verdade, nos seja apresentada uma série de círculos.

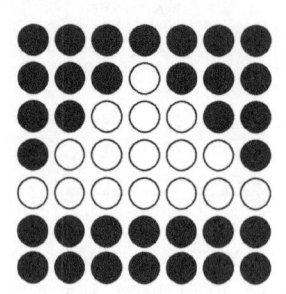

### Princípio da simplicidade

Tendemos a reduzir a realidade à sua forma mais simples. Por exemplo, percebemos a figura a seguir como um quadrado sobreposto a um triângulo, e não como uma combinação de várias formas complexas.

## Princípio das representações

O ambiente em que vivemos nos apresenta uma série de símbolos, que são, na verdade, representações de objetos ou situações arbitrariamente definidas. Por exemplo, concordamos com a convenção de que o símbolo $ representa dinheiro ou um valor monetário. Da mesma forma, aceitamos tacitamente que a cor vermelha significa 'pare'.

Como membros de uma sociedade, aprendemos a concordar com símbolos compartilhados. Para nós, o significado de uma situação ou objeto é determinado também pela interpretação dos símbolos presentes no ambiente.

Esse princípio aproxima-se muito da *semiótica*, segundo a qual o mundo, da forma que o conhecemos, é completamente codificado por palavras, desenhos, marcas, sinais e o que percebemos como realidade é, na verdade, um conjunto de códigos universais, culturais e pessoais.

## Interfaces

Como acabamos de ver, a interface projetada para o aprendizado eletrônico está sujeita a princípios de percepção visual que devem ser considerados no design da solução educacional. Tendo esses princípios em mente, vejamos agora os elementos da interface textual e gráfica, que dominam boa parte da interface instrucional, bem como das interfaces social, semântica e inteligente.

### Interface textual

No início, a interface computacional se baseava exclusivamente em texto — texto de entrada inserido pelo teclado e texto de saída transportado para a impressora ou para o monitor. Da mesma forma, todas as linguagens importantes que governavam a relação entre computador e usuário eram baseadas em texto: Basic, Cobol, DOS.

Hoje, apesar da crença de que uma boa interface extermina o texto, este permanece amplamente presente, com palavras no conteúdo dos documentos, em processadores de texto, em softwares de apresentação e em configuradores de página.

Solicitações de busca, por exemplo, compõem uma ferramenta de navegação essencial e seriam completamente inviáveis sem texto, pelo menos no atual estágio de desenvolvimento da interface para o usuário final (veja a Figura 8.2a). Até a mais radical interface gráfica recorre a textos para descrever comandos e nomear ícones (veja a Figura 8.2b).

#### Texto

Tamanha é a presença do texto na interface de computadores e, mais especificamente, na interface do aprendizado eletrônico que alguns princípios gerais de redação e legibilidade precisam ser considerados.

**Figura 8.2** Exemplos de texto em interfaces gráficas

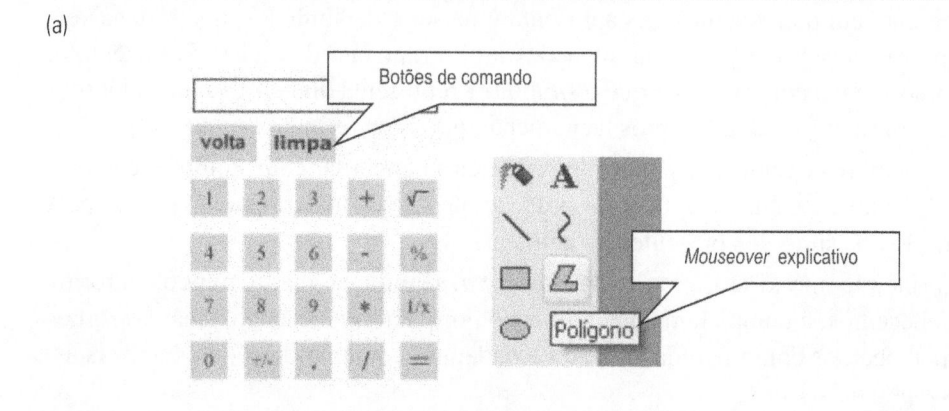

(a)

Botões de comando

Mouseover explicativo

(b)

Caixa de busca textual

## Elaboração de textos

Escrever para o meio eletrônico (multimídia e Web) é diferente de escrever para o meio impresso. Isso porque a leitura de um texto na tela do computador é aproximadamente 25 por cento mais lenta que a leitura em papel. Além disso, as pessoas não gostam de rolar a tela e, em um mundo altamente conectado, cada clique ou movimento do mouse que puder ser evitado é uma contribuição para a saúde de tendões e juntas.

Assim, no aprendizado eletrônico, os textos devem ser enxutos, sucintos, objetivos. Textos longos devem ser quebrados em parágrafos breves; subtítulos e listas devem ser numerados ou conter marcadores; e palavras-chave devem ser destacadas com recursos de formatação ou cores.

Esses cuidados com a redação são válidos não apenas para as telas de apresentação de conteúdos multimídia, mas também para os diferentes tipos de texto que circulam no aprendizado eletrônico, como avisos, correio eletrônico, bate-papo público ou privado, listas de distribuição, fóruns de discussão, entrevistas, teleconferências, *blogs*, textos colaborativos, FAQs (*frequently asked questions* — ou perguntas mais freqüentes), *feedbacks* a ações navegacionais, orientações e *feedbacks* pedagógicos/andragógicos relacionados a atividades realizadas pelos alunos e comentários em portfólios.

No Capítulo 9, tratamos mais detalhadamente da comunicação instrucional, ao passo que, no Capítulo 11, abordamos a elaboração de questões fechadas e abertas, assim como a preparação de *feedback* para o aluno.

## Legibilidade

Legibilidade é o atributo de um texto que, resultante da escolha de elementos como a família tipográfica, o corpo (o tamanho da letra) e o espaçamento, afeta a velocidade de leitura.

Possivelmente, o elemento que mais interfere na legibilidade é a tipologia, que se refere à coleção de caracteres tipográficos utilizados em um projeto visual. De fato, as letras representam graficamente um fonema ou um grupo de fonemas, e os tipos são sinais gráficos obtidos por meio de qualquer processo de composição — tipográfica, fotocomposição, editoração eletrônica.

Hoje, há amplo leque de opções de tipos disponíveis para seleção, e alguns detalhes fazem toda a diferença. Por exemplo, nos materiais impressos, a *serifa* — haste perpendicular que termina os principais traços de algumas letras — facilita a leitura, pois ajuda a aglutinar as letras em palavras. No design digital, todavia, ela é inadequada. Isso porque, na baixa resolução dos monitores, as serifas dificultam o reconhecimento das letras e, conseqüentemente, prejudicam a legibilidade (veja a Figura 8.3).

Textos em **negrito** chamam a atenção do leitor, como se fossem falados em um tom levemente mais alto. No entanto, como retardam a leitura e fazem com que as palavras se destaquem, devem ser usados com cuidado. O negrito funciona também como uma espécie de afirmação e deve ser aplicado a palavras ou expressões isoladas em uma frase. Uma frase inteira em negrito acaba soando como ordem, enquanto um parágrafo ou texto inteiro em negrito perde seu valor retórico.

Nos textos em *itálico*, o eixo inclinado das letras implica mudança na velocidade da leitura e no tom de voz. Em geral, o itálico é usado para palavras ou expressões estrangeiras ou quando se quer conferir um tom irônico a uma palavra dentro de uma frase. Em algumas edições impressas, como esta, prefere-se chamar a atenção para termos importantes por meio de itálico, em vez de negrito.

É interessante notar também que, enquanto as letras minúsculas facilitam a leitura em blocos de palavras, um texto COM TODAS AS LETRAS MAIÚSCULAS faz com que tenhamos de identificar as palavras letra a letra, reduzindo drasticamente a velocidade de leitura. Por essa razão, esse recurso deve ser usado apenas em situações de muita ênfase, como títulos e chamadas. Na comunicação digital, equivale a um grito.

**FIGURA 8.3** Tipos (a) com serifa e (b) sem serifa

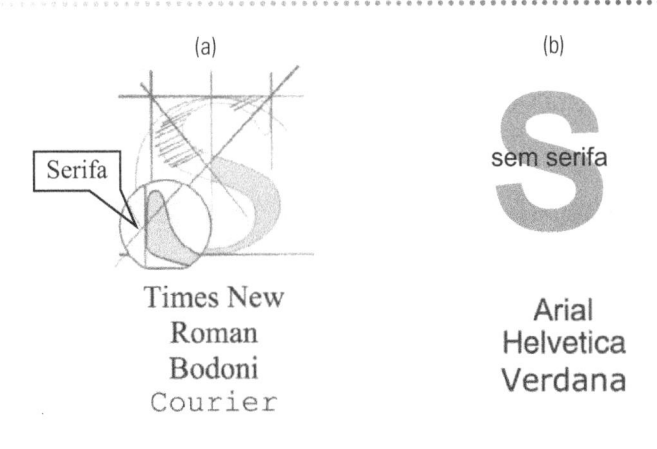

(a) Serifa

Times New Roman
Bodoni
Courier

(b) sem serifa

Arial
Helvetica
Verdana

A cor é outro recurso muito importante em um texto. Dependendo de sua posição e de seu contraste com o restante do texto, uma pequena palavra colorida pode chamar mais atenção que o negrito ou até mesmo um texto inteiro. No design de interface, os textos coloridos devem ser usados com cuidado e de forma bastante explícita, já que também podem representar links de hipertexto.

Esse também é o caso do <u>sublinhado</u>. Em materiais digitais, o sublinhado deve ser reservado para indicação de hiperlinks. Com isso, o usuário é poupado de ter de experimentar todos os textos sublinhados para checar se há algum hiperlink neles embutidos.

**Em termos de combinação de estilos,** quando mais de três famílias são misturadas, **o resultado em geral é ruim.** A mesma regra vale para cores, efeitos especiais, caixas, sombras, setas e outros elementos. Não devemos, contudo, confundir simplicidade com pobreza. Em vez disso, devemos ter em mente o que diz a escola de Bauhaus: "Menos é mais".

No que tange ao alinhamento de textos, convém as seguintes observações:

> Um texto pode estar alinhado à esquerda, que é o ponto de partida do qual começamos a ler (pelo menos no Ocidente). Nossos olhos marcam uma margem, lêem uma linha inteira de texto e pulam para a linha de baixo.

> Textos centralizados costumam ser estáticos. Esse recurso não deve ser usado em textos corridos porque os olhos do leitor não saberão onde começa a linha, já que lhes faltará uma margem na qual se apoiar. Combinado a outros recursos (maiúsculas, negrito, cores), pode ser usado em títulos.

> Alinhar um texto à direita é uma solução de contraste bastante radical e costuma chamar muito a atenção. Esse recurso pode ser usado em legendas de figuras ou em breves explicações. Em textos longos, gera tanta dificuldade de leitura quanto o alinhamento centralizado, pois não existe referência de onde começa a linha.

> Textos alinhados nas margens esquerda e direita são chamados justificados ou blocados, e neles todas as linhas têm exatamente a mesma largura. São muito usados quando se quer obter uma aparência clássica.

A justificação de parágrafos não deve ser aplicada no caso de colunas muito estreitas, pois podem criar 'rios' de espaços em branco entre as palavras, dificultando a leitura.

A hifenização de palavras ao final das linhas ajuda a evitar os espaços em branco no caso de textos justificados ou dispostos em colunas. No entanto, é um recurso que deve ser utilizado com moderação: não mais que três linhas seguidas ou em um parágrafo devem terminar com hifens. Textos alinhados à esquerda ou centralizados não devem ser hifenizados, pelo contrário, deve-se manter a disposição natural das palavras.

*Hipertexto*

A história do hipertexto remonta a 1945, quando Vannevar Bush, renomado físico e matemático, publicou um ensaio intitulado *As we may think*, que expunha as funções do Memex, uma máquina capaz de armazenar e administrar todo o volume de informações então disponíveis no mundo. A cunhagem do termo, entretanto, só veio na década de 1960, quando Theodore Nelson usou a palavra hipertexto para definir a nova tecnologia de escrita não seqüencial que permitia ao leitor acessar informações interconectadas na tela de um computador a partir de vários caminhos, em tempo real.

Nas décadas seguintes, o desenvolvimento de múltiplas janelas de trabalho na tela do computador, a criação do mouse como dispositivo de manipulação de ícones e as conexões associativas (links) dentro de documentos e entre documentos de autoria diversa formaram o pano de fundo para a difusão de novas formas de organização e processamento do conhecimento, com destaque para a convergência de diferentes mídias (multimídia) e a não-linearidade no percurso exploratório. Com essas mudanças, o hipertexto se popularizou e se solidificou definitivamente.

Um dos grandes atrativos do hipertexto é o fato de ele apoiar um método natural de processamento da informação, que, ao tratar a informação por associação de idéias em vez de linearmente, assemelha-se muito ao funcionamento da mente humana.

De fato, um hipertexto é formado por links — elos ou vínculos que consistem em uma maneira de traçar conexões entre coisas, de forjar relações de significado, e que podem ser vistos como uma maneira de unir múltiplos elementos em uma mesma unidade ordenada. Os links repousam sobre o hipertexto encadeando textos escritos a outros textos ou mídias (sons, fotos, vídeos, ilustrações animadas), dando ao usuário o poder de mover-se entre estruturas de informação não de modo seqüencial, mas 'saltando' entre os vários tipos de dados de que necessita.

Assim, ao ampliar o conceito de texto para abrigar sons, imagens, movimentos e símbolos, além de signos escritos, podemos falar em hipermídia, e é nesse ponto que a interface passa a ser não somente textual, mas também gráfica.

## Interface gráfica

Com a interface gráfica com o usuário (GUI — *graphical user interface*), baseada em ícones e metáforas visuais, o texto perdeu seu *status*, e a capacidade de auto-representação dos computadores passou a assumir, em grande parte das vezes, a forma de metáforas. Um exemplo dos mais óbvios é o da pasta de arquivos residente na mesa de trabalho virtual (*desktop*).

Contudo, mais do que o uso de imagens para representar conceitos ou operações, foi a possibilidade de o usuário manipular diretamente as metáforas por meio de um dispositivo como o mouse e obter *feedback* visual e imediato à sua manipulação que se revelou o verdadeiro salto evolucionário na relação entre os seres humanos e as máquinas.

### Ícones e botões

Ícones, botões e pequenas ilustrações devem ser incluídos na interface apenas quando facilitarem a comunicação. De fato, o uso de acessórios dificulta a leitura e torna a interface mais lenta e confusa. Se os ícones não forem facilmente inteligíveis, é melhor não forçar a metáfora. Nesse caso, uma boa alternativa é trocá-los por texto, que devem ser apresentados em uma família de letras diferenciada.

Por outro lado, um ícone simples, sintético e claro funciona melhor que um amontoado de palavras. Símbolos elaborados são muito difíceis de fazer, porém são duradouros. A sinalização de trânsito é um exemplo do uso de cores, formas, imagens e texto para comunicar mensagens de forma rápida e eficiente.

### Janelas e quadros

As janelas constituem uma ferramenta para ver o espaço da informação de maneira mais fluida. Além de possibilitar a visualização de dois ou mais documentos ao mesmo tempo, elas permitem *alternar* esses documentos — que muitas vezes representam modos de pensar e trabalhar diferentes — com um único clique do mouse.

Nesse sentido, as janelas nos possibilitam aplicar ao mundo digital o nosso estado fragmentário natural, que é o da multitarefa — tomamos café-da-manhã enquanto lemos o jornal e, ao mesmo tempo, escutamos as notícias do rádio, mas sem tirar os olhos das crianças que estão se vestindo para ir à escola.

É importante assinalar que a interface contemporânea gerou subjanelas ainda mais fragmentadas. Chamadas *frames* ou quadros, essas subjanelas constituem imagens dentro de imagens, janelas que se abrem para mais de uma vista, abrindo oportunidade para a visualização de documentos diferentes.

### Imagens

Como vimos no Capítulo 7, os gráficos desempenham papel importante no aprendizado eletrônico. No entanto, no design de interface, devemos considerar que ilustrações e fotografias podem retardar a exibição das telas. Assim, apresentar as imagens na forma de caixas *pop ups* que são abertas pelo clique do aluno é uma alternativa para não sobrecarregar a tela principal.

A especificação de imagens para o aprendizado eletrônico é uma tarefa do designer instrucional e deve ser levada a cabo na fase de design. Como vimos no Capítulo 6, essa tarefa consiste em descrever detalhadamente no *storyboard* que tipo de imagem é adequado para determinado espaço da interface.

Na fase de desenvolvimento, profissionais especializados seguirão a especificação do designer instrucional e construirão as imagens. Assim, um ilustrador confeccionará imagens à mão, enquanto um webdesigner criará imagens computadorizadas ou selecionará imagens digitais a partir de bancos de dados.

Além dos cuidados com o peso e a resolução das imagens, os direitos autorais devem ser observados, incluindo-se o crédito de autoria ou a cessão de uso de cada imagem em uma área separada.

## Animações

Uma animação pode ser definida como uma seqüência de imagens que, uma vez exibida, demonstra alterações de uma imagem para outra.

Imagens em movimento têm um efeito indiscutível sobre a visão periférica humana porque dominam nossa consciência. É extremamente difícil concentrar-nos em um texto na tela quando há uma imagem girando em um dos campos. Se um tema puder ser comunicado por um elemento gráfico não animado, é melhor não utilizar animação. Se a animação for a melhor solução, a repetição de um movimento nunca deve ser indefinida. Nesse caso, o ideal são apenas duas ou três rodadas.

A despeito dessa observação, uma das principais funções das animações é chamar a atenção. Um texto animado — deslizando da direita para a esquerda, por exemplo — pode chamar a atenção do aluno para determinado elemento dentre vários outros ou para informações atualizadas. Nesse caso, a animação não deve ser contínua, mas interrompida depois da primeira exibição para que o aluno leia o texto estático. Além disso, ao contrário das ilustrações, que são bidimensionais, as animações podem proporcionar aos alunos a visualização de estruturas espaciais tridimensionais.

Outro exemplo de bom emprego da animação é quando ela reproduz uma narrativa, exibindo uma seqüência de imagens que variam no tempo. Dessa forma, é possível ressaltar a transição entre estados diferentes, permitindo que o aluno acompanhe as alterações sem ter de usar o sistema cognitivo para deduzi-las, como ocorreria no caso da exibição de imagens estáticas. As animações também podem mostrar mudanças ao longo do tempo, como no caso da representação de fenômenos naturais ou de cenários artificiais.

De maneira geral, as animações transmitem uma idéia de sofisticação, ao demonstrar que houve muito trabalho de design por trás da solução projetada. No entanto, como elas competem com os parcos recursos cognitivos disponíveis na memória de curto prazo e podem consumir também importantes recursos computacionais, há que se pesar os prós e contras de sua utilização.

## Vídeos

O vídeo também pode ser definido como uma seqüência de imagens em movimento, mas se diferencia da animação no sentido de trabalhar com imagens reais.

Dadas as limitações de banda, o uso massificado do vídeo ainda é restrito no aprendizado eletrônico. Em geral, ele é um acessório para conteúdos multimídia fortemente baseados em texto, gráficos e animações.

Seja como for, a inclusão de vídeos na interface do aprendizado eletrônico pode representar vários benefícios, entre eles:

- **Apresentação da personalidade dos participantes:** segmentos de vídeo podem ser anexados a descrições de perfil de alunos e educadores nos modelos de aprendizado baseados em comunicação. Professores, especialistas e convidados especiais também podem gravar trechos com depoimentos, testemunhos e comentários, levando certo 'frescor' a conteúdos textuais mais impessoais.

- **Reprodução de seqüências de maneira realista:** seqüências de aparelhos, máquinas e equipamentos em funcionamento, bem como seqüências esportivas e protocolos de atendimento profissional, ganham autenticidade quando exibidas em vídeo.

Como a experiência na Web é altamente interativa e os alunos replicam essa experiência no aprendizado eletrônico, vídeos longos que exigem extensos períodos em frente à tela do computador devem ser evitados ou segmentados em sessões menores, que podem ser acessadas a partir de um menu de opções.

## Interface social

Com a explosão da Internet e da comunicação em rede, começaram a ocorrer transformações na interface direcionadas à formação e à manutenção de comunidades formadas por indivíduos e grupos.

Nessa nova interface social, novos recursos são necessários, por exemplo:

- Identificação e presença virtual, como é possível observar no ambiente virtual de aprendizagem Moodle.

- Espaços para comunicação síncrona* entre participantes registrados, como podemos observar na sala de bate-papo do ambiente virtual de aprendizagem Moodle.

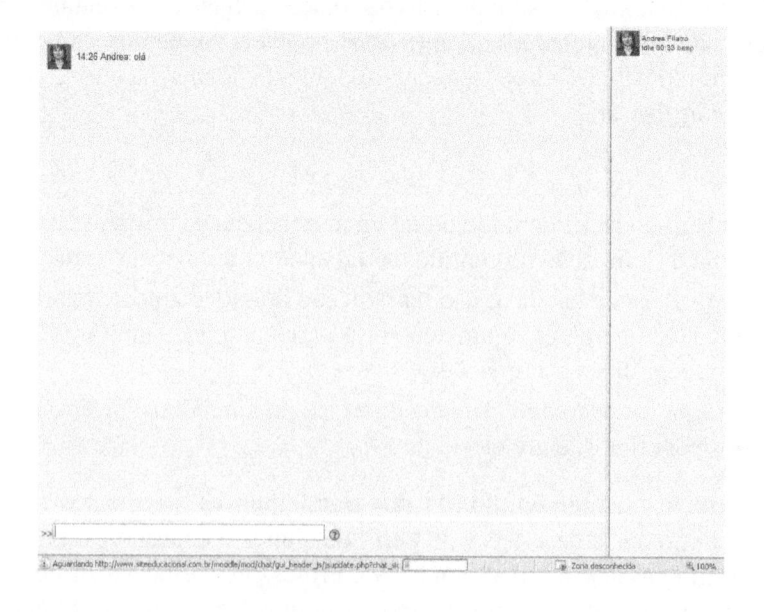

---

* Na comunicação síncrona, as mensagens emitidas por uma pessoa são imediatamente recebidas e respondidas pelas outras pessoas.

Capítulo 8 | Design da interface humano–computador 97

- Espaços virtuais para reuniões de trabalho síncronas, com recursos de áudio e vídeo e possibilidades de compartilhamento de documento.
- Espaços para comunicação assíncrona,* como as listas de distribuição e os fóruns de discussão.

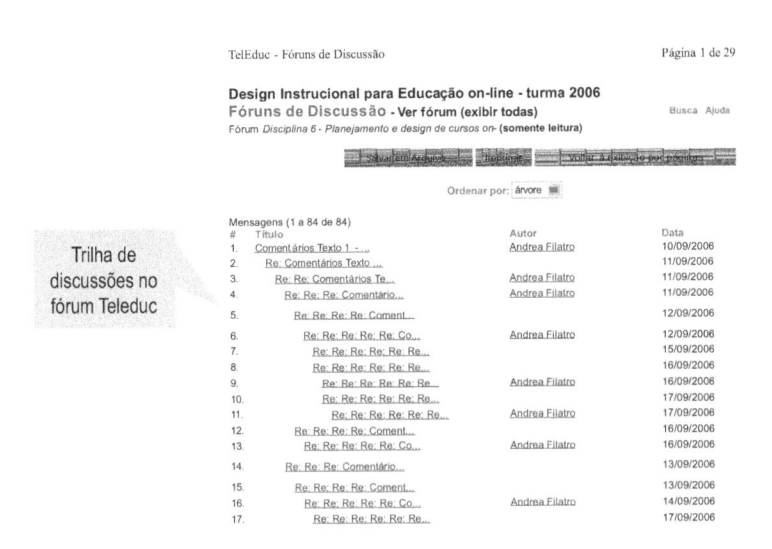

Trilha de discussões no fórum Teleduc

Fonte: Cortesia de Vani Moreira Kenski. Curso de especialização em design instrucional para educação on-line, Universidade Federal de Juiz de Fora/Site Educacional.

- Espaços colaborativos, como o Editor de Texto Coletivo (ETC) da Faculdade de Educação da UFRGS, que permite a escrita colaborativa.

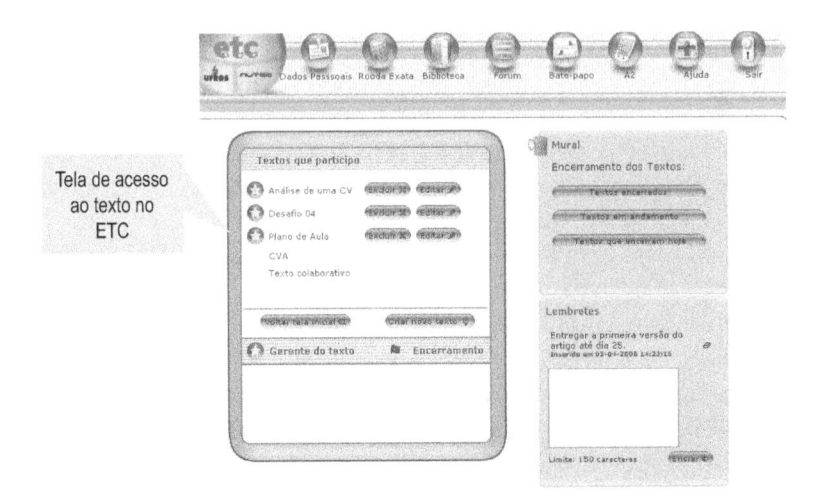

Tela de acesso ao texto no ETC

---

* Na comunicação assíncrona, as mensagens emitidas por uma pessoa são recebidas e respondidas mais tarde pelas outras pessoas.

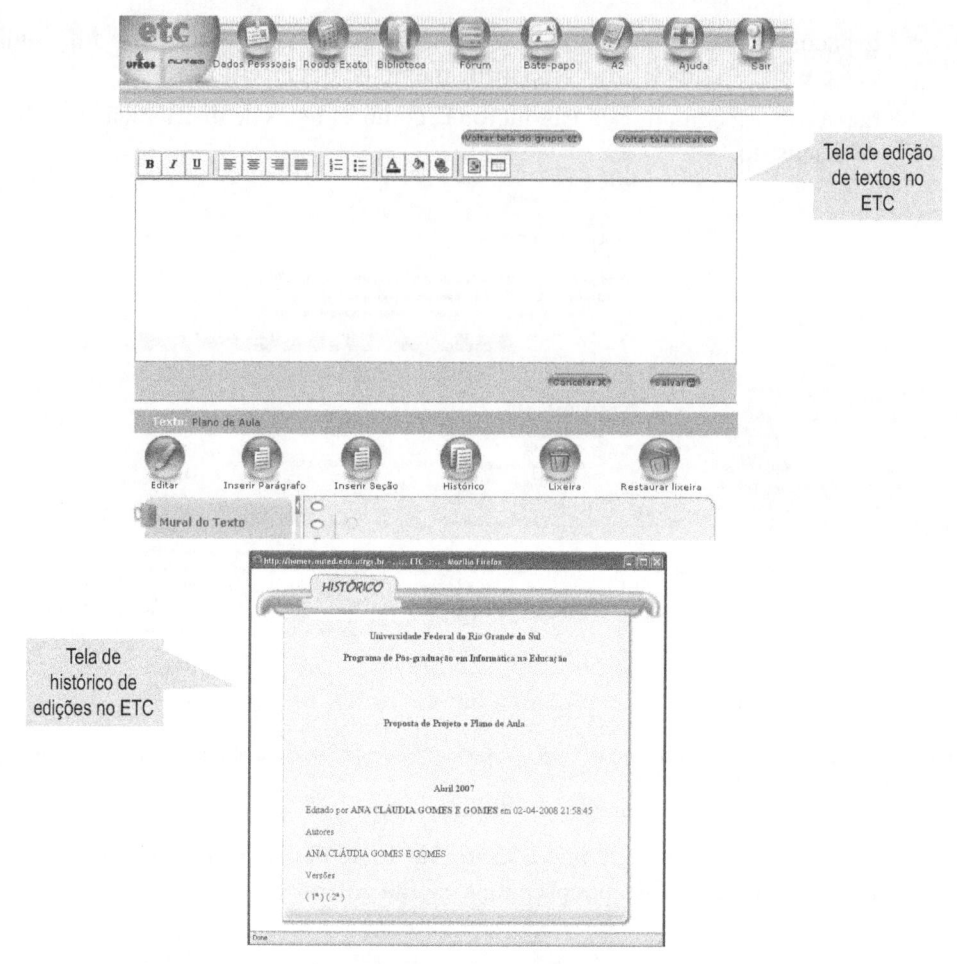

Fonte: Cortesia de Patricia Behar, Núcleo de Tecnologia Digital Aplicada à Educação da Universidade Federal do Rio Grande do Sul.

## Interface semântica

Diante da imensa quantidade de dados, informações e conhecimentos produzidos na Web, cresce a necessidade de localizar informações pontuais ou conjuntos de informações por seu significado, em vez de por sua localização espacial. É por isso que uma nova interface textual governada pela semântica (estudo dos significados) representa uma verdadeira evolução da interface.

De maneira geral, a interface semântica baseia-se no conceito de metadados para catalogação e busca. Os metadados contêm, entre outras informações, detalhes sobre autores, palavras-chave, assunto, versão, localização, regras de uso e propriedade intelectual, requisitos técnicos, tipo de mídia utilizada e nível de interatividade, permitindo buscas rápidas em bancos de dados chamados 'repositórios', que armazenam os objetos em si e os dados sobre esses objetos.

Para entender melhor como isso funciona, vejamos como são estruturadas as páginas Web atualmente. Tags (etiquetas) HTML ou XHTML fornecem dados sobre a estrutura superficial da página, informando que esta possui um cabeçalho (com um título e metadados, por exemplo) e um corpo com algum conteúdo estruturado gramaticamente em títulos, parágrafos, tabelas, imagens etc.

Por exemplo, a tag para um parágrafo é interpretada como uma seqüência de linhas que se referem a um tópico comum. Ela não informa se o conteúdo ali estruturado é uma poesia, uma história, um catálogo ou um curso. Essa ausência de detalhamento semântico não tem grandes implicações se o objetivo for que o parágrafo seja interpretado apenas por seres humanos, capazes de identificar o tipo de conteúdo apresentado no parágrafo. No entanto, as possibilidades de processamento e manipulação automáticos se restringem a tarefas como ordenar, formatar e exibir o parágrafo.

A interface semântica consiste em criar uma camada que permita o processamento avançado de conteúdos por meio da provisão de um grande número de dados sobre os recursos on-line. Dessa maneira, as páginas Web tornam-se 'compreensíveis' pelos computadores, de modo que eles possam ajudar os usuários a localizar informações relevantes, fazer inferências e cálculos a partir dessas informações e combinar informações de novas maneiras a fim de apoiar tarefas como autoria, planejamento, navegação, intercâmbio cultural e pesquisa.

Esta também é a idéia por trás dos objetos de aprendizagem, que, uma vez descritos por metadados, podem ser localizados e recuperados com base em seus significados. A Figura 8.4(a) mostra uma tela de busca avançada para a localização de objetos educacionais em um repositório. Observe que a Figura 8.4(b) reproduz as palavras-chave disponíveis atualmente no sistema, a partir das quais é possível obter acesso direto a objetos educacionais relacionados.

## Interface inteligente

A interface inteligente torna o computador mais semelhante a um indivíduo, com personalidade, temperamento, aparência física e aptidão para aprender. Isso é obtido por meio de *agentes inteligentes*, que manipulam diretamente a interface no lugar dos usuários.

O agente é uma ferramenta autônoma que age como representante do usuário, fazendo coisas para ele e por ele. E o agente nem sempre requer personificação — embora ele possa ser representado graficamente como um mordomo digital pronto a atender, um cachorro falante, um relatório textual ou um 'jornal personalizado', pode assumir a forma de navegador da Web, de caixa de diálogo ou de documento de texto. O que importa mesmo é o comportamento subjacente do agente, o fato de ele não se encaixar nas regras de manipulação direta que definem a interface gráfica contemporânea. Com o agente, o controle tátil e imediato da interface gráfica tradicional dá lugar a um sistema mais oblíquo, em que nossos comandos são filtrados por meio de nossos representantes.

De modo geral, podemos dizer que os agentes delegam ao computador autoridade para tomar decisões por nós. É essa nova autoridade — e não as representações gráficas ou animadas, como alguns podem pensar — que dota o agente inteligente de sua 'inteligência'. Como veremos nas próximas seções, é nesse sentido que Steven Johnson classifica os agentes em pessoais, viajantes e sociais.

**FIGURA 8.4** (a) Tela de consulta avançada e (b) palavras-chave existentes no repositório de objetos educacionais Cesta

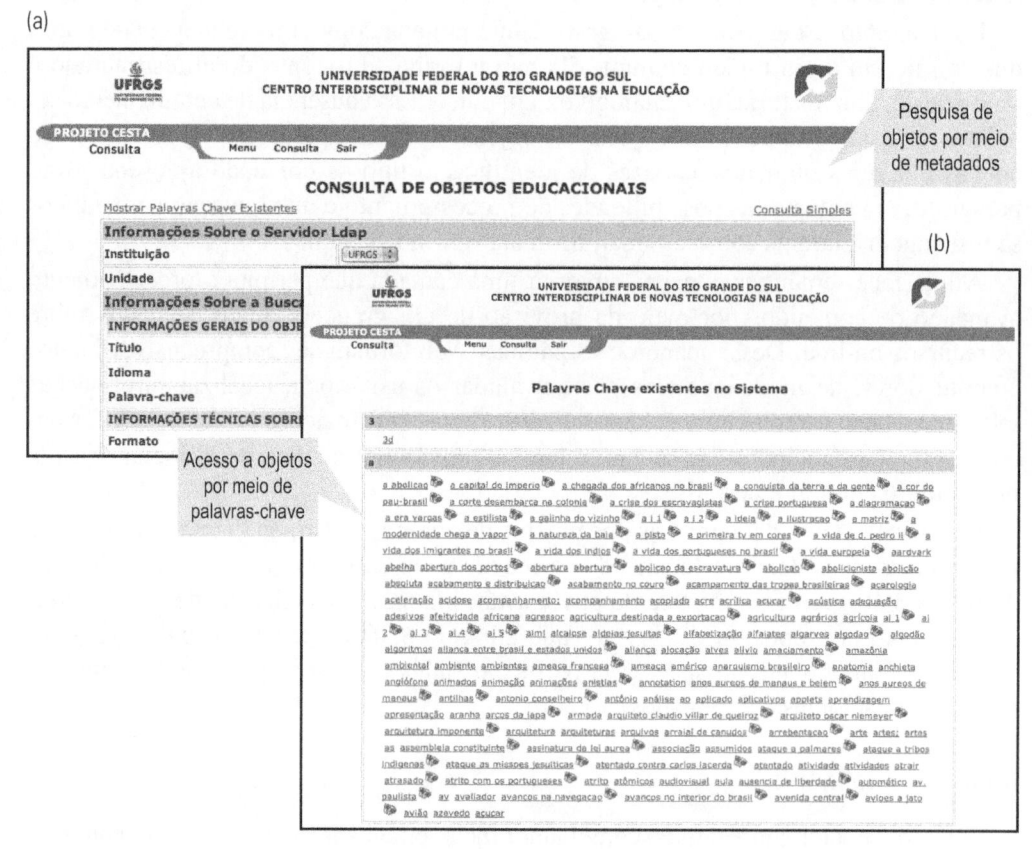

Fonte: Cortesia de Liane Tarouco. Projeto Cesta (Coletânea de Entidades de Suporte ao Uso de Tecnologia na Aprendizagem) do Cinted (Centro Interdisciplinar de Novas Tecnologias na Educação, Universidade Federal do Rio Grande do Sul).

### Agentes pessoais

Os agentes pessoais são instalados no disco rígido e lá permanecem, monitorando nosso comportamento e ajudando quando aparece uma oportunidade. Exemplos de ações realizadas pelos agentes pessoais são as regras para classificação e separação de e-mails, a execução periódica de antivírus, o esvaziamento da lixeira em intervalos regulares e o *backup* programado de nosso disco rígido.

No aprendizado eletrônico, alguns sistemas de gerenciamento da aprendizagem já oferecem opções de programação de regras. Por exemplo, a cada nova publicação de conteúdos ou mensagem postada no fórum, alguns agentes enviam notificações aos envolvidos.

### Agentes viajantes

Os agentes viajantes literalmente viajam pela Internet como nossos representantes em busca de informação, obedecendo a regras específicas e quantificáveis, como se fossem uma secretária pessoal ou um agente de pesquisas. Exemplos de ações realizadas pelos agentes viajantes são o monitoramento e o envio de notícias específicas em sites variados 24 horas por dia, as reservas de passagens aéreas e a venda de ações segundo condições preestabelecidas. Esse tipo de agente inteligente é conhecido também pelo nome de mídia *push*, ou seja, é a informação que vem até nós em contraposição àquela que nós mesmos obtemos, a qual é chamada mídia *pull*.

No aprendizado eletrônico, os agregadores de conteúdos (ou RSS — *Really Simple Syndication*) começam a ser incorporados a ambientes virtuais para permitir que informações de diferentes fontes sejam reunidas em uma interface personalizada e customizável.

*Agentes sociais*

Os agentes sociais compilam dados relevantes conversando com outros agentes, trocando experiências e contando histórias. Eles agem como uma filtragem colaborativa, baseados na idéia de que é provável que pessoas com alguns interesses em comum compartilhem também outros interesses. De maneira geral, os agentes procuram padrões entre milhares de entradas e, quando encontram correspondências ou padrões que se repetem, extrapolam esses elementos para um nível mais amplo.

O que torna o agente social poderoso é que ele se baseia em um circuito de *feedback*. Assim, cada *input* de um usuário permite ao sistema refinar-se e adaptar-se à nova informação conforme ela chega. Quanto mais informação houver no banco de dados, quanto maior o *feedback* dado pelo usuário, mais inteligente fica o agente. Essa organização de baixo para cima — ou seja, do usuário para o sistema — permite ao computador perceber relações que, de outro modo, poderiam escapar ao radar da percepção humana.

No aprendizado eletrônico, ajustes na proposta inicial de design instrucional a partir do resultado do desempenho dos alunos começam a tornar-se possíveis graças aos agentes sociais e à programação condicional de atividades de aprendizagem.

## Usabilidade

A usabilidade tem um papel importante no design de interface para o aprendizado eletrônico. Isso porque os alunos interagem com os conteúdos, as atividades, as ferramentas e as outras pessoas — enfim, com a proposta de design instrucional — apenas depois de assimilarem o projeto visual e navegacional do curso.

Por essa razão é interessante notar o fato de que existe um consenso entre os autores que tratam do tema usabilidade. Segundo eles, a interface deve ser simples e intuitiva a ponto de o computador ser considerado 'invisível'.

Nesse sentido, heurísticas de usabilidade apontam para diretrizes gerais que tornam as interfaces acessíveis, favorecedoras de interação e agradáveis aos usuários Web em geral. Entre essas heurísticas, podemos citar:

- **Visibilidade do *status* do sistema:** o sistema deve manter os usuários sempre informados sobre o que está acontecendo por meio de *feedback* apropriado, em um tempo razoável. É importante sempre evidenciar onde o usuário está, como ele chegou ali, como prosseguir a partir daquele ponto e quais são suas opções de saída. Um recurso de orientação são os mapas do site, que devem ser preparados nos mais diferentes formatos. Trilhas ou 'migalhas de pão' também ajudam o usuário a situar-se no sistema, como vimos na Figura 6.4.

- **Compatibilidade entre o sistema e o mundo real:** o sistema deve utilizar palavras, frases e conceitos familiares ao usuário, em vez de termos tecnológicos específicos.
- **Consistência e padrões:** o usuário não deve ter acesso a diferentes situações, palavras ou ações representando a mesma coisa. A consistência deve ser:
  - **Visual:** toda tela deve ter a mesma 'cara', o que significa consistência no formato, no corte, no efeito e na paleta de cores das imagens e dos elementos decorativos, tais como bordas, janelas, imagens e fundos.
  - **Mecânica:** deve ser mantida a mesma estrutura de navegação em termos de posição, estrutura e localização.
  - **Conceitual:** a mesma tônica precisa ser vista em todas as telas, que devem conter o mesmo estilo de linguagem e os mesmos significados atribuídos a cores, tamanhos e alinhamentos de títulos, textos e hiperlinks.
- **Reconhecimento em lugar de lembrança:** o usuário não deve ter de lembrar de informações ao passar de uma parte do software para outra. Instruções para uso devem estar visíveis ou facilmente acessíveis. Por essa razão, objetos e ícones devem ter aparência condizente com a sua função. Comandos escritos também podem ser uma boa solução para garantir a rápida compreensão.
- **Projeto minimalista e estético:** a interface não deve conter informações irrelevantes ou raramente necessárias. Toda unidade extra de informação compete com unidades relevantes e diminui sua visibilidade relativa. Quanto menos o usuário for distraído por informação desnecessária, maior a probabilidade de ele desempenhar suas atividades de forma eficiente e menor a probabilidade de erros.
- **Auxílio aos usuários no reconhecimento, diagnóstico e recuperação de erros:** erros são a principal fonte de frustração, ineficiência e ineficácia durante a utilização de um software. As interrupções provocadas por erros de processamento têm conseqüências negativas sobre o desempenho do usuário, o que prolonga e perturba a realização de suas atividades. É importante que as mensagens de erro sejam pertinentes, legíveis, redigidas em linguagem natural (sem códigos) e exatas quanto à natureza do erro cometido. É importante também que elas sugiram possíveis ações para a correção do erro, favorecendo o aprendizado sobre o uso do sistema ao indicar ao usuário a razão do erro e suas possíveis correções. Entretanto, naturalmente, melhor que boas mensagens de erro é prevenir a sua ocorrência.
- **Ajuda e documentação:** embora a melhor interface seja aquela que pode ser usada sem explicações adicionais, é necessário fornecer ajuda e documentação. Essas informações devem ser fáceis de encontrar. Além disso, precisam ser centradas na atividade do usuário, listar passos concretos a ser seguidos e não ser muito grandes. A ajuda deve estar sempre facilmente acessível on-line.

## Diretrizes para o design de interface no aprendizado eletrônico

Considerando as especificidades do aprendizado eletrônico, justificadas pela teoria da carga cognitiva que vimos no Capítulo 7, adaptamos as heurísticas de usabilidade presentes nos trabalhos de Jakob Nielsen, Donald Norman e Steve Krug para elencar as diretrizes do design de interface específicas para o aprendizado eletrônico. Essas diretrizes são:

1. **Use gráficos:** as interfaces devem incluir não somente palavras, mas uma combinação de palavras e imagens. No aprendizado eletrônico, os gráficos não devem constituir apenas ilustrações decorativas. Eles devem ser explicativos. (Veja no Quadro 7.2 as funções comunicacionais dos gráficos.)
2. **Mantenha próximos os itens relacionados:** em todas as telas do curso deve haver uma conexão explícita entre as informações relacionadas. A proximidade (também chamada contigüidade) é aplicada das seguintes formas:
    - O texto deve estar próximo ao gráfico relacionado (veja a Figura 7.2). E, para alcançar essa proximidade, é possível (1) posicionar o gráfico bem perto do texto em um tamanho menor, (2) posicionar cada pedaço do texto bem perto do pedaço do gráfico que ele explica e (3) usar caixas de texto *pop ups*.
    - Resultados e *feedbacks* devem aparecer na mesma tela da questão.
    - As informações de hiperlinks não devem cobrir a informação da tela inicial, mas sim levar a uma janela separada.
3. **Use áudio para descrever gráficos:** quando exeqüível, sempre que palavras e gráficos precisarem ser apresentados simultaneamente, deve-se usar narração oral, e não palavras impressas na tela.
4. **Ofereça apoio navegacional apropriado:** informações, bem como ações e escolhas possíveis, devem sempre estar visíveis e facilmente acessíveis ao usuário. A navegação pelo curso pode ser apoiada por um ou mais dos seguintes elementos:
    - **Mapa do curso:** representa a hierarquia do conteúdo do curso.
    - **Trilhas e migalhas de pão:** mostram o caminho percorrido pelo aluno até o momento da consulta.
    - **Elementos posicionais:** indicam possibilidades de avanço, retorno e saída e sinalizam onde o aluno está mostrando a porcentagem do curso que foi cumprida ou a numeração das telas, em especial no DI fixo.
    - **Caixas de texto pop ups:** oferecem informação adicional.
    - **Passeio guiado:** demonstram certos passos básicos da navegação pelo curso.
    - **Nomes de links descritivos:** indicam o conteúdo ao qual eles levam.
5. **Assegure a coerência:** coerência significa uniformidade na apresentação da informação, assim como nas possíveis ações realizadas pelo aluno durante o curso. No aprendizado eletrônico, a coerência aumenta quando os seguintes pontos são observados:

- **Coerência no design dos links ao longo do curso:** os links devem indicar de imediato sua propriedade de levar os alunos a outro ponto do curso.
- **Coerência na estrutura do design:** os elementos de apoio navegacional devem estar sempre no mesmo lugar.
- **Coerência na terminologia:** os termos devem ter sempre o mesmo significado.

6. **Apóie a interatividade:** o texto de cada tela deve ser relativamente curto e, se for necessário incluir mais informação, é preferível que esta esteja acessível por meio de links. Isso significa que a informação não é apresentada de maneira linear, mas que o aluno pode controlar seu acesso, processamento e apresentação. No aprendizado eletrônico, a interatividade pode ser assegurada por meio de:
   - Links no conteúdo principal, que levam a informações mais profundas ou complementares.
   - Links que levam à tela seguinte, de modo que textos mais longos sejam distribuídos em várias telas e acessados conforme interação do aluno via interface.

7. **Organize os links para criar um menu de curso efetivo:** um menu é um conjunto de opções exibidas na tela. A seleção e a execução de uma ou mais opções de um menu resulta em uma mudança no estado da interface. Algumas diretrizes para uso efetivo do menu de curso são:
   - **Classificação e níveis do menu:** os itens que constituem o menu geralmente são derivados da estrutura do curso e dos elementos de navegação. A seleção dos elementos do curso que constituem o menu e sua classificação dependem de critérios de seqüência, funcionalidade ou mesmo freqüência de uso — de fato, os elementos que são comuns em muitas partes do curso devem ser posicionados no menu em um nível superior.
   - **Posição do menu:** o menu deve estar visível e ser acessível de qualquer ponto da tela. Ele também deve estar posicionado de modo que, quando for aberto, não cubra nenhuma outra parte dele mesmo ou partes importantes da tela.
   - **Redução dos passos do usuário:** enquanto navegam pelos menus ou links, os alunos devem ser capazes de ter acesso à página desejada após dois ou três passos no máximo.

8. **Use linguagem acessível:** o ambiente de aprendizagem deve conter palavras e frases que os alunos possam compreender imediatamente. A terminologia usada, a linguagem e as representações visuais devem ser compatíveis com o contexto do aluno. O diálogo e as informações apresentadas não devem conter termos técnicos ligados à informática.

9. **Ofereça ajuda:** a ajuda apresenta ao aluno, de maneira simplificada, os diversos passos que devem ser seguidos toda vez que surge um problema — e, por isso mesmo, deve estar disponível o tempo todo no curso. Os alunos devem ser capazes de encontrar a ajuda com facilidade, e o retorno ao ambiente usual também deve ser fácil e óbvio.

10. **Use um design de tela apropriado:** o design de tela se refere ao desenvolvimento de telas atraentes e efetivas. Aqui, os pontos que devem ser observados são:

- **A informação mais importante deve ser percebida imediatamente:** essa característica pode ser obtida por meio do uso de molduras, espaços em branco, negrito, cores, marcadores, numeração e estilos de fonte. Como já observado, os sublinhados devem ser evitados, uma vez que podem ser confundidos com hiperlinks.
- **Hierarquia:** as cores, os espaços em branco, o formato dos marcadores, as diversas fontes e os tamanhos desempenham papel importante na codificação dos diferentes tipos de dados e ajudam na aplicação da hierarquia.
- **Percepção do ambiente:** ao organizar os diversos elementos na interface do aprendizado eletrônico, considere os princípios gerais da Gestalt apresentados no início deste capítulo.

## Quem é o responsável pelo design de interface?

No aprendizado eletrônico, para especificar o design de interface, o designer instrucional trabalha em conjunto com profissionais das áreas de design da informação e design da hipermídia, beneficiando-se de suas competências midiáticas e informacionais.

No entanto, como nos mostrou a seção anterior, os princípios da teoria da carga cognitiva e os princípios da Gestalt devem fundamentar as decisões relacionadas à integração de imagens, textos, sons e movimentos, à apresentação de conteúdos e à interação possibilitada por interfaces sociais, semânticas e inteligentes.

O designer instrucional é, portanto, o 'guardião' dos processos educacionais. É ele o responsável por expressar visualmente o modelo de aprendizado eletrônico, incorporando os eventos instrucionais à interface projetada (veja o Capítulo 5).

Em outras palavras, o designer instrucional trabalha ao lado de especialistas em mídias para que os objetivos de aprendizagem, a orientação à prática do aluno e o *feedback* estejam presentes de forma determinante na solução educacional projetada.

No capítulo seguinte, discutiremos o design da interação do aluno com conteúdos, ferramentas e pessoas, aprofundando as reflexões sobre interface social, semântica e inteligente que iniciamos neste capítulo.

# 9 Design da interação

Todos os discursos e práticas sobre aprendizagem apontam para um relacionamento de mão dupla, uma interação entre o sujeito que aprende e o objeto de sua aprendizagem, os quais se influenciam mutuamente por meio de ações recíprocas.

Além dessa interação que ocorre entre o aluno e os conteúdos propriamente ditos, a educação prevê a interação entre o aluno e outros atores do processo de ensino/aprendizagem, como educadores, especialistas em conteúdo e demais estudantes.

No aprendizado eletrônico, a interação não acontece por acaso. Ela precisa ser *intencionalmente planejada* e ser expressa visual e funcionalmente na interface do curso ou unidade de aprendizagem.

Mesmo quando nos referimos à simples entrega de conteúdos, como no modelo de design instrucional fixo, evidencia-se a importância do design de interface para a interação humana com o computador. O que dizer então do design instrucional aberto e do design instrucional contextualizado, que pressupõem grande interação entre as pessoas para a construção do conhecimento?

Neste capítulo, abordamos os diferentes tipos de interação no aprendizado eletrônico, com destaque para o papel do design instrucional na criação de atividades interativas e colaborativas.

## Interação e interatividade

Embora alguns autores usem intercambiavelmente os conceitos interação e interatividade, faremos aqui uma distinção inicial.

Como vimos, a interação diz respeito ao comportamento das pessoas em relação a outras pessoas e aos sistemas. Ela está ligada à ação recíproca pela qual indivíduos e objetos se influenciam mutuamente. A interatividade, por sua vez, ao descrever a capacidade ou o potencial de um sistema de propiciar interação, é um pré-requisito para a interação.

Assim, é possível dizer que só podemos proporcionar experiências de aprendizagem significativas se a solução educacional projetada for, antes de tudo, interativa. Isso significa disponibilizar uma interface que possibilite interação e, mais do que isso, oferecer atividades de aprendizagem que exijam do aluno interação com conteúdos, ferramentas e com outras pessoas.

## Interação com conteúdos

Em especial, nos modelos de aprendizado eletrônico informacional e suplementar, o aluno interage com conteúdos apresentados na forma de cursos auto-instrucionais e tutorais multimídia. Uma vez que esse tipo de interação não requer a participação de um educador, é a *conversa instrucional* que orientará o aluno na exploração dos conteúdos.

Mas o que é afinal conversa instrucional? Trata-se de um tipo de comunicação que envolve a apresentação de razões, evidências, argumentos e justificativas para auxiliar o aluno na aprendizagem — lembre-se de que, como vimos no Capítulo 7, um estilo de linguagem mais próximo ao aluno deve ser empregado quando apresentamos conteúdos educacionais multimídia.

Para entender bem o que é conversa instrucional, devemos ter em mente que cada domínio de conhecimento tem uma linguagem própria — seu próprio vocabulário, com seus significados e inter-relações — que permite a compreensão da realidade. Sem essa linguagem, a realidade se torna incompreensível.

Por exemplo, a matemática trabalha com um conjunto de signos e regras que possibilitam um tipo de compreensão da realidade. Não podemos pensar matematicamente o mundo sem usar as ferramentas da linguagem matemática. No entanto, o fato de o educador se expressar apenas pela linguagem matemática não o torna bom no que faz. É o diálogo do educador com o aluno ou a conversa instrucional presente nos materiais didáticos que apoiarão o aluno na aprendizagem da linguagem matemática, a qual lhe servirá como uma ferramenta para compreender o mundo.

Assim, a conversa instrucional é aquela que (1) ressalta os objetivos ao mostrar os porquês e os para quês; (2) orienta as interações do aluno, alinhavando conteúdos e recursos independentes; (3) acompanha a prática, proporcionando *feedback* qualificado das ações dos alunos; e (4) avalia os resultados da interação a partir de critérios de alcance dos objetivos.

## Agentes pedagógicos

No aprendizado eletrônico, é comum personalizar a conversa instrucional a ponto de incorporar um *agente pedagógico* para atuar como tutor no material ou ambiente de aprendizagem. Orientador do processo de aprendizagem ao longo de uma unidade de estudo ou curso, esse agente é uma personagem totalmente virtual.

Os agentes pedagógicos podem ser estáticos — como uma personagem de história em quadrinhos que se comunica por balões de texto escrito — ou animados, simulando movimentos labiais ou movimentando-se pela tela para destacar recursos. Eles podem também incorporar características emocionais por meio de representações gráficas, ou podem ser apresentados de forma mais realística por atores que conversam diretamente com o aluno em vídeos pré-gravados. Por fim, podem assumir a forma de avatares que interagem diretamente com o aluno em mundos virtuais baseados em comunicação por texto escrito e/ou áudio.

É importante assinalar que os agentes pedagógicos podem atuar como 'mestres de cerimônias', apresentando conteúdos e atividades de maneira padronizada a qualquer aluno que acesse determinado conteúdo, como mostra a Figura 9.1.

**Figura 9.1** Agente pedagógico para orientar o aluno no curso

Fonte: Cortesia do Núcleo de Educação a Distância do Senac São Paulo.

Em versões mais sofisticadas, contudo, esses agentes são capazes de agir proativamente, adaptando seu comportamento às ações dos alunos. Nesse caso, eles se encaixam na descrição de agentes inteligentes, que vimos no Capítulo 8.

Um exemplo de agente inteligente é a professora Elektra, que pode ser vista na Figura 9.2, e que tem como objetivo complementar o aprendizado eletrônico em cursos a distância. Com base em um repositório de conhecimentos na área de redes de computadores e Internet, esse agente fica disponível 24 horas por dia para responder a dúvidas de alunos remotos.

**Figura 9.2** Agente Elektra em ação

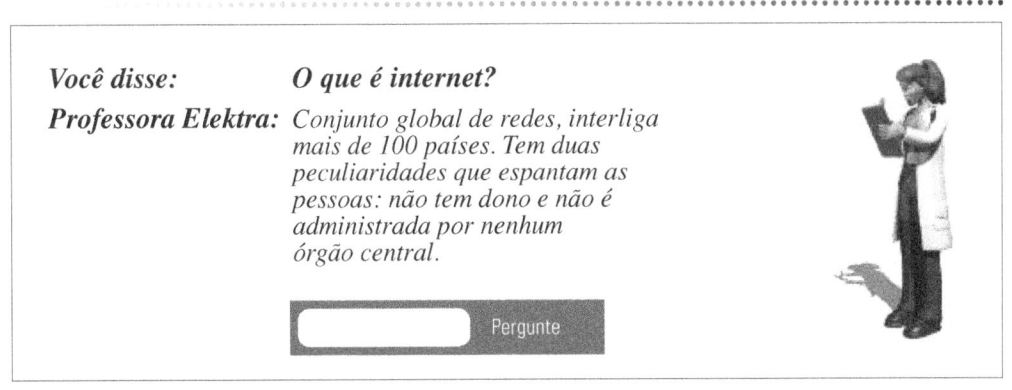

Fonte: Cortesia de Liane Tarouco. Cinted (Centro Interdisciplinar de Novas Tecnologias na Educação), Universidade Federal do Rio Grande do Sul.

## Interação com ferramentas

Ao interagir com ferramentas, os alunos analisam fenômenos naturais e sociais, acessam informações, interpretam e organizam o seu conhecimento pessoal e apresentam o que sabem.

Por trás disso tudo está a idéia de que quem mais aprende com os materiais instrucionais são as pessoas que os projetam e os desenvolvem, e não os alunos para os quais eles são produzidos. Afinal, as pessoas que projetam os materiais necessariamente analisam e articulam o assunto em questão, enquanto os alunos apenas os lêem ou interagem com eles.

Assim, ao interagir com ferramentas, os alunos dão início ao processo de articulação de conhecimentos que os obriga a refletir sobre seu próprio conhecimento de maneiras novas e diferentes. Isso, inclusive, vai ao encontro da idéia de alunos como produtores de conhecimento, e não apenas consumidores, que caracteriza a Web 2.0.

É dessa forma também que os alunos se engajam em um pensamento ativo, construtivo e intencional, desenvolvendo habilidades de *pensamento crítico*, entre elas:

- **Avaliação das informações:** os alunos analisam as informações com base em sua confiabilidade e utilidade, determinam critérios para avaliar idéias e produtos, priorizam um conjunto de opções de acordo com sua relevância ou importância, reconhecem falácias ou erros e confrontam argumentos e hipóteses com a realidade.

- **Análise das informações:** os alunos analisam as informações, reconhecem padrões de organização, classificam objetos em categorias baseadas em atributos comuns, identificam premissas subjacentes a posicionamentos, identificando as idéias principais de um texto, conjunto de dados ou criação e descobrem seqüências.

- **Conexão das idéias:** os alunos conectam as idéias, identificam semelhanças e diferenças, analisam ou desenvolvem argumentos, conclusões e inferências, deduzem exemplos a partir de princípios ou generalizações, inferem teorias ou princípios a partir de exemplos, identificam relacionamentos causais e prevêem possíveis eventos.

Vale ressaltar que, ao realizar atividades de *pensamento criativo*, os alunos geram novos conhecimentos, entre eles:

- **Poder de sintetizar:** os alunos adquirem capacidade de síntese e passam a criar e usar metáforas e analogias, resumir idéias centrais, levantar hipóteses sobre a relação entre eventos, predizer resultados e planejar um processo.

- **Capacidade de imaginar processos, resultados e possibilidades:** os alunos também passam a se expressar fluentemente ou geram tantas idéias quanto possível, bem como passam a predizer eventos ou ações causados por um conjunto de condições, especular sobre possibilidades e criar imagens mentais ou narrativas imaginárias.

- **Capacidade de adicionar significado pessoal às informações:** os alunos conseguem ainda adicionar detalhes e exemplos às informações, refinar idéias, aplicar idéias em contextos diferentes, alternar categorias de pensamento ao assumir diferentes pontos de vistas e concretizar idéias genéricas por meios de exemplos e aplicações práticas.

Além disso, interagindo com ferramentas, os alunos podem desenvolver habilidades de *pensamento complexo*, incluindo:

- **Solução de problemas:** os alunos desenvolvem essa habilidade de pensamento complexo ao pesquisar, formular hipóteses, encontrar alternativas, escolher soluções e construir aceitação.
- **Elaboração de produtos ou idéias:** essa habilidade é construída ao imaginar objetivos, inventar, avaliar e revisar produtos.
- **Tomada de decisões:** ao identificar uma questão, gerar alternativas, avaliar as conseqüências, fazer escolhas e avaliar as escolhas feitas, os alunos forjam essa habilidade.

## *Mindtools*: as ferramentas cognitivas

As tecnologias podem ser usadas como ferramentas para a construção do conhecimento, ampliando a capacidade do aluno de aprender por si mesmo, em vez de ser conduzido por lições pré-programadas. E aprender com tecnologias implica o uso de computadores como tecnologias cognitivas — ou *mindtools*.

É importante observar que as *mindtools* não têm por objetivo tornar a aprendizagem mais fácil ou eficiente. Pelo contrário, elas requerem que o aluno se empenhe em relação ao domínio do conhecimento que está sendo estudado, ao mesmo tempo que gera pensamentos que seriam impossíveis sem a ferramenta.

*Mindtools* são ferramentas para reflexão e ampliação que ajudam os alunos a construir suas realidades desenhando suas bases de conhecimento. Elas incluem, entre outras ferramentas, bancos de dados e planilhas eletrônicas, mapas conceituais e micromundos.

### Bancos de dados e planilhas eletrônicas

Os bancos de dados permitem a organização e a recuperação de informações em um sistema de arquivamento de registros computadorizado.

Uma vez que esse armazenamento é feito na forma de tabelas, planilhas eletrônicas podem ser usadas com o mesmo propósito para algumas aplicações educacionais.

Dessa maneira, ao interagir com bancos de dados estruturados, os alunos podem fazer buscas por registros específicos, organizá-los em ordem numérica ou alfabética e recuperá-los a partir de consultas lógicas. E mais: para criar ou alimentar os bancos de dados, os alunos precisam adaptar a estrutura subjacente ao conteúdo estudado para a estrutura do banco de dados, identificando os conceitos e as relações mais importantes.

O Panteon é um exemplo de banco de dados complexo que permite a criação, a análise e o diagnóstico de estudos de casos organizacionais e sociais (veja a Figura 9.3). A interação com a ferramenta consiste em: (1) definir a estrutura da organização estudada e seus elementos, bem como o modelo de análise, e (2) definir os papéis na estrutura organizacional, as situações-problema, as personagens e os pontos de vista dessas perso-

**FIGURA 9.3** Tela da biblioteca de casos disponibilizados no Panteon

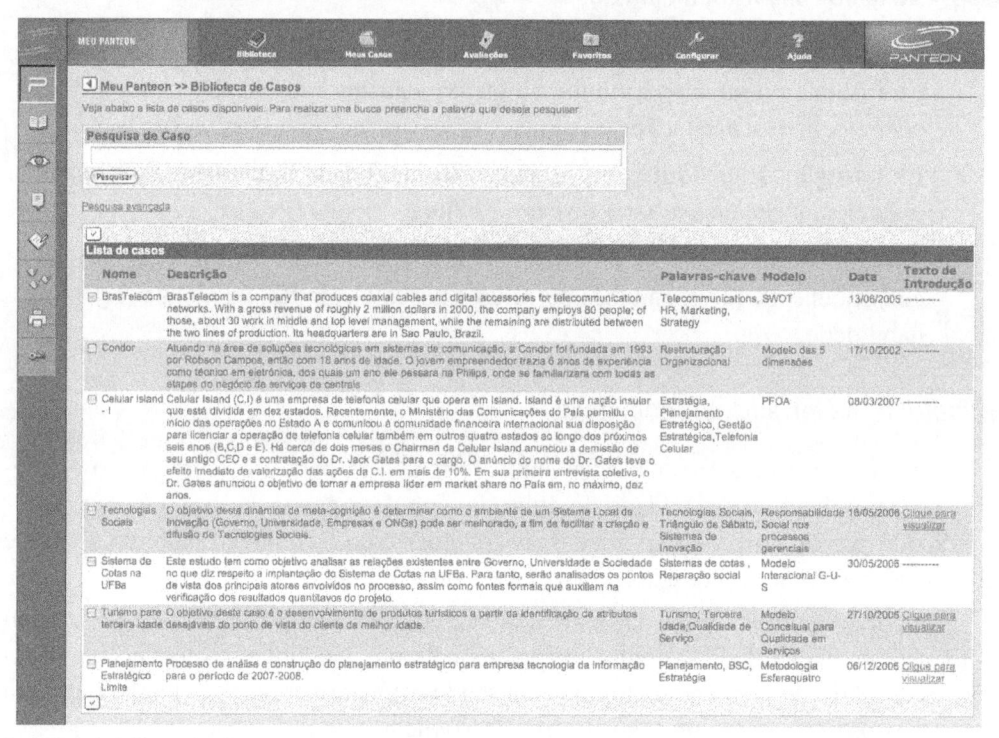

Fonte: Cortesia de Marcos Lima. Programa de pós-graduação em comunicação e cultura contemporâneas da Universidade Federal da Bahia, sob orientação do prof. Marcos Palácios. Disponível em: <http://www.panteonweb.com.br>.

nagens sobre as situações-problema. O Panteon também permite que arquivos de todos os tipos sejam anexados — texto, áudio, vídeo —, apoiando o estudo.

Os bancos de dados podem ainda ser utilizados como guias de estudo para que alunos, individualmente ou em grupo, organizem seus registros de leituras, suas anotações de sala de aula, suas observações de pesquisas de campo e suas soluções alternativas para os problemas.

*Mapas conceituais*

O mapeamento conceitual consiste em uma estratégia de estudo que requer que os alunos elaborem mapas visuais de conceitos conectados — mapas estes que representam a estrutura de significados e relações em um domínio do conhecimento.

Algumas ferramentas computadorizadas para mapeamento conceitual permitem que os alunos representem graficamente redes semânticas compostas por nós (conceitos e idéias) e links (declarações de relacionamentos). Para isso, os alunos precisam analisar a estrutura subjacente às idéias que estão sendo estudadas e relacioná-las com seus conhecimentos prévios (veja a Figura 9.4).

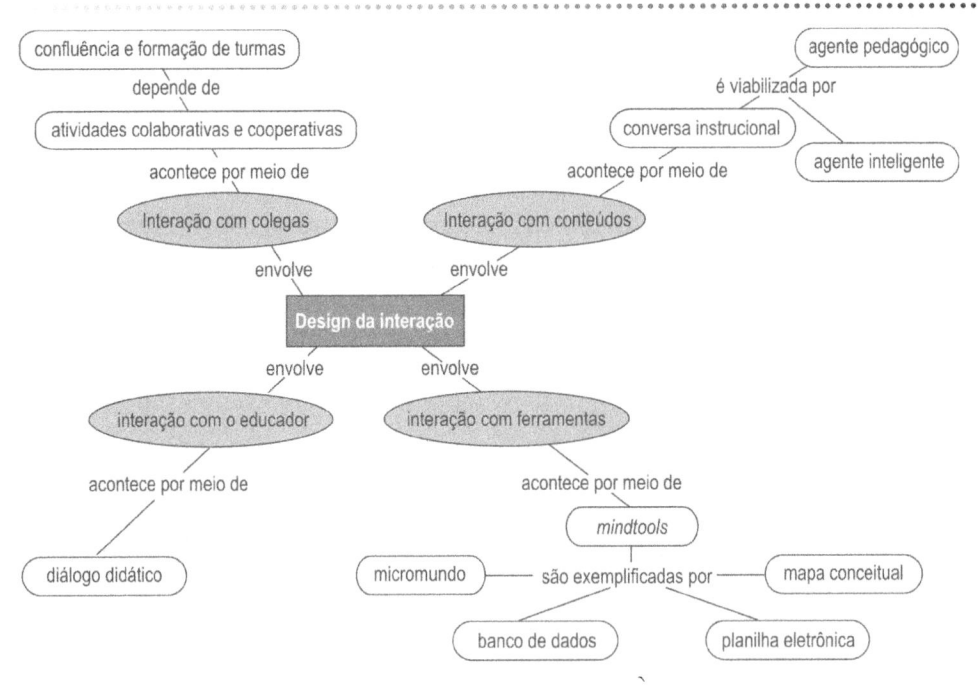

**FIGURA 9.4** Mapa conceitual para o Capítulo 9 deste livro

```
confluência e formação de turmas                                    agente pedagógico
         depende de                                              é viabilizada por
atividades colaborativas e cooperativas              conversa instrucional
      acontece por meio de                          acontece por meio de        agente inteligente
           Interação com colegas              Interação com conteúdos
                       envolve          envolve
                            Design da interação
                       envolve          envolve
           interação com o educador    interação com ferramentas
      acontece por meio de              acontece por meio de
                                                   mindtools
         diálogo didático        micromundo — são exemplificadas por — mapa conceitual
                                      banco de dados        planilha eletrônica
```

Vale destacar que o mapeamento conceitual pode ser utilizado também como ferramenta de planejamento, na medida em que permite a organização de idéias, e de apresentação de conteúdos, ao destacar visualmente a estrutura de um tema ou argumentação.

*Micromundos*

O conceito de micromundos foi criado por Seymour Papert, desenvolvedor da linguagem Logo, por meio da qual os alunos desenhavam e criavam objetos usando habilidades de programação para manipular uma tartaruga virtual.

De fato, micromundos são ambientes de aprendizagem exploratórios ou espaços de descoberta controlados nos quais os alunos podem manipular ou criar objetos, testando seus efeitos. Embora contenham simulações de fenômenos, os micromundos diferem das simulações por enfatizarem o controle desses fenômenos pelo aluno.

## Interação com o educador

Um conceito importante para entender a interação entre alunos e educadores é o da *distância transacional*, criado por Michael Moore já em 1977. De acordo com esse conceito, embora possam estar separados física e temporalmente no aprendizado eletrônico, docentes e discentes interagem em medidas variadas dependendo de três variáveis: diálogo (comunicação), estrutura predeterminada do curso (design instrucional) e autonomia do aluno.

No ápice da distância transacional, não há nenhuma interação entre docentes e discentes, as unidades de aprendizagem são detalhadamente pré-programadas e a conversa instrucional, guiada ou não por agentes pedagógicos, orienta o aluno ao longo do curso ou unidade de estudo. Essa descrição corresponde ao que no Capítulo 3 denominamos design instrucional fixo, no qual o aluno interage basicamente com conteúdos e ferramentas

A distância transacional diminui à medida que o design instrucional vai ficando menos determinado, ou seja, vai se tornando aberto. Como resultado, é necessário mais interação com o educador e, em modelos de aprendizado eletrônico colaborativos, com os colegas de estudo.

A variável 'autonomia' diz respeito a quanto o aluno controla a própria aprendizagem, o que, segundo Michael Moore, varia de maneira proporcional à distância transacional. Assim, podemos dizer que o estudo independente implica distância transacional máxima.

É papel do designer instrucional encontrar a melhor relação possível entre as três variáveis que definem a distância transacional. Ele faz isso na fase de análise, ao levantar as necessidades de aprendizagem, caracterizar o público-alvo e identificar as restrições contextuais.

## Diálogo didático

Enquanto a conversa instrucional, que orienta o aluno na interação com o conteúdo, é uma comunicação de mão única, o *diálogo didático*, que baliza a interação do aluno com o educador, se dá com base em uma comunicação de mão dupla, na qual cada parte se manifesta e está interessa no que a outra tem a dizer.

De fato, o diálogo didático pressupõe ações paralelas às dos eventos instrucionais, que são (veja o Capítulo 5):

- Ativar e focar a atenção do aluno.
- Informar e reforçar os objetivos de aprendizagem.
- Manter e aumentar o interesse e a motivação do aluno.
- Apresentar a visão geral das unidades de aprendizagem e recuperar conhecimentos prévios.
- Apresentar informações, exemplos e analogias.
- Usar estratégias de aprendizagem e adequá-las ao perfil e ao desempenho do aluno.
- Monitorar o progresso do aluno e esclarecer dúvidas.
- Oferecer *feedback*, sugerindo leituras e atividades complementares.
- Orientar a prática, enfatizando a aplicação dos conteúdos a novas situações.
- Oferecer sínteses e revisões.

O diálogo didático envolve ainda comunicar conhecimentos, experiências e opiniões, bem como questionar, criticar e refletir junto com o aluno, de modo que ele também possa expor suas idéias, argumentar objetivamente utilizando a linguagem do domínio do conhecimento, assumir posições, criticar e pensar produtivamente, participando de maneira ativa da construção do conhecimento.

O designer instrucional pode contribuir com o diálogo didático ao apoiar o educador no planejamento do tempo e do espaço para que essa interação ocorra durante a fase de execução do curso ou unidade de aprendizagem. Ele pode também fornecer canais de comunicação direta (como correio eletrônico) e outras ferramentas (como fóruns, salas de bate-papo, mensageiros instantâneos) que sejam fáceis de acessar e usar — em alguns casos, pode ser necessário capacitar os educadores para o uso desses recursos.

Por fim, o designer instrucional pode desenvolver e disponibilizar materiais e recursos que apóiem a aprendizagem autônoma dos alunos, como módulos de ambientação, apoio tecnológico e administrativo, manuais de estudo on-line, organização da interface do ambiente de aprendizagem e regras claras para interação. Aqui, o objetivo é desobrigar o educador de lidar com tarefas repetitivas ou resultantes de falhas na proposta de design instrucional, liberando-o para uma interação mais centrada no aluno.

Cabe destacar que, nos modelos de aprendizado eletrônico colaborativos, o educador interage com grupos de alunos, que, por sua vez, interagem entre si. Nesse caso, o designer instrucional pode ajudar o educador no design e no apoio das atividades colaborativas, deixando-o livre para a moderação dos grupos.

## Interação com outros alunos

As tecnologias de informação e comunicação e, mais recentemente, a Web 2.0 vêm reforçar o que em termos de abordagem pedagógica/andragógica se defende há tempos.

De fato, como vimos no Capítulo 2, segundo o construtivismo social e a aprendizagem situada, a formação de processos superiores de pensamento se dá por meio da atividade instrumental e prática, da interação e da cooperação. Nesse sentido, aprender é um fenômeno social que envolve interagir com outras pessoas, com ferramentas e com o mundo físico, os quais convivem dentro um contexto histórico com significados, linguagem e artefatos culturais próprios.

Com base nisso, podemos dizer que não apenas os materiais didáticos e os educadores devem ser vistos como fontes de informação, mas que os outros alunos também podem e devem ser consultados para a resolução de problemas reais.

No aprendizado eletrônico, a interação entre os alunos se dá em ambientes virtuais de aprendizagem que disponibilizam ferramentas de colaboração e cooperação. Assim, o designer instrucional deve ocupar-se de definir estratégias de aprendizagem que desafiem os alunos a interagir com os colegas — ele pode, por exemplo, propor discussões on-line ou atividades de desenvolvimento de projetos para ser realizadas coletivamente ou em pequenos grupos.

## Confluência e formação de turmas

Um fator determinante na interação entre os alunos é que podemos chamar *confluência* no aprendizado eletrônico, que se refere ao número de alunos ativos em um curso durante o mesmo período.

Ambientes de aprendizagem altamente confluentes, como escolas e universidades virtuais, trabalham com datas definidas para início e conclusão das atividades de aprendizagem. Nesses ambientes, grupos ou turmas de alunos seguem o mesmo ritmo de estudo, e é viável propor atividades colaborativas baseadas na interação síncrona ou assíncrona entre os participantes. Aqui, o modelo de design instrucional adotado é o aberto, e um educador fica responsável pela interação com e entre os alunos.

Em ambientes de aprendizagem com baixa confluência, como programas de treinamento e cursos a distância baseados em auto-estudo, os alunos iniciam e terminam suas atividades de aprendizagem segundo uma agenda própria, o que dificulta ou inviabiliza sua participação em atividades coletivas. O modelo de design instrucional adotado aqui é o fixo, em que se privilegia a interação do aluno com conteúdos, ferramentas e agentes pedagógicos.

Normalmente, a medida de confluência do ambiente de aprendizagem é determinada no nível macro do design instrucional e decorre da própria natureza da instituição que oferece o curso. Como regra, no entanto, podemos dizer que contextos em que a educação é atividade-fim trabalham com confluência elevada, enquanto a confluência é moderada ou baixa em contextos nos quais a educação é atividade-meio.

## Atividades colaborativas e cooperativas

Como vimos no Capítulo 5, estratégias de cooperação envolvem o compartilhamento de idéias entre os alunos para a produção coletiva de conhecimento. O que não havíamos visto é que essa aprendizagem colaborativa pode ser orientada tanto a produtos como a processos.

Quando orientada a produtos, a aprendizagem colaborativa implica a elaboração pelos alunos de um resultado tangível, como um relatório, um projeto ou uma solução para um problema. O design desse tipo de colaboração deve oferecer orientação e recursos suficientes para assegurar, ao mesmo tempo, a produtividade do grupo e a criatividade dos indivíduos.

A aprendizagem colaborativa orientada a processos, por sua vez, não envolve a geração de nenhum produto como resultado da interação. A ênfase está no que pode ser aprendido pela troca entre os participantes. O design desse tipo de atividade deve voltar-se para os processos de comunicação, que devem ser menos ou mais estruturados dependendo dos objetivos de aprendizagem e do perfil do público-alvo.

O importante é ter em mente que, em ambos os casos, ferramentas de comunicação (como fóruns abertos ou fechados a grupos, salas de bate-papo livres ou reservadas) e ferramentas de trabalho colaborativo (como editores colaborativos de texto, planilhas, *blogs*) desempenham um papel essencial para a troca e o armazenamento da aprendizagem dos alunos — no Capítulo 10, descrevemos esses importantes recursos que, integrados a outras funcionalidades de sistemas de aprendizado eletrônico, convergem para proporcionar uma rica experiência de ensino/aprendizagem.

## Quem é responsável pelo design da interação?

Para responder a essa questão, devemos manter a perspectiva dos quatro tipos de interação abordados neste capítulo: interação com conteúdos, interação com ferramentas, interação com o educador e interação com os colegas de estudo.

O design da interação com conteúdos e ferramentas é uma das principais atribuições do designer instrucional; esse é modelo clássico do design instrucional fixo, cujo foco repousa sobre produtos e conteúdos instrucionais. Desenvolver a conversa instrucional, usando ou não agentes pedagógicos para estabelecer um elo de proximidade com o aluno, é uma das tarefas mais importantes nesse tipo de solução educacional. O designer instrucional trabalha lado a lado com o conteudista para apresentar os materiais usando para isso uma linguagem concreta e dialógica alinhada aos eventos instrucionais.

No design instrucional aberto, que pressupõe a participação de um educador na fase de execução, o designer instrucional atua muito mais como apoio a esse profissional, antes, durante e após a situação didática. Convém, portanto, manter clara a separação entre o design da interação e a execução da situação didática propriamente dita, para que não ocorram sobreposições ou conflitos de papéis. O designer instrucional auxilia o educador na seleção das estratégias pedagógicas/andragógicas mais adequadas aos objetivos educacionais. Em muitos casos, é o designer instrucional quem orienta (e até mesmo realiza) a parametrização dos ambientes virtuais, de modo que a sua interface possibilite a realização de atividades de aprendizagem e suporte planejadas.

No design instrucional contextualizado, o papel do designer instrucional se especializa ainda mais na medida em que se requerem a identificação e a programação de regras para adaptar o fluxo de aprendizagem a determinadas condições.

Nos três modelos de DI, o designer instrucional também tem por função assegurar padrões homogêneos de interação entre turmas, edições ou programas, de modo que a conversa instrucional e o diálogo didático não dependa apenas de estilos de ensino ou preferências de interlocução de determinado educador. Da mesma forma, o designer instrucional avalia a interação dos alunos com conteúdos, ferramentas, educadores e colegas de estudo ao longo do tempo e entre diferentes situações didáticas a fim de avaliar a interatividade dos materiais e do ambiente virtual, assim como do próprio design proposto.

Por essas razões, os capítulos seguintes analisam os ambientes virtuais e a avaliação da aprendizagem da perspectiva do designer instrucional.

# 10 Design de ambientes virtuais

Os tradicionais softwares multimídia que firmaram o uso da tecnologia computacional na educação a partir da década de 1960 evoluíram naturalmente para os sistemas eletrônicos mais complexos que temos hoje, os quais integram conjuntos de programas e funcionalidades em uma sofisticada arquitetura computacional e permitem que plataformas educacionais hospedem e gerenciem o processo de ensino/aprendizagem.

Neste capítulo, abordamos, inicialmente, os sistemas de gerenciamento da aprendizagem e suas funções administrativas, tecnológicas e pedagógicas/andragógicas. Em seguida, analisamos os sistemas de gerenciamento de conteúdos, baseados no conceito de objetos de aprendizagem e no padrão Scorm, e os sistemas de gerenciamento de atividades de aprendizagem, baseados no conceito de atividades e na especificação IMS Learning Design.

## Sistemas de gerenciamento da aprendizagem

No aprendizado eletrônico — e neste livro —, usamos os termos AVA e LMS intercambiavelmente para designar sistemas de aprendizado eletrônico que reúnem uma série de recursos e funcionalidades cuja utilização em atividades de aprendizagem é possibilitada e potencializada pela Internet.

Entretanto, as referências a LMSs (*learning management systems* — sistemas de gerenciamento da aprendizagem) exprimem uma preocupação mais nítida com os requisitos de sistema e a arquitetura computacional. Afinal, eles têm como principais objetivos centralizar e simplificar a administração e a gestão dos programas educacionais.

De fato, em linhas gerais, os LMSs permitem o armazenamento de informações, a consulta a essas informações, a comunicação entre os usuários, o rastreamento de dados e a geração de relatórios sobre o progresso dos participantes.

Eles cobrem as diversas modalidades do processo educacional (a distância, semipresencial e presencial), em diversos campos de atuação (educação formal, educação corporativa, educação continuada), com base na concessão de privilégios de acesso diferenciados a alunos, professores, tutores e administradores.

Já o termo AVAs (ambientes virtuais de aprendizagem, também chamados *virtual learning environments* — VLEs) reflete mais apropriadamente o conceito de 'sala de aula on-line', em que a idéia de sistema eletrônico está presente, mas é extrapolada pelo entendimento de que a educação não se faz sem ação e interação entre as pessoas.

De forma semelhante às salas de aulas presenciais, os ambientes virtuais de aprendizagem funcionam como o local onde se realizam as ações educacionais. Eles permitem a publicação, o armazenamento e a distribuição de materiais didáticos, assim como a comunicação entre alunos e equipe de suporte.

No entanto, ainda que reflitam concepções pedagógicas/andragógicas distintas e uma extensa lista de funcionalidades, os ambientes virtuais demandam o trabalho de design instrucional para articular conteúdos, atividades e ferramentas segundo objetivos de aprendizagem.

Os ambientes virtuais de aprendizagem mais utilizados atualmente estão listados na Tabela 10.1.

É importante entender que, mesmo apresentando características diferenciadas, os ambientes virtuais de aprendizagem precisam atender às seguintes necessidades vinculadas aos contextos institucional, imediato e individual (veja o Capítulo 4 para mais detalhes sobre esses contextos):

- **Contexto institucional:** o AVA precisa integrar-se a outros sistemas institucionais, tais como o sistema de gestão acadêmica no ensino superior, o sistema de gestão de recursos humanos no caso da educação corporativa, o sistema de bibliotecas e o sistema de gerenciamento de conteúdos, entre outros. Além disso, características como escalabilidade, robustez e facilidade de manutenção são distintivas para administradores e técnicos.

- **Contexto imediato:** o AVA precisa ser simples e fácil de usar nos quesitos criação de cursos, configuração de ferramentas e suporte aos alunos. Deve também adequar-se a ampla faixa de domínios de conhecimento e abordagens pedagógicas/andragógicas, para atender a objetivos de aprendizagem diferenciados.

TABELA 10.1 Principais sistemas eletrônicos para o aprendizado eletrônico utilizados hoje

| Sistema eletrônico | URL |
|---|---|
| Blackboard (no Brasil, Techne) | http://www.blackboard.com/us/index.Bb |
| eCollege (Pearson) | http://www.ecollege.com/brasil/ |
| LearningSpace | http://www.learningspace.org/ |
| Moodle (código livre) | http://moodle.org/ |
| Saba Learning Suite | http://www.saba.com/products/learning/ |
| Teleduc (Unicamp) | http://teleduc.nied.unicamp.br/teleduc/ |
| Virtus (UFPE) | http://www.virtus.ufpe.br/ |
| WebCT (British Columbia University) | http://www.webct.com/ |

- **Contexto individual:** o AVA precisa ter uma interface navegacional fácil e agradável, bem como *feedback* e *layout* consistentes. Deve também agregar valor à experiência de aprendizagem mediante a disponibilização de materiais complementares, padrões de estudo mais flexíveis, suporte instrucional estendido e participação em comunidades de aprendizagem.

Vale assinalar que essas necessidades são atendidas por ferramentas pedagógicas/andragógicas, administrativas e comunicacionais, que comentaremos nas seções a seguir.

## Ferramentas pedagógicas/andragógicas

Ferramentas pedagógicas/andragógicas são todas aquelas que, de alguma forma, organizam e subsidiam a dinâmica de um curso. São utilizadas para disponibilizar conteúdos, materiais de apoio e orientações às atividades de aprendizagem. Também possibilitam acompanhamento de atividades realizadas, com publicação de notas e *feedbacks* do educador.

Entre essas ferramentas estão as agendas ou calendários pré-formatados, os gabaritos para inserção de ementas ou sumários, as FAQs (*frequently asked question* — perguntas mais freqüentes), os formulários para criação de testes e questionários, os bancos de questão e os mecanismos de envio de tarefas, entre outras funcionalidades.

## Ferramentas administrativas

Ferramentas administrativas são aquelas que permitem o gerenciamento de alunos, educadores e grupos, a definição de privilégios, inscrições e datas de início e término de cursos, o controle de acessos, as estatísticas de participação e a configuração de idiomas e *layout*, entre outras funcionalidades.

## Ferramentas comunicacionais

As ferramentas comunicacionais possibilitam a interação entre os alunos e entre os alunos e o educador, dando visibilidade os trabalhos desenvolvidos individual ou coletivamente. Elas se distribuem da seguinte maneira:

- **Ferramentas síncronas:** são aquelas que permitem a comunicação em tempo real. Exemplos: salas de bate-papo, teleconferências, mensageiros instantâneos e lousa eletrônica (*whiteboard*).
- **Ferramentas assíncronas:** aqui, a mensagem emitida por uma pessoa é recebida e respondida mais tarde pelas outras, de modo que as pessoas não precisam estar conectada no mesmo espaço de tempo para que haja a interação. Exemplos: mural de avisos, correio eletrônico e fórum de discussão.

A Tabela 10.2 apresenta um perfil das ferramentas de comunicação oferecidas por vários sistemas de gerenciamento da aprendizagem.

**TABELA 10.2** Sumário de ferramentas de comunicação

| Ferramenta | Descrição | Tipo de interação |
|---|---|---|
| *Blog* | Diário on-line que pode funcionar como revista diária. Contém pensamentos, opiniões e reflexões geralmente pessoais. | Assíncrona |
| Correio eletrônico (e-mail) | Serviço em que dois ou mais usuários trocam mensagens, as quais ficam armazenadas em seus respectivos computadores. | Assíncrona |
| Fórum de discussão (*discussion board*) | Espaço para debates temáticos realizados por meio de envio e distribuição de mensagens dos participantes. As mensagens são publicadas em uma área comum e obedecem a uma organização lógica, dando origem aos chamados *threads* (fios condutores). | Assíncrona |
| Lista de discussão | Funciona como um correio eletrônico coletivo, em que todas as mensagens são enviadas automaticamente para participantes cadastrados. | Assíncrona |
| *Podcast* | Espécie de programa de rádio personalizado para divulgar opiniões, entrevistas, músicas ou informações via Internet ou MP3. | Assíncrona |
| *Wiki* | Software colaborativo que permite a edição coletiva de documentos. Por meio dele, todos os usuários podem alterar os textos sem passar pela aprovação de editores ou revisores. | Assíncrona |
| Salas de bate-papo (*chats*) | Espaços de interação que permitem a comunicação entre pessoas conectadas no mesmo ambiente em tempo real. | Síncrona |
| Teleconferência | Ambiente que permite a comunicação entre diversas pessoas por meio de mídias visuais e sonoras. | Síncrona |

No Capítulo 8, apresentamos exemplos dessas ferramentas ao tratar da interface social.

## Sistemas de gerenciamento de conteúdos de aprendizagem

Os LCMSs (*learning content management systems* — sistemas de gerenciamento de conteúdos de aprendizagem) são orientados a funcionalidades de criação de novos conteúdos, captura de conhecimentos, composição de conteúdos já existentes e armazenamento e recuperação de conteúdos de aprendizagem.

As principais vantagens da adoção dos gerenciadores de conteúdos são o potencial de interoperabilidade entre diversos sistemas e sua capacidade de reutilização — pontos que permitem uma resposta objetiva à necessária redução de custos na oferta de materiais instrucionais. Além disso, dependendo do grau de compartilhamento adotado, os gerenciadores de conteúdo podem representar uma grande saída para a construção de novas versões, revisões e aperfeiçoamentos.

## Objetos de aprendizagem

Por trás do modelo de criação e distribuição de conteúdo estão os objetos de aprendizagem (OAs, também chamados *learning objects* — LOs).

Como vimos no Capítulo 5, objetos de aprendizagem são qualquer recurso digital que possa ser usado, reutilizado ou referenciado durante a aprendizagem apoiada por tecnologia. Do ponto de vista tecnológico, eles são objetos autocontidos, marcados por descritores de identificação que, também denominados *metadados*, podem ser pesquisados e compartilhados em ações educacionais.

De fato, os metadados trazem detalhes sobre os autores, palavras-chave, assunto, versão, localização, regras de uso e propriedade intelectual, requisitos técnicos, tipo de mídia utilizada e nível de interatividade, entre outras informações. Eles também permitem buscas rápidas em bancos de dados chamados repositórios, que armazenam não só os objetos em si, como também os dados sobre esses objetos. A Tabela 10.3 relaciona alguns repositórios de objetos de aprendizagem desenvolvidos no Brasil.

É importante destacar que, enquanto os padrões de metadados (*standard metadata*) oferecem informação descritiva sobre recursos de aprendizagem isolados, como textos, figuras, exercícios, palestras e simulações, o empacotamento de conteúdos (*content packaging*) é o mecanismo usado para organizar esses recursos, colocando-os em determinada ordem.

TABELA 10.3   Repositórios brasileiros de objetos de aprendizagem

| Repositório | URL |
| --- | --- |
| Cesta (Coletânea de Entidades de Suporte ao uso de Tecnologia na Aprendizagem) — Cinted (Centro Interdisciplinar de Novas Tecnologias na Educação, UFRGS) | www.cinted.ufrgs.br/CESTA/ |
| LabVirt (Laboratório Didático Virtual) | www.labvirt.fe.usp.br |
| OE3 eTools (Objetos Educacionais para Engenharia de Estruturas) — UFPR | www.cesec.ufpr.br/etools/oe3/ |
| Rived (Rede Interativa Virtual de Educação) — Secretaria de Educação a Distância/MEC | www.rived.mec.gov.br/ |

Outro ponto que deve ser lembrado: o movimento em favor do gerenciamento de objetos de aprendizagem tem como base os benefícios da entrega digital e da conseqüente provisão de um acesso mais amplo e democrático a conteúdos, com a possibilidade de rápida atualização e acoplagem de recursos em tempo real, conforme a demanda.

## Padrão Scorm

Scorm (*shareable courseware objective reference model* — modelo de referência de objetivo de aprendizagem compartilhado) é um conjunto de padrões que, quando aplicados ao conteúdo de um curso, produzem pequenos objetos de aprendizagem reutilizáveis. Resultado da iniciativa da Advanced Distributed Learning (ADL), ligada ao Departamento de Defesa Norte-americano, o Scorm passou a ser adotado como padrão em 2000 e teve duas versões subseqüentes: uma em 2001 (versões 1.1 e 1.2) e outra em 2004 (atualizada em 2006).

O Scorm visa o compartilhamento, a interoperabilidade, a durabilidade e a acessibilidade de conteúdos de aprendizagem. As tecnologias por ele implementadas são:

- **Modelo de conteúdo:** nomenclatura que define os componentes de conteúdo de uma experiência de aprendizagem.

- **Empacotamento de conteúdo:** representação da estrutura do conteúdo em uma ação de aprendizagem e agregação de recursos e atividades de aprendizagem para que eles se movimentem em diferentes ambientes.

- **Metadados:** descrição de instâncias específicas dos componentes do modelo de conteúdo.

- **Seqüenciamento e navegação:** conjunto de regras que descrevem a seqüência e a ordenação de atividades desejadas — atividades estas que podem ou não fazer referências a recursos entregues ao aluno.

Para muitos, o padrão Scorm baseado no modelo de objetos de aprendizagem é insuficiente para representar a complexidade dos processos de ensino/aprendizagem, principalmente no que tange à interação entre as pessoas. Como alternativa à visão focada em conteúdos, projetam-se no cenário do aprendizado eletrônico os sistemas de gerenciamento de atividades de aprendizagem.

## Sistemas de gerenciamento de atividades de aprendizagem

A partir do início da década de 2000, começou a se formar uma nova onda entre os sistemas de aprendizado eletrônico, ancorada principalmente na crítica à visão centrada nos conteúdos que os LCMSs e os objetos de aprendizagem privilegiam.

O argumento é de que o consumo individualizado de conteúdos estáticos favorece um modelo de estudo exclusivo, autodirigido, que não é a única nem a principal opção metodológica para o aprendizado eletrônico.

Assim, não é à toa que os espaços virtuais de aprendizagem se assemelham cada vez mais a comunidades do que a repositórios. São locais onde questões podem ser formuladas e respondidas, onde a informação pode ser coletada e oferecida e onde pessoas reais interagem e aprendem juntas, compartilhando orientação e inspiração.

Os sistemas de gerenciamento de atividades de aprendizagem representam uma clara evolução dos sistemas de aprendizado eletrônico, que admitem apenas alunos individuais trabalhando isoladamente. Conforme veremos a seguir, essa característica vai ao encontro de inovações mais amplas, como a Web 2.0 e os VLEs 2.0.

## Atividades de aprendizagem

Os sistemas de gerenciamento de atividades de aprendizagem, embora ainda em fase de construção, fundamentam-se na idéia de que o que interessa é o que as pessoas fazem com os conteúdos educacionais, e o que as ferramentas permitem que as pessoas façam a fim de que a aprendizagem ocorra.

Ou seja, esses novos espaços virtuais são ambientes nos quais se dá a interação entre conteúdos, ferramentas e pessoas. Não é por acaso que o conceito central é o de 'atividade de aprendizagem', em oposição ao conceito de 'objeto de aprendizagem' que embasa os sistemas voltados para o gerenciamento de conteúdos.

Essa maneira de entender o aprendizado eletrônico reflete também a evolução do design instrucional, que cada vez mais se ocupa não apenas de materiais ou conteúdos instrucionais, mas também do design de ambientes de aprendizagem. Neles, é central a atividade humana de aprender e de ajudar alguém a aprender. Alguns sistemas de gerenciamento de aprendizagem (internacionais) estão listados na Tabela 10.4.

É importante assinalar que ainda não há exemplos de sistemas de gerenciamento de atividades de aprendizagem nacionais. O ambiente Moodle, que possui versões para o idioma português, anuncia para a versão 2.0 a compatibilidade com a especificação IMS Learning Design, a qual define padrões para representação de atividades, conforme comentaremos na seção seguinte.

TABELA 10.4  Sistemas de gerenciamento de atividades de aprendizagem

| Ambiente | URL |
| --- | --- |
| Lams (Learning Activity Management System) | www.lamsinternational.com |
| Dialog Plus | www.dialogplus.org |
| Sled (Service Based Learning Design Player) | http://sled.open.ac.uk/sledweb/ |
| Reload (Reusable eLearning Object Authoring & Delivery Project) | www.reload.ac.uk/ |

## Especificação IMS Learning Design

Antes de tratarmos da especificação IMS Learning Design é importante esclarecer o que é especificação. De fato, especificação é uma tecnologia, formato ou método que funciona como referência compartilhada por várias pessoas, grupos e instituições. No caso do aprendizado eletrônico, é uma linguagem entendida também por computadores.

A IMS Learning Design foi aprovada como especificação em 10 de fevereiro de 2003 pelo IMS Global Learning Consortium, organização sem fins lucrativos que tem como objetivo apoiar a adoção e o uso da tecnologia da aprendizagem em todo o mundo.

Essa especificação apóia o design de atividades baseadas em diversas abordagens pedagógicas/andragógicas, inclusive as mais complexas e colaborativas. Uma vez programadas em ferramentas de planejamento compatíveis, essas atividades são exibidas a alunos, educadores e outros participantes do processo de ensino/aprendizagem.

## Web 2.0 e VLEs 2.0

Como vimos no Capítulo 2, a Web 2.0 é caracterizada por uma cultura de compartilhamento e interoperabilidade.

A Web 2.0 pressupõe a participação dos usuários na produção (e não apenas no consumo) de informações publicadas na Internet; a personalização de ambientes digitais; a forte socialização por meio de redes de relacionamento; e a atualização constante das tecnologias disponíveis.

A interface e a lógica de navegação tendem a ser mais simples em virtude de adesão a protocolos e padrões internacionais, e ferramentas de código livre acoplam-se facilmente umas às outras depois de serem testadas por muitos usuários.

Essas características ficam mais evidentes quando observamos algumas transições tecnológicas da Web 1.0 para a Web 2.0, como mostra o Quadro 10.1.

No aprendizado eletrônico, a Web 2.0 significa uma porta de entrada para ações de aprendizagem menos estruturadas — por meio de redes de aprendizagem que possibilitam a criação dinâmica de conteúdos via *blogs* e *wikis*, a prática de habilidades de

QUADRO 10.1  Comparação entre aplicações tecnológicas da Web 1.0 e Web 2.0

| Web 1.0 | Web 2.0 |
|---|---|
| Enciclopédias em formato multimídia (CDs ou DVDs) | Wikipédia (enciclopédia colaborativa) |
| Suíte de aplicativos (editor de textos, planilhas e apresentações) | Google Docs (editor colaborativo de textos, planilhas e apresentações) |
| Páginas pessoais em formato HTML | *Blogs* (diários on-line) |
| Navegadores Web | Plataformas de serviços como o Google |

comunicação escrita e oral, assim como o desenvolvimento de competências intelectuais, sociais e artísticas.

A Web 2.0 é acompanhada pelo conceito de *aprendizado eletrônico 2.0*, segundo o qual os sistemas de aprendizagem deixam de ser ferramentas para entrega e consumo de conteúdo e se transformam em centros de aprendizagem pessoal conectados à rede mundial de computadores.

O aprendizado eletrônico de segunda geração também se apóia em uma cultura de compartilhamento e reutilização baseada na consulta a repositórios para trocar experiências, conteúdos e recursos abertos.

A Tabela 10.5 apresenta projetos nacionais e internacionais que disponibilizam materiais acadêmicos e didáticos gratuitamente na Web, os quais podem ser utilizados por qualquer pessoa.

O aprendizado eletrônico de segunda geração implica um novo tipo de ambiente virtual de aprendizagem (os chamados VLEs 2.0). Eles se distinguem por uma arquitetura de software aberta, que facilita a acoplagem de ferramentas produzidas por diversos fornecedores e configuradas de diferentes maneiras. Representam um passo importante em direção a modelos de aprendizado eletrônico mais colaborativos e imersivos, nos quais os alunos acessam, produzem, editam e publicam conteúdos digitais, com forte uso de recursos de comunicação eletrônica.

Os VLEs 2.0 são bastante parecidos com ambientes pessoais de aprendizagem. Eportfolios (portfólios eletrônicos) são estendidos para organizar a aprendizagem do aluno e funcionar como repositórios de avanços, descobertas e registros ao longo da vida acadêmica e profissional, independentemente de um curso ou programa específico.

TABELA 10.5  Materiais educacionais disponibilizados gratuitamente na Web

| Projeto | URL |
|---|---|
| MIT OpenCourseWare — OCW (versão em português) | www.universia.com.br/mit |
| Portal Domínio Público do governo federal brasileiro (em português) | www.dominiopublico.gov.br |
| Biblioteca Virtual do Estudante de Língua Portuguesa (em português) | www.bibvirt.futuro.usp.br/index.php |
| Unifesp Virtual (em português) | www.virtual.unifesp.br/home/uv.php |
| Stanford OpenCourseWare (em inglês) | http://stanfordocw.org |
| Open Yale Courses (em inglês) | http://open.yale.edu/ |
| Webcast Courses da Universidade de Berkeley (em inglês) | http://webcast.berkeley.edu |

Por outro lado, alunos e educadores precisam lidar com aperfeiçoamentos contínuos do ambiente, como se trabalhassem em versões 'beta' perpétuas. Isso pode redundar em caos cognitivo para os alunos, que precisariam gerenciar modificações do ambiente virtual paralelamente às próprias reestruturações cognitivas mínimas à aprendizagem de domínios específicos.

Parte dessas dificuldades pode ser administrada por um design instrucional bastante contextualizado, em que as ferramentas são exibidas aos alunos à medida que se fizerem úteis para determinados objetivos e atividades de aprendizagem, bem ao estilo da matriz de design instrucional que vimos no Capítulo 5.

## Quem é o responsável pelo design dos ambientes virtuais?

No design instrucional fixo, o foco são os conteúdos e, em geral, as atividades realizadas pelo aluno são 'empacotadas' seguindo um modelo de seqüenciamento compatível ou semelhante ao do padrão Scorm. Aqui, as ferramentas pedagógicas/andragógicas do ambiente virtual, bem como suas ferramentas comunicacionais, são menos utilizadas do que as ferramentas de administração, usadas para o gerenciamento de inscrições, o monitoramento de acessos e a consolidação de resultados de avaliação. É por essa razão que, nesse caso, o designer instrucional dedica a maior parte de seu trabalho à especificação de conteúdos multimídia por meio de roteiros ou *storyboards* —, mas ele deve estar atento para assegurar a comunicação entre os objetos de aprendizagem e as ferramentas de administração do ambiente virtual.

No design instrucional aberto, o designer instrucional desempenha um papel de apoio aos educadores, auxiliando-os a fim de que alcancem melhor aproveitamento das ferramentas pedagógicas/andragógicas e comunicacionais dos ambientes virtuais para o design de unidades e atividades de aprendizagem. Aqui, o designer instrucional pode trabalhar na personalização da interface do ambiente, na elaboração de gabaritos para configuração de ferramentas e nos materiais de orientação ao aluno. Em geral, ele atua transversalmente, conferindo unidade entre cursos, disciplinas e programas, de modo que o aluno não precise reaprender o sistema a cada nova ação de aprendizagem.

No design instrucional contextualizado, o designer instrucional auxilia o educador nas propostas de interação e contextualização da ação educacional, prevendo oportunidades para adaptação a necessidades individuais ou coletivas. Vale assinalar que, para uma utilização estrita da especificação IMS Learning Design, é necessário conhecer as ferramentas de autoria e execução compatíveis, o que equivale a uma especialização das funções de design instrucional. Nesse sentido, mesmo havendo uma disseminação maciça de ferramentas de design acessíveis a usuários leigos (educadores e alunos), o designer instrucional terá um papel de destaque na pré-configuração desses ambientes.

# 11 Design de *feedback* e avaliação

> O ciclo da aprendizagem e do design instrucional não se fecha sem os processos de avaliação, que nos permitem verificar se os objetivos estabelecidos para determinada solução educacional foram alcançados.
>
> Nesse processo, o *feedback* assume papel essencial. Como faz parte do conjunto de eventos instrucionais, ele acompanha continuamente as atividades de prática e avaliação, oferecendo ao aluno oportunidades de pensar sobre sua própria aprendizagem. Além disso, por fazer parte das ações de design instrucional, é uma forma de retroalimentar a equipe durante o desenvolvimento e a implementação da solução educacional.
>
> Neste capítulo, examinamos os principais conceitos, princípios e mecanismos relativos à avaliação e ao *feedback*. Para tanto, iniciamos refletindo sobre a avaliação da aprendizagem dos alunos e, em seguida, aplicamos os conceitos paralelos à avaliação do design instrucional.

## *Feedback*

O *feedback*, que, às vezes, é traduzido como retroalimentação ou devolutiva, é uma espécie de conceito-mãe que engloba várias práticas em educação — do controle operacional de tarefas realizadas pelos alunos até o retorno qualificado sobre os processos de construção de significados; da devolutiva massificada sobre resultados pontuais até um acompanhamento personalizado de longo prazo; de uma realimentação automatizada, gerada eletronicamente, até uma realimentação construída entre pares.

Seja como for, o significado clássico do termo *feedback* em educação envolve retornar uma informação ao aluno durante ou após a conclusão de uma atividade. Por exemplo, para testes objetivos de perguntas e respostas, o *feedback* pode retornar correções do tipo 'certo' ou 'errado'. Uma pequena dose de motivação pode ser atrelada à correção da resposta, com algo como: "Parabéns, você acertou". O *feedback* pode também remeter o aluno a uma seção específica do material didático ou mesmo a materiais complementares que tratem do tema em questão. Nesses casos, o *feedback* pode ser automatizado e exibido ao aluno após cada questão corrigida ou ao final de um bloco de questões.

Em atividades de aprendizagem mais complexas, que envolvem habilidades cognitivas de nível superior e geralmente permitem mais de uma solução, como em estudos de caso, resolução de problemas e desenvolvimento de projetos, recomenda-se que o *feedback* seja oferecido durante a realização da atividade, e não apenas após sua conclusão.

Nesses casos, o *feedback* deve estar voltado tanto para os processos quanto para os resultados da aprendizagem e deve incluir ações de (1) orientação do aluno sobre as etapas do processo; (2) identificação de erros durante o processo, assim como das causas desses erros e possíveis correções de rota, e (3) fornecimento de critérios para avaliação individual ou pelos pares.

Esse tipo de *feedback* envolve imprevisibilidade de respostas e, por esse motivo, é de difícil automatização. Ele exige a participação do educador, de colegas ou de observadores externos para a confecção de devolutivas personalizadas e contextualizadas.

Em resumo, dependendo do tipo de aprendizagem, vários níveis de *feedback* podem ser oferecidos no aprendizado eletrônico, a saber:

1. Indicar se a resposta está certa ou errada, sem nenhuma informação extra.
2. Indicar se a resposta está certa ou errada e explicar por quê.
3. Fornecer subsídios para que o próprio aluno determine se a resposta está certa ou errada e por quê.
4. Apontar estratégias mais apropriadas para o encaminhamento de uma questão, sem explicitar se o aluno está certo ou errado.
5. Mostrar ao aluno as conseqüências de suas respostas, especialmente com o uso de jogos e simulações, nos quais cada ação do aluno é seguida por uma reação (*feedback*) do sistema.
6. Oferecer informação cumulativa sobre o progresso do aluno durante uma atividade — por exemplo, informar sobre padrões de erros repetidos ou quão próximo o aluno está de alcançar um critério preestabelecido.
7. Registrar em forma de foto ou vídeo demonstrações de aprendizagem psicomotora ou afetiva, que devem ser observadas pelo aluno individualmente ou em grupo, a fim de verificar passo a passo os efeitos de cada ação.
8. Oferecer atividades extras para que o aluno possa aplicar o *feedback* recebido a novas situações.

## Avaliação

A avaliação é usada para fazer julgamentos sobre a validade ou o sucesso de pessoas ou coisas. É um processo orientado por objetivos e requer atenção para os resultados e para os processos que conduziram a esses resultados.

Uma das funções essenciais da avaliação é verificar os conhecimentos e as competências adquiridos pelos alunos no processo de ensino/aprendizagem. Como conseqüência, as diferentes fases do design instrucional constituem eixos fundamentais da avaliação da solução educacional proposta, como veremos nas seções seguintes.

## Avaliação da aprendizagem

O propósito da avaliação é dar ao aluno o apoio e o *feedback* necessários à ampliação de sua aprendizagem e relatar o que ele já realizou.

A avaliação pode ser uma oportunidade para consolidar aprendizagens e desenvolver habilidades metacognitivas. Para tanto, ela precisa estar centrada no aluno, o que significa permitir a auto-reflexão e a auto-avaliação.

Além disso, a avaliação deve ser específica ao contexto, uma vez que aquilo que funciona em um curso pode não funcionar no outro. Por exemplo, testes objetivos funcionam bem na área de exatas, enquanto na área de humanas é mais apropriado usar questões dissertativas para discutir tópicos selecionados.

No aprendizado eletrônico, a avaliação deve, portanto, estar fundamentada em uma clara abordagem pedagógica/andragógica, com critérios e padrões transparentes para os alunos. E ela tem melhor resultado quando acontece de forma integrada, processual e multidimensional, o que quer dizer que deve estar alinhada aos objetivos de uma ou mais unidades de aprendizagem e ao objetivo geral do curso — a matriz de design instrucional apresentada no Capítulo 5 é um instrumento que explicita essas relações (veja a Figura 11.1).

É importante observar que, quanto à sua finalidade, a avaliação da aprendizagem pode ser formativa ou somativa.

### Avaliação formativa

A avaliação formativa começa antes mesmo do início do curso (avaliação diagnóstica) e extrapola a realização de provas finais (avaliação consolidada).

No primeiro momento, ela tem por objetivo verificar se os alunos possuem determinados conhecimentos, habilidades e atitudes com vistas a agrupá-los de acordo com características comuns e/ou formar percursos alternativos de estudo.

Ao longo de uma unidade ou curso, seu principal propósito é servir como retorno sobre o desempenho dos alunos. Por essa razão, os dados devem ser documentados e analisados continuamente para identificar as fontes de sucesso e de problemas, a fim de prover subsídios para melhorias durante a execução do curso e/ou em edições futuras.

**Figura 11.1** Alinhamento da avaliação da aprendizagem com os objetivos declarados na matriz de design instrucional

| | Unidades | Objetivos | Papéis | Atividades | Duração e período | Ferramentas | Conteúdos | Avaliação |
|---|---|---|---|---|---|---|---|---|
| 1 | | | | | | | | |
| 2 | | | | | | | | |
| 3 | | | | | | | | |
| 4 | | | | | | | | |
| 5 | | | | | | | | |

**Objetivos:** o que se espera de cada unidade

**Avaliação:** mecanismos e critérios para verificar se os objetivos foram atingidos

Aliás, como regra, pode-se dizer que, nos modelos aberto e contextualizado de design instrucional, as alterações ocorrem à medida que o curso se desenrola, ao passo que, no modelo fixo, se a confluência for alta ou moderada, os ajustes são implementados apenas em novas edições do curso.

*Avaliação somativa*

A avaliação somativa é realizada na conclusão de uma unidade ou curso para fins de classificação, com a atribuição de conceitos ou notas.

Por meio dela, é possível comparar resultados obtidos por diferentes alunos, métodos e materiais de ensino. Além disso, quando aplicada periodicamente, essa avaliação incentiva a revisão dos conteúdos pelos alunos e possibilita a elaboração de sínteses provisórias.

A avaliação somativa tem um componente de prestação de contas, oferecendo conclusões genéricas sobre determinado curso ou programa geralmente para *stakeholders* como agentes financiadores (pais, governos, empresas), associações profissionais, empregadores e pesquisadores acadêmicos.

## Avaliação segundo domínios da aprendizagem

Os domínios afetivo, psicomotor e cognitivo visam a diferentes objetivos de aprendizagem e, por essa razão, implicam abordagens e instrumentos de avaliação diferenciados.

*Avaliação no domínio afetivo*

As competências desenvolvidas no domínio afetivo incluem, entre outras, apreciação estética, compromisso, autoconsciência, consciência ética e consciência ambiental.

Embora menos comuns e difíceis de avaliar, os objetivos relacionados ao domínio afetivo podem ser verificados em alguma medida no design instrucional. De fato, para checar a formação ou a mudança de atitudes, valores, preferências ou interesses dos alunos com relação a objetos, pessoas ou idéias, algumas técnicas de avaliação podem ser empregadas, a saber:

- **Consulta direta:** consiste em uma auto-avaliação dirigida, na qual os alunos são questionados sobre sua atitude em relação a determinado tema. Nesse caso, são usadas escalas com gradações de concordância (discordo, concordo em termos, concordo) ou freqüência (sempre, freqüentemente, ocasionalmente, raramente, nunca). Pode-se também pedir aos alunos que comparem respostas a questões desse tipo dadas antes e depois de determinada aprendizagem ou que elaborem um plano para colocar em prática no futuro alguma mudança relacionada aos objetivos do domínio afetivo.
- **Consulta indireta:** ao contrário da consulta direta, à qual os alunos respondem com base em seu comportamento pessoal, na consulta indireta os alunos posicionam-se levando em conta atitudes demonstradas em cenários externos. Aqui, também, podem ser aplicadas escalas de gradação, bem como pode ser solicitada aos alunos uma justificativa para seu posicionamento.

- **Observação:** a observação externa verifica o comportamento do aluno em relação a determinado tema por meio de listas de verificação que devem ser preenchidas por um observador — um educador durante a ação de aprendizagem ou um supervisor ou mentor nos casos de educação profissional ou corporativa.

Nos modelos colaborativo e imersivo do aprendizado eletrônico, um exemplo de avaliação de atitudes é o acompanhamento da interação entre os alunos no ambiente virtual. Partindo-se do pressuposto de que é requisito para o desenvolvimento de atividades colaborativas, a avaliação pode ser realizada das seguintes maneiras: (1) solicitando uma auto-avaliação individual, uma consulta direta sobre como cada aluno contribuiu para a aprendizagem do grupo; (2) consultando os alunos indiretamente, em separado ou em grupo, sobre situações-problema envolvendo desrespeito à netiqueta ('etiqueta na Net' ou diretrizes para comportamento on-line), ou (3) utilizando mecanismos de categorização das participações para verificar a qualidade das interações realizadas.

*Avaliação no domínio psicomotor*

O domínio psicomotor inclui movimentação física, coordenação e o uso de habilidades motoras desenvolvidas pela prática e avaliadas em termos de velocidade, precisão, distância, procedimentos e técnicas de execução.

Muitas tarefas psicomotoras incluem a aprendizagem de conceitos e princípios e a capacidade de aplicar regras, que podem ser verificadas pelas técnicas de avaliação do domínio cognitivo. As competências motoras propriamente ditas são avaliadas quando o aluno demonstra ou desempenha determinada tarefa a um observador.

Para a avaliação do desempenho, podem ser usadas listas de verificação ou escalas de gradação de freqüência e concordância, bem como níveis de aceitação (plenamente aceitável, parcialmente aceitável, inaceitável), que devem ser preenchidos por terceiros.

*Avaliação no domínio cognitivo*

No domínio cognitivo, que abrange as competências de memorização, compreensão, aplicação, análise, síntese/criação e avaliação, a avaliação da aprendizagem pode ser realizada pela aplicação de dois tipos de questões, a saber:

- **Questões convergentes:** têm por natureza uma única resposta correta, geralmente curta, que requer pouca reflexão e recordação de uma pequena informação factual. Não exigem pensamento criativo ou originalidade por parte dos alunos.
- **Questões divergentes:** os alunos devem recuperar alguma informação e aplicar este e outros conhecimentos para explicar, extrapolar ou analisar de modo mais profundo um tópico, situação ou problema. Por natureza, permitem múltiplas respostas e requerem pensamento de ordem superior.

O Quadro 11.1 mostra a relação entre essa avaliação e a taxonomia de objetivos de aprendizagem de Bloom que vimos no Quadro 5.1.

**Quadro 11.1** Tipos de questão para a avaliação no domínio cognitivo

| Hierarquia de competências | Descrição | Questões para avaliação | | |
|---|---|---|---|---|
| | | Tipos de questão | Prós | Contras |
| Avaliação | Requer que o aluno confronte dados, informações, teorias e produtos com um ou mais critérios de julgamento. | Qual é a sua opinião? Qual é a sua posição? Se... então | Estimulam a busca de conhecimento e a geração de hipóteses. | São mais difíceis de avaliar, uma vez que as respostas podem ser altamente originais ou pessoais. |
| Síntese/ Criação | Requer que o aluno reúna elementos da informação, bem como faça abstrações e generalizações a fim de criar algo novo. | | | |
| Análise | Requer que o aluno separe a informação em elementos componentes e estabeleça relações entre as partes. | Como isso poderia...? Quais são as possíveis conseqüências de...? | Focam no pensamento crítico e em discussões mais profundas. | Tornam difícil determinar em que direção a aprendizagem pode seguir. |
| Aplicação | Requer que o aluno transfira conceitos ou abstrações aprendidos para resolver problemas ou situações novas. | | | |
| Compreensão | Requer que o aluno aprenda o significado de um conteúdo, compreenda fatos e princípios, exemplifique, interprete ou converta materiais de um formato a outro (por exemplo, de verbal para visual, de verbal para matemático), estime as conseqüências e justifique métodos e procedimentos. | Por quê? Como? De que forma(s)? | Ajudam os alunos a fazer conexões entre fatos e a entender relações. | Podem levar a digressões e questões mais longas e elaboradas, facilmente antecipadas. |
| Memorização | Requer que o aluno lembre e reproduza com exatidão alguma informação que lhe tenha sido dada, seja esta uma data, um relato, um procedimento, uma fórmula ou uma teoria. | Quem? O quê? Onde? Quando? | São fáceis de elaborar e ajudam a identificar alunos com grandes lacunas no conhecimento geral. | São pouco efetivas na transferência de conhecimento; respostas corretas podem significar conteúdo memorizado, mas não compreendido. |

## Instrumentos de avaliação

No aprendizado eletrônico, são vários os instrumentos para a avaliação da aprendizagem do aluno, que vão de enquetes rápidas e informais a espaços para armazenamento contínuo da produção individual, da aplicação automatizada de testes a recursos de avaliação cruzada em produções coletivas. Nas próximas seções, veremos os principais deles.

## Testes de múltipla escolha

Os testes de múltipla escolha consistem em um enunciado com algumas alternativas de resposta, sendo uma delas claramente a resposta correta. Fáceis de administrar e corrigir eletronicamente, esses testes fornecem medidas objetivas de desempenho e permitem ampla cobertura dos conteúdos tratados.

Da perspectiva da aprendizagem, no entanto, os testes de múltipla escolha favorecem apenas a recordação de fatos e, do ponto de vista do design instrucional, requerem tempo e habilidade específica para sua construção (veja o Quadro 11.2).

**Quadro 11.2**  Como construir testes de múltipla escolha

1. Selecione um tema definido, único e explícito.
2. Formule um enunciado a respeito do tema.
3. Construa alternativas plausíveis.
4. Assinale a alternativa correta (para correção automática) distribuindo-a randomicamente no caso de um conjunto de questões.
5. Elabore o *feedback* (para exibição posterior ao aluno).

**Cuidados:**

1. Elimine palavras desnecessárias ou informações irrelevantes no enunciado e nas alternativas.
2. Inclua no enunciado palavras que se repetem no corpo das alternativas.
3. Use negrito ou letras maiúsculas para enfatizar negações no enunciado.
4. Siga a mesma linha gramatical no enunciado e nas alternativas.
5. Evite dicas que encaminhem à resposta correta, como artigos, gênero, plural e regência verbal.

## Testes de verdadeiro/falso e sim/não

Testes de verdadeiro/falso, bem como testes de sim/não, consistem em um enunciado com duas alternativas, sendo apenas uma delas correta. São fáceis de administrar e corrigir eletronicamente e fornecem medidas objetivas de desempenho, mas favorecem o fator adivinhação — afinal, 50 por cento das respostas são corretas e 50 por cento são erradas.

Esses testes são adequados para avaliar conhecimentos triviais. No entanto, para avaliar habilidades cognitivas de ordem superior, eles são mais complicados, uma vez que é difícil redigir declarações completamente verdadeiras ou complemente falsas (veja o Quadro 11.3).

**Quadro 11.3**  Como construir testes de verdadeiro/falso ou sim/não.

1. Selecione um tema definido, único e explícito.
2. Formule um enunciado a respeito do tema.
3. Construa alternativas plausíveis.
4. Assinale a alternativa correta, distribuindo-a randomicamente no caso de um conjunto de questões (para correção automática).
5. Elabore o *feedback* (para exibição posterior ao aluno).

(continua)

**Cuidados:**

1. Expresse uma única idéia em cada item.
2. Evite declarações negativas.
3. Evite vocabulário desconhecido.
4. Evite palavras que dão idéia de probabilidade e não de verdade/falsidade, como 'geralmente', 'algumas vezes', 'freqüentemente'.

*Testes de associação ou correspondência*

Testes de associação ou correspondência consistem em (1) uma lista de condições, (2) uma lista de respostas e (3) direções para relacionar as condições às respostas. São fáceis de administrar e de corrigir eletronicamente, fornecem medidas objetivas de desempenho e permitem ampla cobertura dos conteúdos tratados. Contudo, são pouco adequados para a aprendizagem não memorística — além de ser difícil selecionar um conjunto comum de condições e respostas (veja o Quadro 11.4).

**Quadro 11.4** Como construir testes de associação ou correspondência

1. Selecione um tema definido, único e explícito.
2. Redija a lista de condições e a lista de respostas.
3. Organize a lista de respostas em uma coluna à direita ou abaixo da lista de condições, em uma ordem lógica (numérica ou alfabética).
4. Informe a associação correta (para correção automática).
5. Elabore o *feedback* (para exibição posterior ao aluno).

**Cuidados:**

1. Inclua orientações claras ao aluno sobre como registrar a associação.
2. Utilize um número reduzido de pares condições/respostas (no máximo cinco).
3. Evite dicas gramaticais que indiquem a associação independentemente da compreensão do conteúdo.

*Testes de preenchimento de lacunas*

Testes de preenchimento de lacunas consistem em um enunciado que deve ser completado pelo aluno. Eles representam uma opção às questões abertas, minimizam a adivinhação quando comparados às questões de múltipla escolha e verdadeiro/falso e ainda fornecem medidas objetivas de desempenho.

É importante assinalar que esse tipo de teste se restringe à mera recordação e é difícil de ser construído e corrigido, podendo levar a mais de uma resposta correta — o que dificulta sua aplicação e sua correção automatizada (veja o Quadro 11.5).

**Quadro 11.5** Como construir testes de preenchimento de lacunas

1. Selecione um tema definido, único e explícito.
2. Formule um enunciado, deixando em branco espaços para registro de palavras-chave relacionadas à compreensão do tema, e não a detalhes.
3. Redija a resposta correta e suas variações (para correção automática).
4. Elabore o *feedback* (para exibição posterior ao aluno).

**Cuidados:**

1. Não omita palavras a ponto de o enunciado perder o significado.
2. Evite dicas gramaticais.
3. Certifique-se de que uma única resposta breve é possível.
4. Mantenha as lacunas do mesmo tamanho.
5. A resposta desejada deve estar clara para o aluno.

*Testes de arrastar-e-soltar*

Muito usados em tutoriais e cursos auto-instrucionais, os testes de arrastar-e-soltar consistem em uma combinação dos testes de associação e de preenchimento de lacunas. Aqui, a ação do aluno consiste em arrastar com o mouse palavras ou expressões visíveis na tela para preencher lacunas de uma frase ou parágrafo.

Os testes de arrastar-e-soltar fornecem medidas objetivas de desempenho, mas restringem-se a mera recordação ou adivinhação. Por outro lado, são fáceis de construir e corrigir eletronicamente (veja o Quadro 11.6).

**Quadro 11.6** Como construir testes de arrastar-e-soltar

1. Selecione um tema definido, único e explícito.
2. Formule um enunciado, deixando em branco os espaços para registro.
3. Redija as respostas correspondentes às lacunas.
4. Inclua orientações claras ao aluno sobre como arrastar-e-soltar.
5. Informe a associação correta entre espaços e respostas correspondentes (para correção automática).
6. Elabore o *feedback* (para exibição posterior ao aluno).

**Cuidados:**

1. Não omita palavras a ponto de o enunciado perder o significado.
2. Evite dicas gramaticais.
3. Mantenha as lacunas do mesmo tamanho.

(continua)

## Puzzles

Jogo da memória, forca, palavras cruzadas e caça-palavras são variações dos testes de associação e de preenchimento de lacunas que podem ser categorizados como *puzzles* — quebra-cabeças, desafios ou, conforme o Dicionário Aurélio, "qualquer problema cuja solução exige trabalho de paciência".

Embora muito empregados em cursos auto-instrucionais, os *puzzles* se baseiam exclusivamente em estratégias de recordação ou memorização. Além disso, implicam uma produção menos complexa, que conta com gabaritos simples acessíveis a qualquer usuário com conhecimentos básicos em informática.*

O Quadro 11.7 dá orientações sobre como construir diferentes formatos de *puzzles*.

**Quadro 11.7** Como construir *puzzles*

### A. Jogo da memória

Utilize as mesmas orientações dos testes de associação ou correspondência (Quadro 11.4), com a diferença de que as respostas e condições não são apresentadas lado a lado, mas na forma de pares a serem combinados pelos alunos (como mostra a Figura 11.2).

**Figura 11.2** Jogo da memória

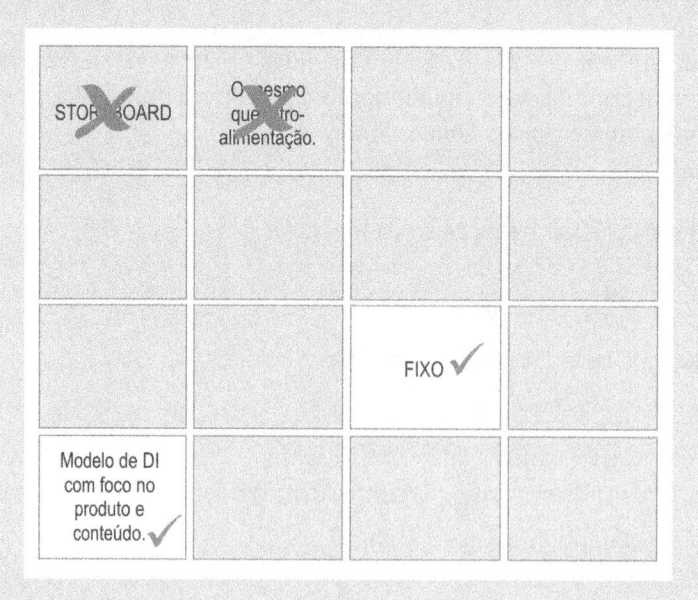

| | | | |
|---|---|---|---|
| STORYBOARD ✗ | O mesmo que retro-alimentação. ✗ | | |
| | | | |
| | | FIXO ✓ | |
| Modelo de DI com foco no produto e conteúdo. ✓ | | | |

(continua)

---

* O software Hot Potatoes, por exemplo, que permite a geração desse tipo de atividade, é gratuito para instituições educacionais sem fins lucrativos. É possível fazer livremente o *download* desse software em http://hotpot.uvic.ca/winhotpot60.zip.

## B. Forca

Utilize as mesmas orientações dos testes de preenchimento de lacunas (Quadro 11.5), com a diferença que os espaços para preenchimento devem corresponder às letras das palavras. Acrescenta-se um desenho de forca e a programação de que, a cada letra errada inserida pelo aluno, vai sendo preenchida uma parte do corpo, até acabarem suas chances de acerto (veja a Figura 11.3).

**FIGURA 11.3**   Forca

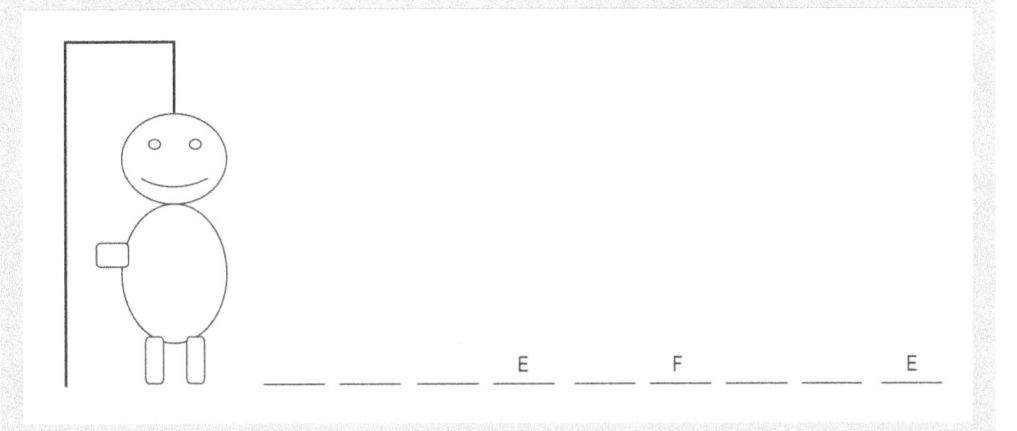

**Cuidados para jogo da memória e forca:**

1. Embora esses tipos de *puzzle* possam ser ricos em recursos visuais e até sonoros, com adaptações a contextos de aprendizagem específicos (por exemplo, com um pneu que enche até estourar a cada erro em um treinamento no setor automobilístico), eles favorecem a adivinhação, mais que a reflexão. Devem, portanto, ser usados comedidamente e, no caso de alunos adultos, com o cuidado extra de não infantilizar a proposta.

2. Alternativamente, pode-se pedir que os próprios alunos assumam a função de designers (como vimos na seção "Interação com ferramentas", no Capítulo 9) e criem os pares de questões e respostas a partir de conteúdos de uma unidade de aprendizagem.*

## C. Palavras cruzadas:

1. Selecione um tema definido, único e explícito.
2. Formule claramente uma lista numerada de enunciados.
3. Prepare uma lista com as respostas (para sua própria orientação e posterior correção automática).
4. Distribua as respostas no sentido horizontal e vertical de uma grade, buscando intersectar letras comuns a mais de uma resposta.

---

* Um exemplo nacional de ferramenta para esse tipo de construção pelos alunos é a animação da forca desenvolvida pelo Cinted — Centro Interdisciplinar de Novas Tecnologias da Educação da UFRGS (disponível em: http://penta2.ufrgs.br/edu/animacoes/forca.swf).

(continua)

5. Insira o número do enunciado na 1ª célula de cada resposta apresentada na grade.

6. Anule as células da grade que não contenham as respostas.

7. Revise os enunciados e as respostas.

8. Apague as letras da grade.

Veja na Figura 11.4 um exemplo de palavras cruzadas.

**Figura 11.4** Palavras cruzadas

[Palavras cruzadas com as seguintes respostas:
1. ADDIE (vertical)
2. AVALIAÇÃO (vertical)
3. FEEDBACK (vertical)
4. FIXO (vertical)
5. INTERFACE (horizontal)
6. CENÁRIO — CENÁ... (vertical: CENTEXT? na grade: C-E / ... ) — na grade vertical: C, E (na linha 6 vertical mostra-se apenas início)
7. STORYBOARD (horizontal)
8. INTERAÇÃO (horizontal)
9. AGENTE (horizontal)
10. ROTEIRO (horizontal)]

[1] Abreviatura das fases clássicas de design instrucional.

[2] Processo realizado a fim de verificar o alcance dos objetivos educacionais.

[3] O mesmo que retroalimentação.

[4] Modelo de design instrucional cujo foco está no produto e no conteúdo.

[5] Elemento que proporciona uma ligação física ou lógica entre duas partes separadas.

[6] Conjunto de fatores individuais, imediatos e institucionais que antecedem a caracterização e acompanham a situação didática.

[7] Documento de especificação que permite a representação gráfica de um produto instrucional.

[8] Ação mútua entre dois ou mais objetos ou pessoas.

[9] Personagem virtual que personifica a conversa instrucional.

[10] Documento de especificação em forma predominantemente textual.

(continua)

## D. Caça-palavras

1. Selecione um tema definido, único e explícito.
2. Formule claramente um enunciado geral ou um enunciado para cada resposta desejada.
3. Prepare uma lista com as respostas (para sua orientação e posterior correção automática).
4. Distribua as respostas tanto no sentido vertical como horizontal de uma grade, buscando intersectar letras comuns a mais de uma resposta.
5. Revise os enunciados e as respostas.
6. Preencha as células restantes da grade com letras variadas.

Veja na Figura 11.5 um exemplo de caça-palavras.

**Figura 11.5** Caça-palavras

| C | K | A | Ç | Ã | A | D | V | A | R | C | J | A | I | Q |
|---|---|---|---|---|---|---|---|---|---|---|---|---|---|---|
| I | E | Z | I | S | H | S/ | S | D | O | T | G | V | X | B |
| J | R | O | F | R | A | Y | B | D | X | G | U | A | Q | B |
| F | R | U | E | W | C | G | V | I | B | C | Ç | L | R | R |
| I | N | T | E | R | F | A | C | E | F | F | D | I | S | M |
| X | M | A | D | Y | S | T | O | R | Y | B | O | A | R | D |
| O | P | B | B | C | X | C | N | U | A | S | S | Ç | Q | U |
| R | T | N | A | T | I | N | T | E | R | A | Ç | Ã | O | X |
| D | T | D | C | F | A | G | E | N | T | E | Ã | O | U | C |
| E | A | P | K | C | A | I | X | H | U | T | I | O | Y | K |
| J | K | C | Z | D | H | O | T | B | M | N | I | B | A | Q |
| Y | A | V | T | X | U | R | O | T | E | I | R | O | P | A |

**Cuidados para palavras cruzadas e caça-palavras:**

1. Inclua orientações claras ao aluno sobre como responder aos *puzzles*.
2. Utilize palavras ou expressões com mais de quatro letras.

(continua)

3. Distribua as respostas por toda a extensão da grade.

4. Use grades de preferência com a mesma largura e altura.

5. Evite intersectar palavras em letras com acentuação diferenciada (ou com e sem cedilha).

6. Não duplique palavras ou expressões.

## Questões dissertativas

Questões dissertativas consistem em perguntas abertas que têm como objetivo avaliar competências de aplicação, análise, síntese e avaliação. Elas podem restringir-se a alguns parágrafos, exigindo respostas altamente focadas, ou dar oportunidade ao aluno de expressar pontos de vista em dissertações mais longas.

Vale assinalar que questões desse tipo são relativamente fáceis de construir, se comparadas ao design de questões objetivas, mas, por outro lado, requerem muito tempo e cuidado na correção, a qual, pelo menos por enquanto, não pode ser automatizada. Requerem atenção extra para evitar julgamentos subjetivos e para evitar a avaliação baseada no estilo de escrita, em vez da aprendizagem do tema em questão (veja o Quadro 11.8).

**Quadro 11.8** Como construir questões dissertativas

1. Redija enunciados sobre temas específicos.

2. Informe aos alunos os critérios e as condições de avaliação, explicitando o que se espera como resposta.

3. Redija um modelo de resposta que facilite a posterior correção — nesse modelo, devem ser enfatizados os conceitos-chave e as relações que devem constar da resposta dissertativa.

**Cuidados:**

1. A fim de reduzir o grau de subjetividade, faça avaliações 'às cegas', ou seja, sem identificação do autor da dissertação.

2. Quando o teste incluir mais de uma questão dissertativa, corrija a mesma questão para todos os alunos a fim de manter o nível de avaliação e só depois disso inicie a correção de outra questão.

## Questões de resolução de problemas

Assim como as questões dissertativas, as questões de resolução de problemas avaliam competências de aplicação, análise, síntese e avaliação e são relativamente fáceis de construir, se comparadas ao design de questões objetivas.

Esse tipo de questão, no entanto, requer tempo e cuidado extra na correção, já que, na maioria dos casos, há múltiplas respostas para solucionar um mesmo problema. E é por essa razão que, nesse caso, a correção raramente pode ser automatizada (veja o Quadro 11.9).

**Quadro 11.9**  Como construir questões de resolução de problemas

1. Redija a descrição do problema.
2. Especifique os critérios para avaliação.

**Cuidados:**

1. Redija um modelo de resposta para o problema.
2. Atribua créditos às diferentes etapas da resolução, as quais podem ser: análise do problema, análise de problemas similares, formulação de hipóteses e solução ou encaminhamento.
3. Reconheça o desempenho do aluno no processo de resolução do problema, e não apenas no resultado.

*Rubricas*

As rubricas consistem na avaliação de aprendizagens complexas. Elas se baseiam em uma escala de múltiplos critérios que examinam de maneira mais descritiva e holística tanto os processos quanto os produtos da aprendizagem (veja o Quadro 11.10).

**Quadro 11.10**  Como construir rubricas

1. Determine os objetivos de aprendizagem a ser avaliados.
2. Escolha os critérios para avaliar esses objetivos e nomeie esses critérios de modo que evidenciem aos alunos o que será avaliado.
3. Construa uma matriz de avaliação para posicionar objetivos e critérios de avaliação, como mostrado a seguir:

| Critérios | Desempenho avançado | Desempenho médio | Desempenho iniciante |
|---|---|---|---|
| Critério 1 | | | |
| Critério 2 | | | |
| Critério 3 | | | |

4. Apresente a rubrica aos alunos antes que a atividade ou a avaliação se inicie.
5. Avalie o produto final comparando o desempenho dos alunos com os critérios estabelecidos na rubrica.

**Cuidados:**

1. Todos os elementos importantes para o desempenho de determinada tarefa devem estar incluídos na rubrica.
2. Os elementos não devem ser compostos por outros elementos, pois isso dificulta a avaliação e o *feedback*.
3. As gradações devem ser distintas e descritivas, abrangendo uma variedade de desempenhos — alguns elementos são mais bem avaliados em uma escala simples (do tipo sim ou não), enquanto outros podem requerer diversas gradações.
4. A rubrica deve ser clara quanto às expectativas e ao progresso em relação aos objetivos estabelecidos — o *feedback* expresso nos critérios deve permitir que os alunos compreendam os processos cognitivos, de modo que possam regular a própria aprendizagem à medida que desenvolvem tarefas complexas em ambientes de aprendizagem significativos.

## Portfólios

Os portfólios consistem em uma coleção de registros e artefatos acumulados que representam o que um aluno ou um grupo de alunos aprendeu ao longo do tempo. Constituem uma forma de avaliação autêntica, uma vez que demonstram competências e valores dos alunos em contextos realísticos. De fato, um portfólio pode incluir anotações de sala de aula, rascunhos e revisões de dissertações e projetos, comentários gerais sobre o curso e produtos de atividades em grupos, bem como qualquer outro trabalho representativo do desenvolvimento do aluno (veja o Quadro 11.11).

**Quadro 11.11** Como construir portfólios

1. Oriente os alunos a selecionar itens para publicação no portfólio.
2. Com base nos objetivos de aprendizagem, identifique critérios para avaliar o trabalho.
3. Comunique aos alunos os formatos de avaliação, que podem incluir listas de verificação (presente/ausente), escalas de gradação, rubricas e comentários do educador, dos colegas e de outros envolvidos (pais, especialistas, convidados, mentores, colegas de trabalho etc.).

**Cuidados:**

1. Em aprendizagens complexas, recorra a múltiplos avaliadores para diminuir o grau de subjetividade.
2. Cuide para avaliar sempre ou o melhor trabalho de todos os alunos, que represente as várias etapas do aprendizado, ou todos os artefatos produzidos por todos os alunos.

## Auto-avaliação

A auto-avaliação consiste em propor aos alunos, individualmente ou em grupos, testes objetivos e/ou questões dissertativas que devem ser analisados pelos próprios alunos. Aqui também podem ser definidos critérios, como rubricas e escalas de gradação, para avaliação de portfólios e participação em atividades colaborativas.

Em algumas situações, os alunos podem atuar como designers da avaliação, elaborando ao longo do curso instrumentos a ser incorporados em avaliações intermediárias ou finais. Nesses casos, nos testes objetivos, os alunos devem formular enunciados, alternativas e *feedbacks*; para os outros tipos de instrumento, devem elencar, juntamente com o educador, os critérios pelos quais a produção dos estudantes será avaliada.

Cabe assinalar que a avaliação da aprendizagem por pares também entra nessa categoria e pode tornar-se também da mesma objeto de avaliação.

## Monitoramento automático

No que tange ao monitoramento da participação, a maioria dos sistemas de gerenciamento da aprendizagem oferece, de forma não invasiva, dados sobre a freqüência de conexão de alunos e educadores, áreas do ambiente visitadas, mensagens de correio e fórum enviadas e rastreamento de percursos individuais de aprendizagem, entre outros. Fazem isso por meio de ferramentas de administração, como vimos no Capítulo 10.

Seja como for, uma vez que o rastreamento automático envolve questões de privacidade e confidencialidade, deve ficar muito claro para os alunos que os dados estão sendo registrados com o objetivo de formar uma base para a metanálise do curso. Afinal, séries históricas armazenadas revelam padrões de desempenho e participação, ao passo que os totais consolidados servem de referenciais para fins classificatórios e analíticos.

## Avaliação do design instrucional

Na avaliação presencial, a tendência é avaliar o educador, a quem cabe o planejamento do ensino, a seleção de materiais e a construção de instrumentos de avaliação. No aprendizado eletrônico, tudo isso resulta do trabalho de uma equipe multidisciplinar e está expresso virtualmente no design instrucional, por meio de elementos como a estrutura do curso, o emprego da tecnologia e principalmente as questões de interação e interatividade no ambiente virtual.

É por essa razão que a avaliação do design instrucional, da mesma forma que a avaliação da aprendizagem, é voltada tanto para a avaliação formativa como para a avaliação somativa.

### Avaliação formativa do design instrucional

A avaliação formativa do design instrucional ocorre durante o desenvolvimento da solução educacional. Ela é o 'controle de qualidade' do processo de desenvolvimento e deve ser realizada a tempo de permitir correções de rumo.

Assim como a avaliação formativa da aprendizagem, a avaliação formativa do design instrucional deve estar alinhada com os objetivos da solução proposta, e um instrumento para verificar esse alinhamento é a matriz de design instrucional, mostrada na Figura 11.6.

**FIGURA 11.6** Alinhamento da avaliação do design instrucional com os objetivos da solução proposta

| | Unidades | Objetivos | Papéis | Atividades | Duração | Ferramentas | Conteúdos | Avaliação |
|---|---|---|---|---|---|---|---|---|
| 1 | | Os objetivos de aprendizagem correspondem às necessidades identificadas na fase de análise? | | | | As ferramentas e os conteúdos convergem para o alcance dos objetivos de aprendizagem? | | |
| 2 | | | | | | | | |
| 3 | | O fluxo de atividades está de acordo com os eventos instrucionais? | | | | | | Os instrumentos de avaliação são adequados para verificar o alcance dos objetivos? |
| 4 | | | | | | | | |
| 5 | | | | | | | | |

Entretanto, enquanto na avaliação formativa da aprendizagem verificamos se os objetivos firmados na matriz foram alcançados pelos alunos usando os instrumentos de avaliação citados anteriormente, na avaliação formativa do design instrucional verificamos se cada um dos elementos da matriz — unidades, objetivos, atividades, papéis, duração, ferramentas e conteúdos — contribuiu para esse resultado e como se deu essa contribuição.

É por isso que, nessa avaliação, o designer instrucional faz continuamente a isso mesmo as seguintes perguntas:

- Os objetivos de aprendizagem definidos correspondem às necessidades de aprendizagem identificadas na fase de análise?
- As ferramentas e os conteúdos convergem para o alcance dos objetivos de aprendizagem?
- O fluxo de atividades de aprendizagem ativa a atenção e o interesse do aluno, apresenta o quadro geral da unidade de aprendizagem e recupera conhecimentos prévios? Ele também proporciona orientação e prática, bem como *feedback*, síntese e revisão, de acordo com os eventos instrucionais?
- Os instrumentos de avaliação são adequados para verificar o alcance dos objetivos?

Outro ponto que merece cuidado: dada a importância da interação no aprendizado eletrônico, boa parte da atenção do design instrucional deve estar voltada à interatividade, expressa tanto na interface quanto na funcionalidade dos artefatos e dos recursos digitais — conteúdos multimídia, manuais, tutorais, atividades de aprendizagem, ferramentas e instrumentos de avaliação.

Em termos práticos, a avaliação formativa é realizada por meio de listas de verificação que devem ser preenchidas pelo designer instrucional e por meio de testes de uso com alunos potenciais.

No que diz respeito à interação com o conteúdo, de preferência, mais de um usuário-alvo deve testar a interface, e deve fazê-lo não apenas ao final do processo de desenvolvimento, mas desde a primeira versão do *storyboard* ou da parametrização do ambiente virtual, de modo que ajustes possam ser realizados a tempo e seja possível identificar novos problemas a partir de versões revisadas.

Ferramentas cognitivas e outras ferramentas que possibilitam a interação do aluno com o educador e com os colegas, caso façam parte da solução educacional, também precisam ser checadas antes da fase de implementação. O propósito é assegurar que os alunos tenham acesso a ferramentas e configurações consistentes, que lhes permitam desenvolver habilidades cognitivas e atividades de comunicação. Além disso, no decorrer da avaliação, pode surgir a necessidade de desenvolver orientações mais detalhadas, ajudas complementares ou tutoriais sobre como manusear as ferramentas para atividades específicas do curso.

É importante que os materiais passem ainda por validações do 'cliente' que encomendou a solução educacional. Cabe lembrar que, em geral, o cliente está atento a fatores relacionados ao contexto institucional, como identidade visual e sonora, créditos e macro objetivos do programa.

Por fim, os próprios alunos são uma importante fonte de consulta para a avaliação do design instrucional durante a execução do curso. Eles podem avaliar, em termos de qualidade e quantidade, os materiais, os conteúdos, a interação com o educador e com outros colegas (se houver) e o ambiente virtual de aprendizagem, bem como o suporte técnico e administrativo conforme aplicados até aquele momento do curso.

*Avaliação somativa do design instrucional*

Assim como acontece com a avaliação somativa da aprendizagem, a avaliação somativa do design instrucional ocorre ao final de uma unidade ou curso. E, quando usada com a finalidade de identificar como os alunos reagiram a um programa em termos de conteúdo, metodologia e tecnologia, ela recebe o nome de *avaliação de reação*.

Como mostra o Quadro 11.12, questões objetivas com gradações de concordância se aplicam muito bem à avaliação de reação e seus resultados são fáceis de tabular para fins de comparação com outros cursos ou edições. Questões abertas também podem complementar a avaliação, captando aspectos qualitativos diversos.

QUADRO 11.12  Exemplo de avaliação de reação

| | | | | | |
|---|---|---|---|---|---|
| 1. Como você avalia os seguintes itens do curso (5 = ótimo; 1 = péssimo): | | | | | |
| ambiente virtual | 5 | 4 | 3 | 2 | 1 |
| docência virtual | 5 | 4 | 3 | 2 | 1 |
| materiais didáticos | 5 | 4 | 3 | 2 | 1 |
| interação com os colegas | 5 | 4 | 3 | 2 | 1 |

2. Qual foi sua melhor experiência no curso?
_____

3. Qual foi sua pior experiência no curso?
_____

4. Se você pudesse mudar o curso, o que faria?
_____

5. Comentários: _____

## Quem é o responsável pelo design de *feedback* e avaliação?

Como ocorre no design de conteúdos multimídia, o conteudista desempenha papel fundamental no design do *feedback* e da avaliação. Afinal, ele é o responsável técnico pela veracidade das informações veiculadas em um curso ou uma unidade de aprendizagem. Entretanto, uma vez que muitos conteudistas são especialistas em outros domínios que não o educacional, o designer instrucional deve orientá-los quanto aos instrumentos de avaliação, à quantidade e à natureza das questões, aos critérios de correção e aos tipos de *feedback* fornecidos.

O designer instrucional também é responsável por analisar avaliações somativas, verificando resultados em um mesmo projeto e em outros projetos com vistas a extrair subsídios para melhorar os processos de ensino/aprendizagem e do próprio design instrucional.

# PARTE 4

# Visão econômica

Grande parte das decisões relativas ao aprendizado eletrônico ocorre no nível macro, abrangendo mais do que um curso ou um programa, e é tomada pela alta administração, muitas vezes sem a participação direta de um profissional de design instrucional.

Isso significa que, com freqüência, o designer instrucional trabalha no nível de projetos específicos com uma verba orçamentária preestabelecida e condições previamente definidas, como número mínimo e máximo de alunos, modelo de design instrucional, ambiente virtual de aprendizagem e *mix* de mídias — elementos que são determinantes no levantamento de restrições realizado na fase de análise contextual (veja o Capítulo 4).

Tendo isso em mente, a quarta e última parte deste livro é dedicada à visão econômica e à gestão de projetos no design instrucional. Nela, exploramos as questões de custos, despesas, receitas e investimentos inicialmente de uma perspectiva mais ampla para, em seguida, abordar as microdecisões relacionadas a projetos específicos, como programas, cursos e unidades de estudo.

# 12 Questões econômicas relacionadas ao design instrucional*

Estatísticas indicam que, por volta de 2025, a demanda mundial por educação superior alcançará 150 milhões de pessoas contra os atuais 90 milhões de pessoas, e isso se deve não apenas ao crescimento demográfico natural, mas também aos seguintes fatores: (1) mudança no perfil das carreiras profissionais, que enfatizam cada vez mais a prestação de serviços em detrimento da produção de bens e exigem competências intelectuais cada vez mais complexas, as quais necessitam de constante atualização; (2) mudança na política mundial, afinal, a melhoria dos índices educacionais com freqüência vem acompanhada da democratização dos regimes políticos e vice-versa; e (3) mudança na economia do conhecimento, uma vez que, à medida que a economia se torna mais globalizada, a atuação dos profissionais deixa de ser restrita a mercados de trabalho locais.

Conceitos como educação continuada e aprendizagem por toda a vida (*lifelong learning*) fazem crer que o autodesenvolvimento não é mais uma opção, mas uma questão de sobrevivência para indivíduos, grupos, organizações e países.

Nesse sentido, muitos sugerem que o aprendizado eletrônico é a única maneira de equacionar a diferença entre o número restrito de vagas das redes de ensino e a necessidade de incluir socialmente uma parcela maior da população, uma vez que os investimentos em infra-estrutura física necessária para a expansão do ensino tradicional são proibitivos.

Assim, na elaboração, análise e aprovação dos projetos educacionais, o fator econômico requer especial atenção dos tomadores de decisão, em virtude de seu forte efeito sobre os resultados esperados.

Neste capítulo, tratamos inicialmente de conceitos-chave para desenvolver uma visão macroeconômica do aprendizado eletrônico e, em seguida, analisamos as especificidades dos projetos de aprendizado eletrônico e as contribuições da gestão de projetos para o trabalho do designer instrucional.

## Resultados econômicos do aprendizado eletrônico

Os resultados das atividades sociais (em instituições sem fins lucrativos) e das atividades produtivas (em instituições com fins lucrativos) são apurados por períodos com base na seguinte equação:

---

* Texto desenvolvido em parceria com José Carlos Filatro, consultor sênior em administração e planejamento estratégico.

> resultado econômico = receitas − custos − despesas

Nas instituições sem fins lucrativos, os resultados são transferidos para o Patrimônio Social, incorporando-se ao patrimônio da instituição. Se positivos, são denominados superávit do período; se negativos, são chamados déficit.

Já nas instituições com fins lucrativos, os resultados são transferidos para o Patrimônio Líquido, permanecendo à disposição dos proprietários. Se positivos, são denominados lucro do período; se negativos, são chamados prejuízo.

Em ambos os casos, são os resultados econômicos positivos ao longo de vários períodos que permitirão investimentos estratégicos em inovação e desenvolvimento tecnológico, instrucional e midiático de maior vulto.

## O fator custos

A importância dos custos no aprendizado eletrônico pode ser constatada a partir do entendimento e da análise dos principais recursos e insumos necessários à oferta de soluções educacionais.

Assim, no nível institucional, é preciso considerar os custos da tecno-estrutura e dos recursos humanos, bem como aqueles relacionados às áreas de marketing e administração. No nível específico do projeto, os custos de design, desenvolvimento, implementação, avaliação e *feedback* somam-se aos custos gerados pelo compartilhamento de recursos e insumos institucionais, geralmente alocados ao orçamento de cada projeto a título de *overhead**. (veja o Quadro 12.1).

**Quadro 12.1** Recursos e insumos no aprendizado eletrônico

| Em nível institucional | Em nível de projeto |
|---|---|
| **Tecno-estrutura**<br>Tecnologias específicas<br>Servidor, softwares, backup e materiais relacionados<br>Equipamentos de comunicação<br>Suporte e manutenção de servidores | **Design e desenvolvimento**<br>Design instrucional<br>Tecnologia específica<br>Mídia<br>Materiais relacionados |
| **Recursos humanos**<br>Alta administração e equipe administrativa<br>Administrador e equipe da área tecnológica<br>Coordenação pedagógica, corpo docente e centro de capacitação | **Implementação**<br>Tutoria (docência)<br>Monitoria (help desk)<br>Consumíveis e materiais relacionados |
| **Marketing**<br>Encargos referentes a marketing, divulgação e comunicação | **Avaliação e feedback**<br>Certificação da aprendizagem<br>Avaliação do DI |
| **Administração**<br>Infra-estrutura administrativa e patrimonial<br>Help desk (suporte) | **Overhead**<br>Recursos institucionais compartilhados |

---

\* ***Overhead:*** no aprendizado eletrônico, são os custos que não se referem diretamente a um curso em particular, mas sim a vários cursos. São também chamados custos indiretos. Exemplos: gastos com administração central, propaganda, tesouraria e contabilidade.

Esses recursos e insumos são aplicados diretamente ao processo de produção do aprendizado eletrônico e geram custos.

De modo simplificado, os custos subdividem-se em: custos fixos, custos variáveis e custos totais:

- **Custos fixos:** se o número de alunos muda, eles não mudam proporcionalmente ou dentro de certos limites. Exemplos: custo do design instrucional e custo do desenvolvimento de materiais digitais (veja a Figura 12.1).
- **Custos variáveis:** variam proporcionalmente ao número de alunos. Exemplo: emissão de certificados (veja a Figura 12.2).
- **Custo total:** para calcular o custo total, somamos o custo variável ao custo fixo. Isso quer dizer que, mesmo sobre um curso sem alunos, já incide determinado custo fixo (veja a Figura 12.3).

**FIGURA 12.1**  Representação gráfica do custo fixo

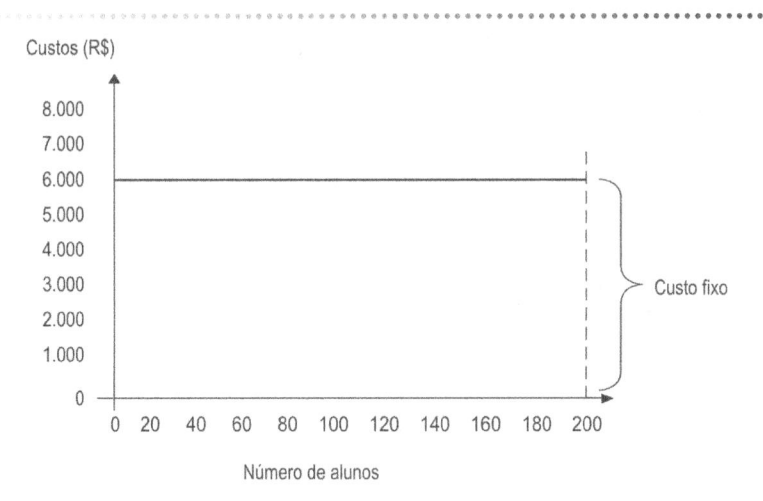

**FIGURA 12.2**  Representação gráfica do custo variável

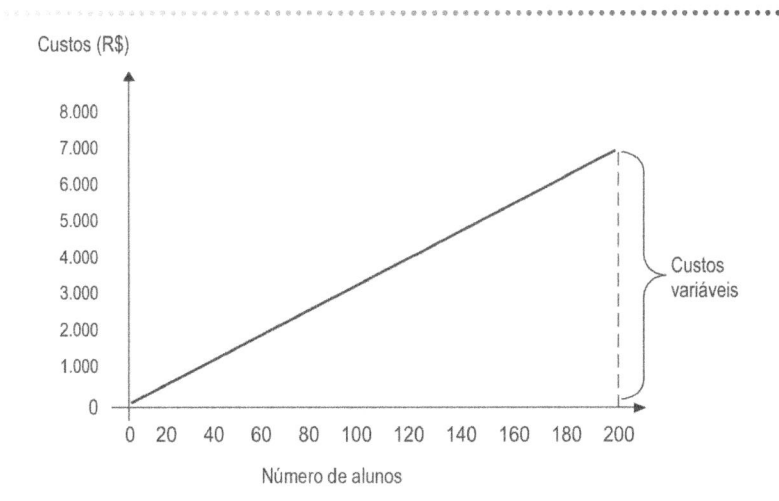

FIGURA 12.3   Representação gráfica do custo total

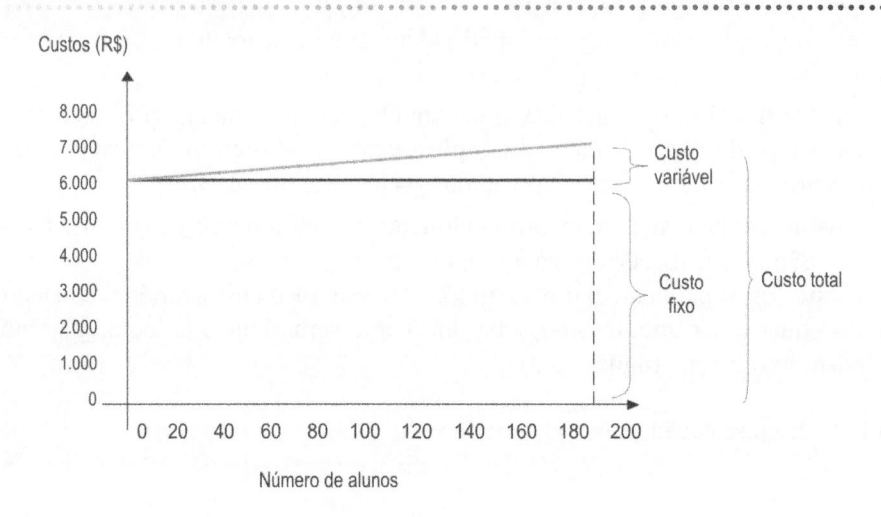

O aprendizado eletrônico apresenta custos fixos altos, enquanto os custos variáveis são baixos. Por exemplo, uma vez que um material impresso é projetado, seu desenvolvimento é um custo fixo, independentemente de quantos alunos o utilizarão. Os custos de distribuir esse material, contudo, são variáveis, porque, quanto mais alunos, mais cópias do material impresso deverão ser feitas e distribuídas e, portanto, maior será o custo variável de reprodução e distribuição, enquanto o custo fixo não muda.

É importante assinalar que os custos se encaixam em uma categoria mais ampla denominada gastos, que inclui também os investimentos (os quais se incorporam ao ativo patrimonial da instituição) e as despesas de funcionamento (gastos que não estão diretamente relacionados à produção). Abordaremos cada um desses itens com mais detalhes na seção seguinte.

## Gastos

Os gastos são usados na aquisição de produtos ou serviços que, por sua vez, são utilizados para a obtenção ou a produção de outros produtos ou serviços. Os gastos totais representam a somatória dos diferentes custos, investimentos e despesas com que um governo, uma organização ou um indivíduo têm de arcar a fim de atingir seus objetivos. Eles podem ser expressos pela seguinte equação:

gastos totais = custos + investimentos + despesas de funcionamento

Como vimos, os *custos* estão diretamente ligados ao processo produtivo (por exemplo, recursos humanos envolvidos no aprendizado eletrônico). Já as *despesas* são quaisquer gastos genéricos que não estão relacionados diretamente ao desenvolvimento e à implementação de um curso, mas são necessários para apoiar essas atividades (serviços de limpeza, vigilância, taxas de luz, água, telefone). Por fim, *investimentos* são os gastos estratégicos em recursos tangíveis (como infra-estrutura, equipamentos, instalações) e intangíveis (sistemas, softwares, direitos autorais).

Vale destacar que os investimentos aplicados à produção de bens e serviços geram custos de capital, ou seja, custos incorridos na formação e na manutenção da tecnologia e da infra-estrutura tecnológica da instituição, a exemplo dos custos de depreciação (bens tangíveis) ou de amortização (bens intangíveis), os quais devem ser considerados no orçamento, na formação do preço e na apuração dos resultados.

Outro ponto importante são as despesas e os investimentos realizados em nível institucional, que, na maioria das vezes, são alocados entre várias unidades de produção e incluídos no *overhead* atribuído a cada unidade ou projeto específico.

## Quem paga a conta no aprendizado eletrônico?

Se, de um lado, temos custos fixos e variáveis, investimentos e despesas de funcionamento formando os gastos totais do aprendizado eletrônico, do outro, precisamos de receitas, ou seja, entradas que custeiem esses gastos.

De fato, quem paga a conta no aprendizado eletrônico — ou melhor, quem paga os gastos totais — são as receitas, isto é, as entradas monetárias provenientes da realização de atividades sociais ou produtivas, dependendo da natureza da instituição.

Assim, em instituições sem fins lucrativos, essas entradas são denominadas receitas de custeio e provêm de doações, subvenções, contribuições e auxílios, taxas de administração e mensalidades relacionadas à sua missão social. É o que ocorre nas instituições de ensino públicas, nas organizações não-governamentais e nas fundações.

Já nas instituições com fins lucrativos, essas entradas provêm da venda de produtos ou da prestação de serviços, conforme previsto no objeto social da instituição. No aprendizado eletrônico, mais especificamente, as receitas se originam das taxas pagas pelos alunos matriculados, das licenças de uso e dos direitos autorais, entre outros elementos.

## Ponto de equilíbrio e economia de escala

O aprendizado eletrônico baseia-se em tecnologia e metodologia específicas, que requerem altos investimentos estratégicos (tangíveis e intangíveis), recursos estes que, por sua vez, geram custos de suporte e manutenção consideráveis e estão sujeitos a rápida obsolescência por conta da acelerada inovação tecnológica e midiática.

Tais condições tornam curto o ciclo de vida desses recursos, com impacto direto nos custos de capital, na formação de preços, nas taxas de matrícula e, conseqüentemente, nos resultados econômicos da instituição de ensino. Além disso — e também por causa disso tudo — no aprendizado eletrônico, o *overhead* e os demais custos fixos são altos, enquanto os custos variáveis geralmente são baixos.

Esse cenário resulta em um *ponto de equilíbrio*\* alto, que exige um número elevado de alunos e/ou um forte enfoque sobre redução de custos, nem sempre saudável do ponto de vista da qualidade, da efetividade e da eficácia do ensino (veja a Figura 12.4).

O ponto de equilíbrio reporta ao conceito de economia de escala, isto é, ao desenvolvimento e à implementação de cursos de modo organizado (ou reorganizado), a fim de aumentar a produtividade e diminuir o custo médio por aluno mediante o aumento do número de matrículas ou cursos, sem o aumento dos investimentos ou dos custos totais.

---

\* **Ponto de equilíbrio** (do inglês, *break even point*): no aprendizado eletrônico, ponto no qual as receitas se igualam à soma dos custos fixos e variáveis para determinado número de alunos ou cursos.

**FIGURA 12.4**  Representação gráfica do ponto de equilíbrio

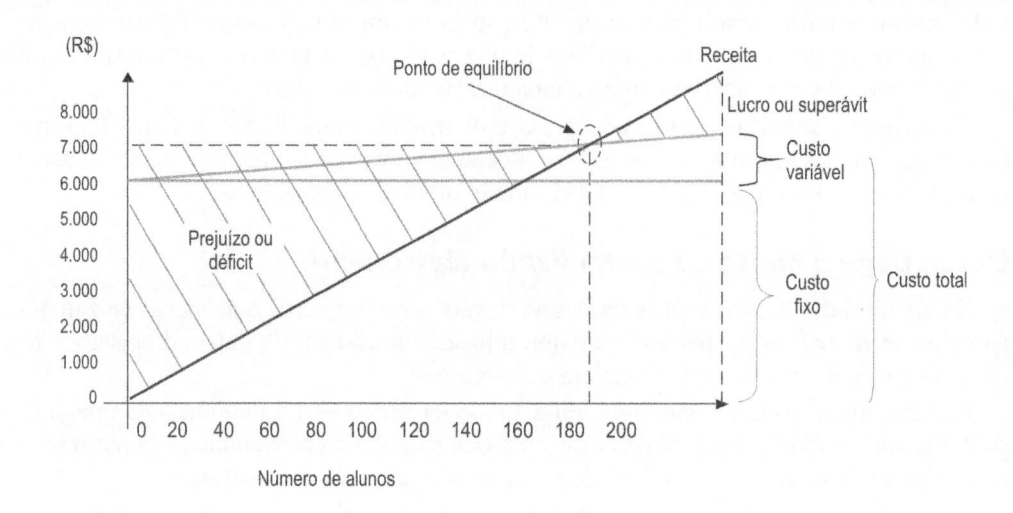

[Gráfico: eixo vertical em R$ de 0 a 8.000; eixo horizontal "Número de alunos" de 0 a 200. Retas de Receita, Custo total, Custo fixo e Custo variável, com indicação de "Ponto de equilíbrio", "Lucro ou superávit" e "Prejuízo ou déficit".]

Especialmente para as instituições de ensino de menor porte, essa é uma tarefa de difícil consecução, visto que, além de requerer esforços adicionais de vendas e propaganda, provoca certa insegurança sobre o número de estudantes que devem ser conquistados e mantidos para tornar o projeto economicamente viável.

Já nas organizações de maior porte — normalmente grandes universidades, consórcios e redes de ensino —, os custos de capital, de suporte e de manutenção referentes aos investimentos estratégicos são distribuídos e absorvidos pelo crescente número de alunos ou de cursos, o que faz com que elas tenham uma vantagem competitiva significativa sobre as instituições de menor porte.

## A importância do custo médio por aluno

Do ponto de vista econômico, o *custo médio por aluno* é um dos principais fatores de sucesso do aprendizado eletrônico. Isso porque, ao reduzir esse custo, viabilizam-se projetos educacionais e abrem-se possibilidades de acesso a um número maior de estudantes. Não é à toa que reduzir o custo médio por aluno deve estar entre os principais objetivos e metas na oferta de um curso on-line.

O custo médio por aluno depende de duas variáveis que influenciam diretamente na sua formação: os gastos totais aplicados para a construção e a implementação de um curso on-line e o número de alunos matriculados, como mostra a expressão a seguir:

$$\frac{\text{custo médio}}{\text{por aluno}} = \frac{\text{gastos totais (\$)}}{\text{números de alunos}}$$

Como vimos, os *gastos totais* representam a somatória de todos os gastos realizados para atingir um objetivo. Nesse caso, custos fixos e variáveis + despesas de funcionamento + investimentos constituem os gastos totais para a construção e a implementação de um curso on-line.

Já o *número de alunos* depende, na maioria das vezes, de variáveis subjetivas e de difícil mensuração ou previsão, como renome da instituição, corpo docente, demanda potencial, concorrência, atratividade do curso e satisfação dos alunos.

Para baixar o custo médio por aluno, não basta mexer no divisor, isto é, aumentar o número de alunos — o que, além de ser uma difícil tarefa, pode comprometer a qualidade da solução proposta. Também não basta reduzir gastos de maneira linear, ou seja, atribuir determinado percentual para redução de todos os gastos, ignorando aspectos de natureza pedagógica/andragógica e socioeconômica.

Nesse sentido, o caminho ideal está em otimizar o uso dos recursos relacionados diretamente ao processo de produção — e, nesse ponto, no nível do projeto, o designer instrucional exerce papel fundamental.

## Orçamento como ferramenta de planejamento e controle de custos no design instrucional

O orçamento é a ferramenta ideal para compatibilizar as receitas ou as verbas orçamentárias alocadas com os custos e as despesas e, ao final de um período predeterminado, apurar os resultados positivos esperados — lucros para instituições com fins lucrativos e superávit para instituições sem fins lucrativos.

Mas o que é orçamento? É um plano econômico-financeiro elaborado pela instituição ou por um indivíduo, em moeda corrente ou em moeda constante.* Ele serve como estimativa, quantificação, detalhamento e base de informação e controle dos gastos com recursos humanos, tecnológicos e materiais, entre outros, necessários à produção, em períodos futuros, de bens e ou serviços. Serve também como base das receitas, custos, despesas e resultados.

O orçamento se caracteriza por abranger períodos predeterminados — trimestre, semestre ou ano, geralmente com abertura mês a mês. Além disso, ele exibe as estimativas sobre os recursos, expressas em termos monetários e numéricos absolutos (número de cursos, número de alunos, carga horária) ou relativos (custo médio por aluno, número de alunos por docente, custo médio por curso, custo médio por docente).

Um ponto interessante: enquanto no aprendizado tradicional os custos reais geralmente permanecem ocultos — como aqueles relacionados ao desenvolvimento de cursos, que, em geral, são considerados encargo do educador —, no aprendizado eletrônico todos os custos de concepção e implementação de cursos são inseridos e destacados no orçamento.

Um exemplo de orçamento simples para um curso com produção de materiais fechados e apoio tutorial é apresentado no Quadro 12.2.

---

* Em moeda constante, isto, é, considerando a instabilidade da moeda corrente (taxa de inflação crescente ou decrescente).

**Quadro 12.2** Exemplo de orçamento para um projeto de DI

| ORÇAMENTO | IDENTIFICAÇÃO DA INSTITUIÇÃO | |
|---|---|---|
| **PROJETO** | | |
| **RESPONSÁVEL** | | |
| Período de desenvolvimento: ____/ ____ / ____ a ____ / ____/ ____ | | |
| **PREMISSAS ESTABELECIDAS** | | |
| Verba orçamentária | *[em geral, definida pela alta administração]* | |
| Número de alunos matriculados | *[em geral, definida pela alta administração]* | |
| Custo médio previsto por aluno | *[verba orçamentária / nº de alunos matriculados]* | |
| **CUSTOS ORÇADOS** | | |
| ITEM | CUSTOS FIXOS | CUSTOS VARIÁVEIS |
| 1. *Overhead* | *[custos indiretos atribuídos ao curso pela alta administração]* | |
| 2. Licenciamentos | *[em geral, definidos em contrato institucional]* | |
| 2.1 Ambiente virtual | | |
| 2.2 Biblioteca virtual | | |
| 3. Análise contextual | *[hora/trabalho + encargos trabalhistas + impostos ou custos de terceiros* | |
| 3.1 Planejamento, coleta e análise | | |
| 3.2 Relatório de análise | | |
| 4. Design e desenvolvimento | *[hora/trabalho + encargos trabalhistas + impostos ou custos de terceiros]* | |
| 4.1 Design instrucional | | |
| 4.2 Desenvolvimento de conteúdo | | |
| 4.3 Produção de mídias | | |
| 4.4 Testes | | |
| 5. Implementação | *[hora/trabalho + encargos trabalhistas + impostos ou custos de terceiros]* | |
| 5.1 Capacitação da equipe | | |
| 5.2 Tutoria | | |
| 5.3 Monitoria | | |
| 6. Avaliação | *[hora/trabalho + encargos trabalhistas + impostos ou custos de terceiros]* | |
| 6.1 Relatórios de acompanhamento | | |
| 6.1 Certificados | | |
| 7. Outros | *[itens não considerados anteriormente]* | |
| 7.1 Consumíveis | | |
| SUBTOTAIS | | |
| CUSTO TOTAL *[custos fixos + variáveis]* | *[deve ser compatível com a verba orçamentária]* | |
| CUSTO MÉDIO POR ALUNO | *[deve ser compatível com o custo médio previsto por aluno]* | |

Compatibilizar os custos orçados com as premissas estabelecidas pela alta direção é um desafio freqüente para o designer instrucional, visto que, em boa parte dos casos, ele também assumirá o papel de gestor do projeto.

Em especial na etapa de concepção do curso, será preciso selecionar e disponibilizar os recursos humanos, tecnológicos e midiáticos, entre outros, do ponto de vista de sua eficácia e efetividade, bem como de uma relação custo–benefício adequada.

De fato, o processo de design e desenvolvimento de cursos e unidades de aprendizagem envolve a participação de vários especialistas, e um ponto em comum entre esses profissionais é o fato de cada um deles apresentar soluções próprias para as necessidades educacionais detectadas, contando com o que há de melhor e mais moderno em sua área.

Acontece que cada uma dessas soluções demanda recursos, os quais, por sua vez, geram custos. Se a somatória dos custos propostos superar a verba orçamentária alocada ou a receita prevista para o projeto, serão necessários cortes (geralmente lineares, impactando ou pondo em risco a qualidade), já que, em geral, a variação admitida para mais ou para menos em relação aos custos estimados é de no máximo três por cento.

Em especial no design instrucional fixo, que se baseia na entrega de conteúdos, a maior parte dos gastos é realizada na fase pré-operacional, ou seja, antes da execução do aprendizado eletrônico. Isso porque o design e o desenvolvimento de conteúdos exigem fortes investimentos em profissionais com conhecimento especializado e em elaboração de produtos, o que resulta em custos fixos altos, normalmente inviabilizadores do projeto geral.

No design instrucional aberto, que se baseia em comunicação, o aprendizado eletrônico requer tutoria para promover discussões entre os alunos, apoiar atividades colaborativas e acompanhar conferências on-line. Todas essas atividades representam custos na fase de execução, que se somam aos custos de design e desenvolvimento.

O design instrucional contextualizado pressupõe a combinação de atividades individuais com momentos de aprendizagem colaborativa, fluxos diferenciados conforme perfis ou resultados de aprendizagem, e a possibilidade de os alunos tomarem decisões sobre o próprio processo de aprendizagem. Isso requer do designer instrucional a capacidade de estimar os custos de produzir tal conjunto de alternativas. Por outro lado, possibilita a construção de gabaritos de atividades e unidades de aprendizagem que podem ser atualizadas e reutilizadas, na íntegra ou parcialmente, tendo em mente a compatibilidade a padrões de interoperabilidade como a especificação IMS Learning Design.

Seja como for, quem especifica os recursos no nível do projeto é o designer instrucional e, em termos econômicos, sua contribuição consiste em otimizar o uso dos recursos disponibilizados e reduzir os custos relacionados sem comprometer a qualidade.

## Gestão de projetos em design instrucional

Até aqui, temos empregado o termo *projeto* em seu sentido mais amplo. Porém, dadas as demandas cada vez mais complexas para o desenvolvimento de novos produtos ou serviços, e as severas restrições nos orçamentos e cronogramas, a gestão de projetos tem sido reconhecida como uma metodologia apropriada para atender a todos esses requisitos e alcançar sucesso em novos empreendimentos (ou reformulados).

De fato, *projeto* é um empreendimento temporário, com datas estabelecidas para início e término, e consiste em um conjunto de atividades coordenadas com o objetivo de dar origem a um produto ou serviço único, segundo um escopo, um orçamento e um cronograma claramente definidos.

O projeto geralmente é realizado por uma equipe de especialistas que combinam as competências necessárias para atingir os objetivos daquele projeto e se desfaz depois de seu encerramento.

Como disciplina, a gestão de projetos aplica-se aos mais variados tipos de atividades econômicas, sociais, educacionais, filantrópicas, dentre outras, sejam públicas ou privadas, de pequeno, médio ou grande portes. É também um caminho para a obtenção do êxito no DI.

A gestão de projetos cuida da harmonização entre as variáveis fundamentais do projeto — *escopo, tempo e custos* —, que embasam sua elaboração e execução. Essas três variáveis são interdependentes e competem entre si, produzindo impactos umas nas outras. Por essa razão, são conhecidas como o *triângulo da gestão de projetos*, em que cada lado representa uma variável, como mostra a Figura 12.5.

Visto dessa maneira, um lado do triângulo não pode ser alterado sem causar impactos no outro: o escopo aumentado resulta geralmente em aumento nos prazos e custos, e restrições nos prazos (cronograma 'encurtado') normalmente resultam em aumento de custos (orçamento 'estourado') ou redução de escopo.

Uma quarta variável, a *qualidade*, é tratada com predominância em determinados projetos, embora a maioria das vezes constitua parte integrante da declaração de escopo, como veremos a seguir.

A disciplina de gestão de projetos fornece a metodologia, as ferramentas, as técnicas e os dados que permitem ao gestor e à equipe de projeto organizar e desempenhar suas atividades de acordo com os parâmetros, os orçamentos e os cronogramas estabelecidos. Ela contribui para a definição, a programação e o alcance dos objetivos de um projeto, e visa otimizar o uso dos recursos requeridos para a sua realização e minimizar as incertezas e os riscos de insucesso.

**Figura 12.5**  O triângulo da gestão de projetos

No nível de projetos específicos (programas, cursos, módulos ou unidades de estudo), o design instrucional se assemelha muito à gestão de projetos, que também envolve as fases de análise de necessidades e restrições, o planejamento e design de atividades, o desenvolvimento de ferramentas e estruturas integradas, a implementação e a avaliação do progresso e dos resultados alcançados.

Como vimos no Quadro 1.1, no primeiro capítulo do livro, aplicar habilidades de gestão de projetos faz parte das competências do designer instrucional e, por essa razão, abordaremos, nas seções seguintes, as variáveis fundamentais da gestão de projetos — escopo, tempo e custos.

Entretanto, é preciso mencionar que a gestão formal de projetos requer a aplicação de um conjunto de gerências ou subáreas de gerenciamento (além da gerência do escopo, dos custos e do tempo, também a gerência da qualidade, dos recursos humanos, das comunicações, dos riscos, das aquisições e da integração do projeto), as quais exigem um estudo aprofundado que foge ao propósito deste capítulo.

## Escopo

Escopo é a descrição formal dos limites do projeto e das exigências especificadas para a entrega do produto ou serviço projetado. O escopo define, com a necessária clareza, os resultados previstos para o projeto.

Convém observar que o escopo abrange não apenas o que será feito e entregue como subproduto do projeto, mas também o que não será feito e não será entregue. Isso significa que o escopo define exatamente quais são os limites do projeto.

No aprendizado eletrônico, a definição de escopo inclui a identificação do problema educacional, o público-alvo a ser atendido e as restrições orçamentárias, por meio de técnicas que são aplicadas na fase de análise contextual. Veja o Capítulo 4 para mais detalhes.

A definição do escopo no aprendizado eletrônico é importante para manter a equipe focada e para direcionar a aplicação dos recursos aos objetivos educacionais. Mudanças no escopo do projeto devem ser negociadas, pois acarretam obrigatoriamente mudanças no cronograma e no orçamento. Essa definição funciona também como um subsídio-chave para avaliar a qualidade do projeto, ou seja, para verificar se o projeto atingiu os resultados esperados para os quais foi idealizado.

## Tempo

O tempo representa um fator crítico em praticamente qualquer projeto. Diz respeito aos prazos decorridos do início ao término do projeto, e em cada uma das suas atividades, sendo objeto de detalhado cronograma.

Para estimar os prazos em um projeto de DI, precisamos antes identificar as atividades necessárias a sua conclusão. Em gestão de projetos, utiliza-se com essa finalidade a chamada *Estrutura Analítica do Projeto* (ou WBS — *Work Breakdown Structure*), que consiste em uma estrutura hierárquica que organiza as atividades a serem realizadas durante o ciclo de vida do projeto.

A Figura 12.6 apresenta a estrutura analítica de um projeto genérico cujas atividades remetem às fases do modelo Addie de design instrucional, como vimos no Capítulo 3.

## Figura 12.6  Estrutura analítica do projeto de DI

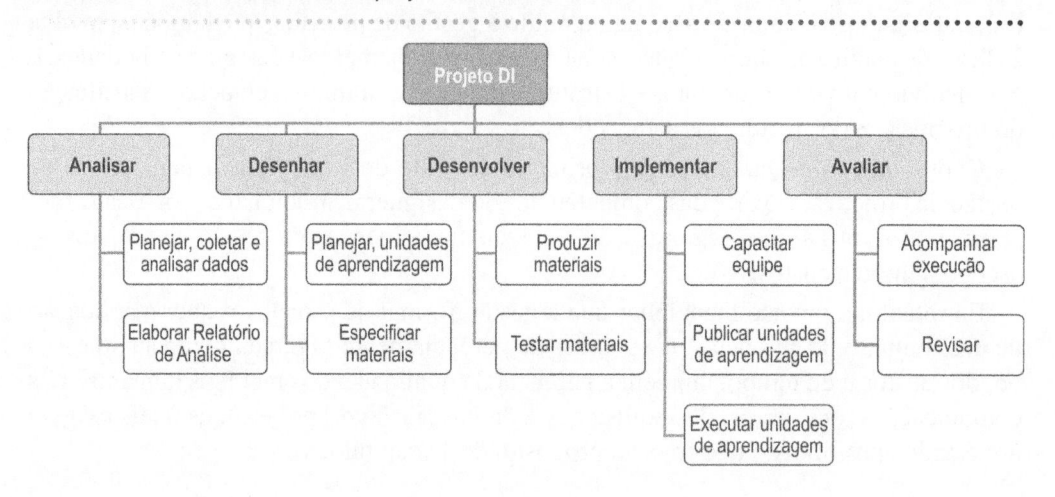

```
                              Projeto DI
          ┌──────────┬──────────┼──────────┬──────────┐
       Analisar   Desenhar  Desenvolver Implementar Avaliar
          │          │          │          │          │
     Planejar,  Planejar,   Produzir   Capacitar  Acompanhar
     coletar e  unidades de materiais    equipe    execução
     analisar   aprendizagem
     dados
          │          │          │          │          │
     Elaborar   Especificar  Testar    Publicar    Revisar
     Relatório   materiais  materiais  unidades de
     de Análise                        aprendizagem
                                           │
                                       Executar
                                       unidades de
                                       aprendizagem
```

Identificadas as atividades que compõem o projeto, estimamos sua duração e seu período. Assim como na matriz de DI estimamos a duração e o período das atividades de aprendizagem e apoio (veja Capítulo 5), na gestão de projetos também trabalhamos com duas medidas temporais. Estimamos tanto as horas ou dias de trabalho acumulados quanto sua distribuição em um cronograma.

Uma das ferramentas mais utilizadas para registrar e acompanhar essas medidas é o gráfico de Gantt, uma linha do tempo que não apenas identifica as atividades componentes de um projeto, mas também evidencia graficamente as relações de interdependência entre as várias fases e atividades, como mostra a Figura 12.7.

## Figura 12.7  Exemplo de estimativa de prazos para um projeto de DI

*Atividades conforme estrutura analítica do projeto* | *Duração das atividades* | *Distribuição no cronograma*

| Atividades | Duração (h) | Início | 3/mar | 4/mar | 5/mar | 6/mar | 7/mar | 10/mar | 11/mar | 12/mar | 13/mar | 14/mar |
|---|---|---|---|---|---|---|---|---|---|---|---|---|
| **Analisar** | 20 | 3/mar | | | | | | | | | | |
| Planejar, coletar e analisar dados | 12 | 3/mar | | | | | | | | | | |
| Elaborar Relatório de Análise | 8 | 5/jan | | | | | | | | | | |
| **Desenhar** | 36 | 6/mar | | | | | | | | | | |
| Planejar unidades de aprendizagem | 12 | 6/mar | | | | | | | | | | |
| Especificar materiais | 24 | 10/mar | | | | | | | | | | |
| **Desenvolver** | 180 | 13/mar | | | | | | | | | | |
| Produzir materiais | 160 | 13/mar | | | | | | | | | | |
| Testar materiais | 20 | 4/abr | | | | | | | | | | |
| **Implementar** | 56 | 10/abr | | | | | | | | | | |
| Capacitar equipe | 12 | 10/abr | | | | | | | | | | |
| Publicar unidades de aprendizagem | 8 | 10/abr | | | | | | | | | | |
| Executar unidades de aprendizagem | 36 | 14/abr | | | | | | | | | | |
| **Avaliar** | 24 | 14/abr | | | | | | | | | | |
| Acompanhar execução | 12 | 14/abr | | | | | | | | | | |
| Revisar | 12 | 30/mai | | | | | | | | | | |

A metodologia de gestão de projetos representa um aperfeiçoamento das práticas de DI no que se refere ao planejamento de atividades interdependentes que podem ser realizadas de maneira seqüencial ou concomitante por diferentes equipes e especialistas.

Em termos de controle e fluidez, proporciona um gerenciamento mais rigoroso das atividades críticas, ou seja, aquelas cuja conclusão é ponto de partida para outras atividades e que, por esse motivo, determinam um caminho crítico para o sucesso do projeto.

## Custos

Como vimos anteriormente, custos são os gastos relacionados a elaboração e produção de soluções para o aprendizado eletrônico, abrangendo recursos humanos, tecnológicos e materiais.

Para determinar os custos de um projeto de DI, é necessário orçar quais recursos, em que quantidades e a que custo serão empregados para realizar as atividades previstas na Estrutura Analítica do Projeto. O Quadro 12.3 a seguir mostra uma planilha-exemplo dessas estimativas.

**Quadro 12.3** Planilha-exemplo para estimativas de custos orçados com recursos humanos

| Atividades | Recursos | Horas | Custo/hora | Custo |
|---|---|---|---|---|
| **Analisar** | | | | |
| Planejar, coletar e analisar dados | Designer instrucional | | R$ | R$ |
| Elaborar Relatório de Análise | Designer instrucional | | R$ | R$ |
| **Desenhar** | | | | |
| Planejar unidades de aprendizagem | Designer instrucional | | R$ | R$ |
| Especificar materiais e ambientes | Designer instrucional | | R$ | R$ |
| **Desenvolver** | | | | |
| Produzir materiais | Roteirista | | R$ | R$ |
| | Ilustrador | | R$ | R$ |
| | Webdesigner | | R$ | R$ |
| | Revisor | | R$ | R$ |
| Testar materiais | Designer instrucional | | R$ | R$ |
| **Implementar** | | | | |
| Capacitar equipe | Designer instrucional | | R$ | R$ |
| | Tutor | | R$ | R$ |
| | Monitor | | R$ | R$ |
| Publicar unidades de aprendizagem | Designer instrucional | | R$ | R$ |
| Executar unidades de aprendizagem | Tutor | | R$ | R$ |
| | Monitor | | R$ | R$ |
| **Avaliar** | | | | |
| Acompanhar execução | Designer instrucional | | R$ | R$ |
| Revisar | Designer instrucional | | R$ | R$ |

Os custos de um projeto de DI não envolvem somente as pessoas, mas também os recursos materiais e tecnológicos, que, a exemplo dos recursos humanos, também devem ser estimados e incluídos no orçamento do projeto (veja o Quadro 12.2). Tais estimativas se dão por meio de consulta a fornecedores do setor, histórico de projetos anteriores e *cases* de sucesso.

Em suma: a disciplina de gestão de projetos, combinada às demais áreas de conhecimento que compõem os fundamentos do design instrucional, pode contribuir de maneira efetiva para o sucesso do projeto, auxiliando o designer instrucional a manter o foco nos objetivos educacionais, escopo e qualidade e, ao mesmo tempo, otimizar o uso dos recursos empregados (em especial, pessoas, tempo e dinheiro).

## Quem é o responsável pelas decisões econômicas e pela gestão de projetos?

Neste capítulo, abordamos os principais conceitos relacionados à visão econômica do aprendizado eletrônico e apresentamos as variáveis essenciais da gestão de projetos.

Como vimos anteriormente, em geral o designer instrucional trabalhará a partir de premissas estabelecidas previamente pela alta administração em termos de verba orçamentária, número de alunos matriculados e custo médio por aluno no projeto em questão. Em termos práticos, isso quer dizer que o designer instrucional trabalhará tendo em vista uma 'conta de chegada', aquela em que se ajusta o valor de certos itens com o fim de se alcançar um total preestabelecido.

A fim de evitar a 'acomodação de números', o designer instrucional deve buscar opções econômicas inteligentes que mantenham em perspectiva o escopo e a qualidade do projeto, tais como:

- **Reduzir custos fixos:** pode-se, por exemplo, reutilizar módulos, objetos e atividades de aprendizagem na íntegra ou na forma de novas versões.
- **Transformar custos fixos em variáveis:** pode-se remunerar professores por aluno ou faixa de alunos, em vez de arcar com custos de remuneração mensal fixa — observando-se sempre os acordos coletivos de trabalho.
- **Desenvolver internamente ou terceirizar:** dependendo do porte da instituição e do planejamento estratégico para o aprendizado eletrônico, é possível arcar com os custos de uma equipe multidisciplinar interna ou recorrer a terceiros para o desenvolvimento de projetos específicos.
- **Encomendar ou comprar pronto:** encomendar significa poder customizar um produto conforme as suas especificações, o que implica custos de diferenciação; comprar produtos prontos significa trabalhar com *commodities* (produtos indiferenciados).
- **Aumentar escala:** distribuir o *overhead* por mais cursos ou mais alunos.
- **Reduzir prazos:** é possível, por exemplo, integrar etapas — como design e desenvolvimento —, simplificando o processo de especificação
- **Gerenciar atividades críticas:** "Tempo é dinheiro", portanto a análise e o acompanhamento das atividades e caminhos críticos se fazem necessários para garantir o cumprimentos dos prazos do projeto como um todo.

Em resumo, para que o designer instrucional faça melhor uso dos recursos em projetos específicos, ele deve desenvolver e colocar prática uma visão econômica mais ampla, que consiste basicamente em:

- **Pensar estrategicamente:** considerar que o futuro é construído a partir de decisões tomadas no presente, isto é, quanto melhores forem as decisões tomadas agora, melhor o futuro será construído.
- **Pensar sistemicamente:** buscar soluções compartilháveis com outros cursos ou unidades de aprendizagem. Afinal, o design instrucional é parte fundamental e integrante de um todo. Quanto melhor for a contribuição de cada design, melhor será esse todo.
- **Pensar competitivamente:** agregar valor instrucional às soluções livres disponíveis no mercado, contribuindo para o posicionamento competitivo instrucional e profissional. De fato, precisamos demonstrar que nossas competências em design instrucional geram soluções mais efetivas do que se não participássemos do projeto.
- **Pensar economicamente:** considerar que economizar não se resume a 'cortar gastos'. O ideal é obter a máxima produtividade no uso dos recursos monetários e não monetários. Em outras palavras: fazer mais com menos (ou os mesmos) recursos, obtendo melhores resultados.

# Bibliografia

ANDRADE, Adja Ferreira; VICARI, Rosa Maria. "Construindo um ambiente de aprendizagem a distância inspirado na concepção sociointeracionista de Vygotsky". In: SILVA, Marco (org.). *Educação online: teorias, práticas, legislação, formação corporativa*. São Paulo: Loyola, 2003.

ARMSTRONG, Anne-Marie. *Instructional design in the real world: a view from the trenches*. Nova York: Information Science Publishing, 2004.

AUSUBEL, David P. *Educational psychology: a cognitive view*. Nova York: Holt, Rinehart and Winston, 1968.

_____. *Psicologia educacional*. Rio de Janeiro: Interamericana, 1980.

BADDELEY, Alan D. *Human memory*. Oxford: Oxford University Press, 1999.

BARBOSA, Rommel M. *Ambientes virtuais de aprendizagem*. Porto Alegre: Artmed, 2005.

BATES, A. W. (Tony). *Cómo gestionar el cambio tecnológico — estrategias para los responsables de centros universitarios*. Barcelona: Gedisa, 2001.

BERGGREN, Anders et al. "Practical and pedagogical issues for teacher adoption of IMS learning design standards in Moodle LMS", *Journal of interactive media in education*, n. 2, 2005.

BLOOM, Benjamin et al. *Taxonomy of educational objectives: the classification of educational goals*. Nova York: Longman Green, 1956.

_____. *Taxonomia de objetivos educacionais*. Porto Alegre: Globo, 1973.

BRACE-GOVAN, Jan. "A method to track discussion forum activity: the moderators' assessment matrix". In: *Internet and higher education*, n. 6, 2003, p. 300-325.

BRANDON, Bill. "Storyboards tailored to you: do-it-yourself magic arrows". In: *The E-learning Developer's Journal*, 3 maio 2004.

BRITAIN, Sandy. "A review of learning design: concept, specifications and tools", *JISC E-learning Pedagogy Programme*, 2004.

BRUNER, Jerome. *Toward a theory of instruction*. Cambridge: Belknap Press of Harvard University, 1967.

BUSH, Vannevar. "As we may think". In: *The Atlantic Monthly*, n. 1, v. 176, jul. 1945, p. 101-108.

CAROLEI, Paula. *Movimentos hipertextuais em cursos on-line*. São Paulo, 2008. Tese de doutorado apresentada à Faculdade de Educação da Universidade de São Paulo.

CARVALHO, Ana Amélia. "Princípios para a elaboração de documentos hipermédia". In: DIAS, P.; FREITAS, C. (orgs.). *Actas da II Conferência Internacional de Tecnologias de Informação e Comunicação na Educação, Desafios 2001*, Braga: Centro de Competência Nónio Século XXI da Universidade do Minho, 2001, p. 499-520.

_____. "Multimédia: um conceito em evolução". In: *Revista Portuguesa de Educação*. n. 1, v. 15. Braga: Universidade do Minho, 2002, p. 245-268.

CATES, Ward Mitchell. "Designing hypermedia is hell: metaphor's role in instructional design". In: *Proceedings of selected research and development presentations at the 1994 National Convention of the Association for Educational Communications and Technology sponsored by the Research and Theory Division*, 16. ed. Nashville, fev. 1994, p. 16-20.

CLARK, Richard; GRAIG, Terrance. "Research and theory on multimedia learning effects". In: GIARDINA, Max (ed.). *Interactive multimedia learning environments: human factors and technical considerations on design issues*. Berlim: Springer-Verlag, 2004, p. 19-30.

CLARK, Ruth; LYONS, Chopeta. *Graphics for learning: proven guidelines for planning, designing, and evaluating visuals in training materials*. São Francisco: John Weley & Sons, 2004.

_____. *E-Learning and the science of instruction: proven guidelines for consumers and designers of multimedia learning*. São Francisco: Pfeiffer, 2003.

COLE, Michael; ENGSTROM, Yrji. "A cultural-historical approach to distributed cognition". In: SOLOMON, G. (ed.). *Distributed cognitions: psychological and educational considerations*. Cambridge: Cambridge University Press, 1993, p. 1-46.

COLL, César; PALACIOS, Jesús; MARCHESI, Álvaro (orgs.). *Desenvolvimento psicológico e educação: psicologia da educação*. Trad. Angélica Mello Alves. Porto Alegre: Artes Médicas, 1996.
DELEUZE, Gilles; GUATTARI, Félix. *Mil Platôs*. São Paulo: Ed. 34, 1997.
DEWEY, John. *Vida e educação*. São Paulo: Melhoramentos, 1973.
_____. *Como pensamos*. São Paulo: Nacional, 1993.
_____. *The school and society & the child and the curriculum*. Chicago: University of Chicago Press, 1956.
DICK, Walter; CARY, Lou. *The Systematic Design of Instruction*. 3. ed. Nova York: HarperCollins, 1990.
DUFFY, Thomas M.; JONASSEN, David H. *Constructivism and the technology of instruction: a conversation*. Hillsdale: Lawrence Erlbaum Associates, 1992.
FILATRO, Andrea. *Design instrucional contextualizado*. São Paulo: Senac São Paulo, 2004.
_____. *Learning Design como fundamentação teórico-prática para o design instrucional contextualizado*. São Paulo, 2008. Tese de doutorado apresentada à Faculdade de Educação da Universidade de São Paulo.
_____. "Teorias pedagógicas fundamentais em educação a distância". In: LITTO, Frederic M; Formiga, Marcos (orgs.) *Educação a distância: o estado de arte*. São Paulo:, Pearson Prentice Hall, 2009.
FOLHA DE S. PAULO. *Novo Manual de Redação*. São Paulo: Folha de S. Paulo, 1992.
FRANÇA, George. *O design instrucional na educação a distância – John Dewey como uma referência metodológica*. São Paulo: Esfera, 2007.
GAGNE, Robert M. "Military training and principles of learning". In: *American Psychologist Journal*, n. 17, 1962, p. 263-276.
_____. *The conditions of learning*. Nova York: Holt, Rinehart and Winston, 1965.
GAGNÉ, Robert M.; BRIGGS, Leslie J. *Principles of instructional design*. Nova York: Holt, Rinehart and Winston, 1974.
GOSCIOLA, Vicente. *Roteiro para as novas mídias: do game à TV interativa*. São Paulo: Senac São Paulo, 2004.
GREER, Michael. *ID project management: tools and techniques for instructional designers and developers*. Englewood Cliffs: Education Technology Publications, 1992.
HARASIM, Linda et al. *Redes de aprendizagem*. São Paulo: Senac São Paulo, 2005.
HARMON, Stephen W.; JONES, Marshall G. In: "The five levels of Web use in education: factors to consider in planning online courses". In: *Educational Technology*, nov./dez. 1999, p. 28-30.
JOHNSON, Kerry. "The foundations of instructional design". In: JOHNSON, Kerry; FOA, Lin J. *Instructional design: new alternatives for effective education and training*. Nova York: Collier Macmillan Publishers, 1989.
JOHNSON, Steven. *Cultura da interface: como o computador transforma nossa maneira de criar e comunicar*. Rio de Janeiro: Jorge Zahar, 2000.
JONASSEN, David H.; PECK, Kyle L.; WILSON, Brent G. *Learning with technology: a constructive perspective*. Upper Saddle River: Prentice Hall, 1999.
KNOWLES, Malcolm S. *The modern practice of adult education from andragogy to pedagogy*. Englewood Cliffs, NJ: Cambridge Adult Education, 1980.
KOLB, D. A. *Experiential Learning*. Englewood Cliffs, NJ: Prentice-Hall, 1984.
KOPER, Rob; TATTERSALL, Colin (eds.). *Learning Design: a handbook on modelling and delivering networked education and training*, Springer Verlag, 2005.
KRUG, Steve. *Não me faça pensar: uma abordagem de bom senso à usabilidade na Web*. Rio de Janeiro: Altabooks, 2006.
LAVE, Jean; WENGER, Etienne. *Situated learning: legitimate peripheral participation*. Cambridge: Cambridge University Press, 1991.
LOWE, Richard; SCHNOTZ, Wolfgang. *Learning with animation: research implications for design*. Nova York: Cambridge University Press, 2008.
MAIA, Carmem; MATTAR, João. *ABC da EaD: a educação a distância hoje*. São Paulo: Pearson Prentice Hall, 2007.
MAYER, Richard. *Multimedia learning*. Cambridge: Cambridge University Press, 2001.
McCOMAS, William F.; ABRAHAM, Linda. *Asking more effective questions*. Los Angeles: Rossier School of Education, University of Southern California, s/d.
MICHAS, Irene C.; BERRY, Diane C. "Learning a procedural task: effectiveness of multimedia presentations". In: *Applied Cognitive Psychology*, 14, 2002, p. 555 - 575

MOORE, Michael G.; KEARSLEY, Greg. *Educação a distância: uma visão integrada*. São Paulo: Thomson Learning, 2007.

MORGAN, Brian M. *Determining the costs of online courses*. Huntington: Marshall University, 2000.

MORRISON, Garry R.; ROSS, Steven M.; KEMP, Jerrold E. *Designing effective instruction*. New Jersey: Wiley/Jossey-Bass Education, 2004.

MYERS, Isabel Briggs. *Gifts differing: understanding personality type*. Palo Alto: Consulting Psychologists Press, 1980.

MYERS, Kenneth L. "Is there a place for instructional design in the information age?". In: *Educational Technology*, nov./dez. 1999, p. 50-53.

NELSON, Theodore. *Computer lib/dream machines*. Redmond, WA: Tempus Books of Microsoft Press, 1987.

NIELSEN, Jakob. *Projetando websites: designing web usability*. Rio de Janeiro: Campus, 2000.

NORMAN, Donald. *The invisible computer: why good products can fail, the personal computer is so complex, and information appliances are the solution*. Cambridge: MIT Press, 1990.

NUNES, César A. A. "Objetos de aprendizagem em ação". In: PICONEZ, S. C. B. (org.) . *Educação & tecnologia & cidadania: ambientes virtuais de aprendizagem no ciberespaço*. Série Cadernos Pedagógicos Reflexões, 1. ed. São Paulo: USP/FE/NEA / Artcopy, n. 6, 2004.

O'REILLY, Tim. *What is Web 2.0: design patterns and business models for the next generation of software*. Documento publicado em 30 set 2005. Disponível em: www.oreillynet.com

PALLOFF, Rena; PRATT, Keith. *O aluno virtual: um guia para trabalhar com estudantes on-line*. Porto Alegre: Artmed, 2004.

PAPERT, Seymour M. *Mindstorms: children, computers, and powerful ideas*. Nova York: Basic Books, 1980.

_____. *A máquina das crianças: repensando a escola na era da informática*. Porto Alegre: Artmed, 1994.

PETERS, Otto. *Didática do ensino a distância*. São Leopoldo: Unisinos, 2001.

_____. *Duas mudanças estruturais na educação a distância: industrialização e digitalização*. Aula magistral Unisinos, 11 set. 2001.

_____. *A educação a distância em transição*. São Leopoldo: Unisinos, 2003.

PIAGET, Jean. *Seis estudos de psicologia*. Rio de Janeiro: Forense, 1967.

_____. *Nascimento da inteligência na criança*. Trad. Álvaro Cabral. Rio de Janeiro: Zahar, 1982.

PISKURICH, George M. *Rapid instructional design: learning ID fast and right*. São Francisco: Pffeifer, 2006.

POULYMENAKOU, Angeliki; MORAITI, Asimina; BISBIK, Eleni. "When instruction meets design: embedding instructional theory elements into e-learning". In: *The HERMES Newsletter by ELTRUN Issue*, n. 36, jan./fev. 2006.

RADFAHRER, Luli. *Design / Web Design*. São Paulo: Market Press, 2001.

REIGELUTH, Charles M. (ed.) *Instructional-design theories and models: an overview of their current status*. Londres: Lawrence Erlbaum Associates, 1983.

_____. *Instruction-design theories and models: a new paradigm of instructional theory*. New Jersey: Lawrence Erlbaum Associates, v. 2, 1999.

REISER, Robert A. "A history of instructional design and technology — part II: a history of instructional design". In: *ETR&D*, v. 49, n. 2, 2001, p. 57-67.

RIBEIRO, Antônio M; COELHO, Maria L. "O uso das novas tecnologias e as formas de aprendizagem: análise de uma experiência". In: *VIII Seminário Nacional de Educação a Distância*. Brasília: ABED, 2006.

ROMISZOWSKI, Alex J.; ROMISZOWSKI, Hermelinda. "Retrospectiva e perspectivas do design instrucional e educação a distância: análise da literatura". In: *Revista Brasileira de Aprendizagem Aberta e a Distância*, vol. 3, n. 1, 2005.

ROMISZOWSKI, Hermelinda. "Domínios, competências e padrões de desempenho do design instrucional". In: *Revista Brasileira de Aprendizagem Aberta e a Distância*, v. 1, n. 1, 2002.

ROSENBERG, Marc J. *E-learning: strategies for delivering knowledge in the digital age*. Nova York: The McGraw-Hill Companies, 2001.

ROSSETT, Allison. *The ASTD e-learning handbook: best practices, strategies, and case studies for an emerging field*. Nova York: McGraw-Hill, 2002.

RUMBLE, Greville. *The cost and economics of open and distance*. Abingdon: Routledge Falmer, 1997.
RUSSELL, Lou. *Project management for trainers*. Alexandria: American Society for Training & Development, 2000.
SALOMON, Gavriel. *Interaction of media, cognition, and learning*. New Jersey: Lawrence Erlbaum Associates, 1994.
SANTOS, Acácia A. A. et al. *Leituras de psicologia para formação de professores*. Petrópolis: Vozes, 2000.
SCHLEMMER, Eliane. "Ambiente virtual de aprendizagem (AVA): uma proposta para a sociedade em rede na cultura da aprendizagem". In: VALENTINI, Carla Beatriz; SOARES, Eliana M. S. S. (orgs.). *Aprendizagem em ambientes virtuais: compartilhando idéias e construindo cenários*. Caxias do Sul: EDUCS, 2005.
SHACKELFORD, Bill. *Project managing e-learning*. Alexandria: American Society for Training & Development, 2002.
SILVA, Marco; SANTOS, Edméa. (orgs.) *Avaliação da aprendizagem em educação on-line: fundamentos, interface e dispositivos, relatos de experiência*. São Paulo: Loyola, 2006.
SILVA, Marco (org.). *Educação on-line: teorias, práticas, legislação, formação corporativa*. São Paulo: Loyola, 2006.
SIQUEIRA, Luiz L. *Estudo comparativo entre plataformas de suporte a ambientes virtuais distribuídos*. Uberlândia, 2005. Dissertação apresentada ao programa de pós-graduação da Universidade Federal de Uberlândia.
SIQUEIRA, Sean W. *EDUCO: modelando conteúdo educacional*. Rio de Janeiro, 2005. Tese de doutorado apresentada ao programa de pós-graduação em informática da Pontifícia Universidade Católica/Rio.
SKINNER, Burrhus F. "The science of learning and the art of teaching". In: *Harvard Educational Review*, 1954, p. 86-97.
SMITH, Patricia L.; RAGAN, Tillman. J. *Instructional design*. 3. ed. New Jersey: Willey/Jossey-Bass Education, 2005, p. 125-296.
SNYDER, Ilana (ed.). *Page to screen*. Londres: Routledge, 1998.
SUCHMAN, Lucy. A. *Plans and situated actions: the problem of human-machine communication*. Nova York: Cambridge University Press, 1987.
TABBERS, Huib et al. "Interface design for digital courses". In: JOCHEMS, Wim; van MERRIËNBOER, Jeroen; KOPER, Rob (eds.). *Integrated e-learning: implications for pedagogy, technology & organization*. Londres: Routledge Farmer, 2003, p. 100-111.
TESSMER, Martin; RICHEY, Rita. "The role of context in learning and instructional design". In: *Educational Technology Research and Development*, v. 45, 1997, p. 85-115.
THORNDIKE, Edward. *Princípios elementares de educação*. São Paulo: Saraiva, 1936.
TU, Chih-Hsiung; CORRY, Michael. "Estratégias e táticas para elaboração, moderação e gerenciamento de fóruns de discussão on-line em ambientes assíncronos". Trad. Humberto Perissé. In: *The quarterly review of distance education*, v. 4, 2003, p. 303-315.
VAN DER LINDEN, Marta M. G. *Diálogo didático mediado on-line: subsídios para sua avaliação em situações de ensino-aprendizagem*. Santa Catarina, 2005. Tese apresentada ao programa de pós-graduação em engenharia de produção da Universidade Federal de Santa Catarina.
VAN DER LINDEN, Marta M. G.; ANDRÉ, Cláudio F.; PICONEZ, Stela C. B. "Avaliação do processo comunicacional interativo na aprendizagem apoiada por recursos da Internet". XI Congresso Internacional de Educação a Distância. Salvador: ABED, 2004.
VAVASSORI, Fabiane B.; RAABE, André L. A. "Organização de atividades de aprendizagem utilizando ambientes virtuais: um estudo de caso". In: SILVA, Marco (org.). *Educação online: teorias, práticas, legislação, formação corporativa*. São Paulo: Loyola, 2003.
VYGOTSKY, Lev. *A formação social da mente*. São Paulo: Martins Fontes, 1987.
WELLER, Martin. "Learning objects and the e-learning cost dilemma". In: *Open Learning*, v. 19. n. 3, nov. 2004.
_____. *Virtual learning environments: using, choosing and developing your VLE*. Nova York: Routledge, 2007.
WILEY, David A. (2000) "Connecting learning objects to instructional design theory: a definition, a metaphor, and a taxonomy". In: WILEY, David A. Wiley (ed.). *The Instructional Use of Learning Objects*. Disponível em: <www.elearning-reviews.org/.../learning-objects/2001-wiley-learning-objects-instructional-design-theory.pdf>. Acesso em: 15 abr. 2008.

# Índice remissivo

Abordagens pedagógicas/andragógicas, 6, 13-15, 19, 126
Addie, modelo, 23, 25-32, 161
Administração, ciências da, como fundamento do DI, 4, 6, 9
Agentes pedagógicos, 108-109
Ambiente virtuais de aprendizagem (AVA), design de, 29, 30, 37, 46, 55, 101, 117, 119-128
Análise
    contextual, 28, 35-41, 149
    fase do DI, 24, 28, 43, 114, 146, 149. *Ver também* Análise contextual
Animação, 52, 54, 58, 60, 61, 62, 63, 69, 74, 76, 77, 78, 82, 84, 95
Aprendizado eletrônico
    2.0, 127
    conceito, 17
    modelos, 17-19, 32, 40, 41, 95, 108, 114, 115, 127
Arrastar-e-soltar, testes de, 137
Associação ou correspondência, testes de, 136, 138
Atividades de aprendizagem, 6, 28, 30, 40, 45, 48-50, 53, 76, 107, 116, 119, 121, 124, 125, 128, 130, 146, 162
Áudio, 52, 60, 76, 97, 103
Ausubel, David Paul, 7, 8
Auto-avaliação, 14, 32, 48, 52, 131, 132, 133, 144
Avaliação, 55, 130-148
    da aprendizagem, 31-32, 129, 131-145
    design da, 129-148
    de reação, 147
    diagnóstica, 31-32
    do DI, 31, 145-147
    entre pares, 32, 46, 129
    fase do DI, 21, 24, 31-32, 130
    formativa, 32, 131-132, 145-147
    instrumentos, 134-145, 146, 148
    somativa, 31, 32, 132, 145, 147, 148
    tipos de questão, 133-134
*Blogs*, 16, 50, 55, 67, 90, 116, 122, 126
Bloom, Benjamin, 7, 8, 44, 47, 133
Bruner, Jerome, 5
Bush, Vannevar, 93
Caçada eletrônica, 50
Caracterização dos alunos, 28, 38, 40-41
Carolei, Paula, 57
*Chat*. *Ver* Salas de bate-papo
Ciências humanas, como fundamento do DI, 4, 5, 9, 131
Código livre, 16, 124
Coelho, Maria L., 17

Cognição situada, 7. *Ver também* Situada, abordagem
Cognitivismo, 48, 49. *Ver também* Psicologia cognitiva
Colaborativo, modelo, 17, 18, 26, 32, 40, 114, 115, 116, 127
Cole, Michael, 15
Comportamentalista, abordagem, 6, 8, 14, 48
Computação, ciências da, como fundamento do DI, 4, 5-6
Confluência e formação de turmas, 115-116, 132
Construtivista individual, abordagem, 5, 14, 19
Construtivista social, abordagem, 5, 14, 48
Consumo em rede, 17, 18, 124, 127
*Content packaging. Ver* Empacotamento de dados
Conteúdo aberto, 16, 127
Contexto, 20, 21, 28, 32, 35-36, 37, 38, 41, 43, 55, 62, 65, 71, 74, 77, 83, 104, 110, 115, 116, 120, 121, 131, 139, 144, 146
Cooperação, estratégias de, 49, 116
Correio eletrônico (e-mail), 19, 54, 55, 90, 100, 115, 122
Criatividade, estratégias de, 49, 110
Debate circular, 50
*Delivery. Ver* Entrega em rede
Desenvolvimento, fase do DI, 24, 29, 30, 84, 94
Design instrucional (DI)
    aberto, 18, 19, 20, 25, 26, 27, 28, 29, 30, 31, 32, 41, 56, 64, 68, 69, 107, 114, 116, 117, 128, 132, 159
    conceito, 3-4
    contextualizado (DIC), 18, 19, 20, 21, 26, 27, 28, 29, 30, 31, 32, 41, 56, 107, 117, 128, 132, 159
    especificação em, 26, 29, 57-69, 94
    fases, 25-32
    fixo ou fechado, 19-20, 25, 26, 29, 30, 31, 32, 56, 58, 68, 107, 114, 117, 128, 132, 159
    fundamentos, 4-7, 13, 164
    histórico, 7-9
    matriz de, 44-56, 128, 146, 162
    modelos, 19-21
    níveis, 3-4
    práticas, 33-148
    processos, 23-32
    profissional de. *Ver* Designer instrucional
    visão geral, 1-21
    visão integrada dos fundamentos, 6-7
Design, fase do DI, 24, 28-30, 39, 41, 94
Designer instrucional, 9-11
    campos de atuação, 9-11
    competências, 9, 10

Dewey, John, 5
Diálogo didático, 114-115
Dick e Carey (modelo), 7, 8
Dissertativas, questões, 52, 142, 144
Documentos de especificação, 26, 30, 58-65
Domínios da aprendizagem, 44-46
    e avaliação, 132-134
Duffy, Thomas, 8
Elaboração, estratégias de, 48
E-mail. *Ver* Correio eletrônico
Empacotamento de conteúdos, 30, 54, 123, 124
Engstrom, Yrji, 15
Entrega em rede, 8, 17, 29, 55, 107, 124, 159
Especificação em DI, 57-69
    documentos de, 26, 30, 58-65
Essencial, modelo, 17-18, 26
Estratégias de aprendizagem, 19, 28, 31, 48-50, 52, 114, 115
Estrutura e fluxo da informação, 57, 58, 65-69
Eventos instrucionais (Gagné), 8, 50-53, 105, 114, 117, 129
Exemplos e regras, 50
Exercícios, 52, 77, 123
*Feedback*, 14, 15, 20, 32, 52, 53, 55, 63, 75, 86, 90, 94, 101, 103, 105, 108, 114, 121, 129, 130, 131, 135, 136, 137, 139, 143, 144, 146, 148, 152
Ferramentas, 54-55
    administrativas, 121
    cognitivas (*mindtools*), 111-113
    comunicacionais, 121-122
    pedagógicas/andragógicas, 121
Filatro, Jose Carlos, 151
Fluxo de atividades, 43, 44, 50-53, 56
Fórum de discussão (*discussion board*), 16, 46, 50, 54, 55, 90, 97, 115, 121, 122, 144
Fotografia, 38, 74, 78, 80, 83, 93, 94, 130
*Free source*. *Ver* Código livre
Gagné e Briggs (modelo), 7, 8
Gagné, Robert, 7, 8, 14, 51
Gestalt, princípios da, 85, 86-89, 105
Gestão de projetos, 7, 8, 10
    como disciplina, 159-164
    custos, 159, 163-164
    em DI, 159-165
    escopo, 159-160, 161
    qualidade, 159-160, 161-162
    tempo, 159-163
    triângulo da, 160, 161
GoogleDocs, 126
Gráficos, uso no aprendizado eletrônico, 74, 76, 77-83, 94, 103
Imersivo, modelo, 18, 19, 26, 40, 127
Implementação, fase do DI, 24, 30-31
IMS Learning Design, especificação, 119, 125, 126, 128
Informação, ciências da, como fundamento do DI, 4, 5-6, 9

Informacional, modelo, 17, 18, 26, 108
Interação, design da, 107-117
    com conteúdos, 17, 31, 44, 107-108, 117
    com educador, 17, 26, 31, 44, 55, 107, 113-114, 117
    com colegas, 17, 26, 31, 44, 107, 114-116, 117
    com ferramentas, 31, 44, 107, 108-112, 117
Interatividade, 107
Interface
    conceito, 85
    design de, 85-105
    diretrizes para o aprendizado eletrônico, 103-106
    evolução, 85-86
    gráfica, 93-96
    inteligente, 99-101
    princípios da Gestalt, 85, 86-89, 105
    semântica, 98-99
    social, 96-98
    textual, 89-93
    usabilidade, 101-102, 103
Johnson, Steven, 85, 99
Jonassen, David, 8
Knowles, Malcom, 7
Koper, Rob, 7
LAMS (*Learning Activity Management System* — Sistema de Gerenciamento de Atividades de Aprendizagem), 124-125
Lave, Jean, 15
LCMS (*Learning Content Management System* — Sistema de Gerenciamento de Conteúdos de Aprendizagem), 122-124
Learning Design, 7, 119, 125, 126, 128
Lista de discussão, 90, 97, 122
LMS (*Learning Management System* — Sistema de Gerenciamento de Aprendizagem), 20, 119
Locução, 77, 84
Logo, linguagem, 7, 8, 113
Lousa eletrônica, 131
Mapas conceituais, 51, 85, 111, 112, 113
Matriz de design instrucional, 44-56, 128, 146, 162
Memorização. *Ver* Recordação, estratégias de
Mensageiros instantâneos, 50
Metacognição, 14, 31, 72, 74, 77, 131
Metadados, 30, 54, 62, 98, 99, 100, 123, 124
Micromundos, 9, 111, 113
Minute paper, 50
Monitoramento automático, 144-145
Moore, Michael, 113, 114
Multimídia
    design de conteúdos, 57-58, 71-84
    princípios para uso, 74-77
Múltipla escolha, questões de, 52, 135-136
Nelson, Theodore, 93
Netiqueta (etiqueta na Net), 133
*Network*. *Ver* Trabalho em rede

## Índice remissivo

Objetivos de aprendizagem, 11, 17, 21, 27, 29, 32, 43, 44, 51, 55, 72, 74, 105, 120, 133, 146
   taxonomias de, 7, 44, 47, 133, 134
Objetos de aprendizagem, 7, 30, 53-54, 59, 76, 99, 119, 123, 124
*On-the-fly*, design, 20, 27
*Open content*. *Ver* Conteúdo aberto
Organização, estratégias de, 49
Padrões, 16, 19, 30, 43, 55, 101, 102, 110, 117, 126
   catalogação de metadados, 30, 54, 123, 124
   empacotamento de conteúdos, 30, 54, 124
   representação de atividades, 125
Papéis, 11, 15, 21, 29, 31, 43, 44, 46, 48, 50, 76
Papert, Seymour, 7, 8, 113
Pensamento crítico, estratégias de, 49, 134
Percepção, 5, 38, 71, 85, 86, 89, 101, 105
Piaget, Jean, 5, 14
*Players*, 54
*Podcasting*, 16, 54, 122
Portfólios, 55, 144
Preenchimento de lacunas, questões de, 52, 136-137, 138, 139
Processamento e recuperação da informação, 5, 8, 51, 71, 72-77, 93
Produção em rede, 17, 18
Projetos
   conceito, 159
   de aprendizagem, 32, 50, 115, 116, 130, 144
   educacionais, 30, 37, 38, 41, 61, 64, 69, 83, 148, 151, 152, 156, 157, 158, 159, 160-166
   gestão de. *Ver* Gestão de projetos
   multimídia, 62
   (político-)pedagógico, 3, 37, 58
   visual, gráfico ou navegacional, 69, 91, 101, 102
Protótipo, 61
Psicologia
   cognitiva, 4, 5, 8, 51, 71, 72-74
   do comportamento, 4, 5
*Puzzles, 138-142*
Quebra-cabeças, 50, 138
Rádio, 16, 122
Ragan, Tillman, 51
Realidade virtual, 78, 85
Recordação (*recall*), estratégias de, 48, 138
Reigeluth, Charles, 7
Relatório de análise, 28, 31, 36, 38-41
Resolução de problemas, questões, 55, 115, 130, 142-143
Restrições, levantamento de, 28, 33, 35, 36, 37, 41, 114, 149, 160, 161
Ribeiro, Antonio M., 17
Richey, Rita, 35
*Roleplaying*, 52
Rosenberg, Marc J., 7
Roteiros, 29, 31, 57, 59-60, 69

Rubricas, 143
Salas de bate-papo (*chats*), 16, 19, 46, 54, 55, 90, 96, 115, 116, 121, 122
Scorm, padrão, 119-124-128
Segunda Guerra Mundial , 7
Simulações, 6, 9, 49, 69, 82, 83, 113, 123, 130
Situada, abordagem, 15, 115
Skinner, Burrhus Frederic, 7, 8, 14
Smith, Patricia L., 51
Socioconstrutivismo, 5. *Ver também* Construtivismo social
Softwares de relacionamento, 16
*Storyboards* (SBs), 29, 31, 57, 58, 60, 61-65, 69, 94, 128, 146
Suchman, Lucy, 7
Suplementar, modelo, 17, 18, 26, 108
Tattersall, Colin, 7
Taxonomia
   como estratégia de aprendizagem, 49
   de objetivos educacionais (Bloom), 7, 44, 47, 133, 134
Tecnologias, 16-17
   colaborativas, 16, 17, 86, 116
   distributivas, 16, 17
   interativas, 16, 17
Teleconferências, 90, 121, 122
Televisão, 16
Teoria da carga cognitiva, 72-74, 103, 105
Tessmer, Martin, 35
Thorndike, Edward, 7
Trabalho em rede, 17
Unidades de aprendizagem, design de, 43-56
Usabilidade, 101-102, 103
Verdadeiro e falso, questões de, 52, 135-136
Vídeo, 9, 38, 48, 50, 52, 54, 57, 58, 74, 78, 82, 93, 95-96, 97, 108, 130
Visão econômica do DI, 149-165
   custo médio por aluno, 155-157
   custos, o fator, 152-154
   economia de escala, 155-156
   gastos, 154
   orçamento, 157-160
   ponto de equilíbrio, 155-156
   receitas, 155, 156
   recursos e insumos, 153
   resultados econômicos, 152
VLE 2.0, 125, 127
Vygotsky, Lev, 7, 15
Web 2.0, 17, 20, 110, 115, 126-127
WebQuest, 50
Wenger, Etienne, 15
Whiteboard. *Ver* Lousa branca
Wikipédia, 16, 126
Wikis, 16, 50, 67, 122, 126
Wiley, David, 7

# Sobre a autora

Andrea Filatro é doutora e mestra pela Faculdade de Educação da Universidade de São Paulo. Graduada em pedagogia pela FEUSP e especialista em gestão de projetos pela FIA. Professora convidada do curso de especialização em design instrucional para educação on-line da Universidade Federal de Juiz de Fora (parceria com Site Educacional). Consultora em educação on-line e educação a distância em instituições acadêmicas e corporações. É autora do livro *Design instrucional contextualizado* (Senac São Paulo, 2004), além de obras didáticas publicadas pelas Editoras Scipione e FTD.